DIE GESCHICHTE DES SÜDWESTENS

WIE WIR WURDEN, WAS WIR SIND

Das ist ein höchst interesantes Buch!!!

Georg Patzer

DIE GESCHICHTE DES SÜDWESTENS

WIE WIR WURDEN, WAS WIR SIND

THEISS

Inhalt

Einführung

Wann beginnt unsere Geschichte, die Geschichte des deutschen Südwestens? Vor hundert Jahren, vor tausend? Mit den Kelten, den Römern? Im Mittelalter? Es gibt Spuren, die 2000 Jahre alt sind, manche Städte wie Trier, Saarbrücken oder Worms waren schon in der Römerzeit besiedelt, noch heute (oder schon wieder) gehören sie zu den wichtigen unseres Landes. Im Mittelalter wurde das Christentum führend in fast ganz Europa. Klöster, auch im Südwesten, in Lorsch, Hirsau, Mainz oder auf der Reichenau, sorgten dafür, dass die Bildung nicht ganz verloren ging und das antike Wissen wiederentdeckt wurde. Aus den Schulen, die an die Kirchen angegliedert waren, entstanden die Universitäten. Auch der Konflikt zwischen kirchlicher und weltlicher Macht ist alt und wurde auf vielen verschiedenen Wegen und mit wechselnder Heftigkeit und sogar Gewalt ausgefochten, was zu unterschiedlichen Konstellationen, manchmal auch zu Kompromissen führte – noch heute zieht der deutsche Staat die Kirchensteuer ein, wer sie nicht bezahlt, wird aus der Kirche ausgeschlossen. Die Kirche kümmert sich dafür um die soziale Fürsorge, ebenso um die seelische. Auch das ist ein Ergebnis jahrhundertelanger Auseinandersetzungen: vom Investiturstreit bis zum Kulturkampf in Baden.

Die Teilung des fränkischen Großreichs 843 n. Chr. durch den Vertrag von Verdun leitete die Spaltung zwischen Frankreich und Deutschland ein. Die Annexion Lothringens durch das Deutsche Reich im Jahr 925 verschärfte diese Trennung noch, mit jahrhundertelangen Konsequenzen für die Grenzstaaten Baden, Pfalz und Saarland, bis in die 1950er-Jahre. Die individuelle Macht der Fürsten, die den König wählen konnten, die territoriale Zersplitterung im Mittelalter, die vielen unabhängigen Länder in der Barockzeit und die Neuordnung Deutschlands durch Napoleon beeinflussten auch den Weg zum Föderalismus der Bundesrepublik, während Frankreich schon früh eine Zentralmacht war und bis heute geblieben ist.

Geschichte prägt uns also bis heute, und nicht immer ist ihr Einfluss sofort und unmittelbar spürbar und eindeutig. Das vorliegende Buch soll den Blick für die langen Entwicklungslinien, die Konflikte und ihre Lösungen im deutschen Südwesten schärfen. Es wird einige der wichtigsten historischen Fakten und Zusammenhänge aufzeigen, wie zum Beispiel die Auseinandersetzungen auf dem Weg zur Demokratie, die vor allem in Baden ausgefochten wurden. Die militärischen Konflikte, die Kriege, aber auch einige der politischen und wirtschaftlichen Fortschritte und Errungenschaften in Baden, Württemberg, der Pfalz und im Saarland werden geschildert. Das Buch wird zeigen, wie wir wurden, was wir sind: Es wird von den Römern und Kelten erzählen, vom Mittelalter, das nicht so finster war, wie es seit der Romantik immer behauptet wurde, von der spannenden Zeit der sich herausbildenden und zusammenwachsenden, aber sich auch immer wieder teilenden Territorien und Staaten vom Mittelalter bis heute.

Es erzählt die Geschichte eines Raums, den heute die Bundesländer Baden-Württemberg, Rheinland-Pfalz und das Saarland abdecken. Aber das war nicht immer so: Es gab vielmehr die kleinen Gebiete der Kirchen- und Landesfürsten, die Kurpfalz, linksrheinische Gebiete Badens, den Einfluss des katholischen Bayerns, das viele Jahre Teile der Pfalz regierte, und vorderösterreichischen Besitz in Südbaden. Die Geschichte der Länder ist auch im Südwesten so spannend wie manchmal verwirrend.

Das Buch wird auch hervorragende Persönlichkeiten der Geschichte vorstellen, die aus dem südwestdeutschen Gebiet heraus gewirkt haben, im Guten wie im Bösen: Kaiser Friedrich Barbarossa, der auf einem Kreuzzug ertrank, Markgraf Karl Friedrich von Baden, der als erster deutscher Fürst die Leibeigenschaft aufhob, den Pfälzer Gauleiter Josef Bürckel, der das Deutsche Weintor im südpfälzischen Schweigen bauen ließ und am Massenmord an den Juden beteiligt war, oder den Württemberger Georg Elser, dessen Attentat auf Hitler fehlschlug.

Vor allem zeigt das Buch, dass viele der ersten Versuche, sich gegen eine übermächtige und oft übergriffige Obrigkeit zu wehren und ein demokratisches System zu schaffen, im Südwesten unternommen wurden. Der Bundschuh in Baden und der Arme Konrad in Württemberg, die Bauernkriege, die revolutionäre Republik in der Pfalz, die Revolution von 1848 und 1849: Immer wieder unternahmen es mutige Männer und Frauen, sich gegen die Selbstherrlichkeit der Landesherren zu stellen. Das ist die besondere Geschichte des deutschen Südwestens.

Wie wir Bürger wurden

Ritter und Städte, Kirchen und Klöster im Mittelalter

Im Mittelalter wurden die Grundsteine für das heutige Europa gelegt. Klöster in Hirsau, Mainz oder auf der Reichenau bewahrten den Glauben, förderten Bildung und Kunst. Kurfürsten wählten die deutschen Könige, Ritter beherrschten das Land. Städte wurden eigenständig, Händler reisten bis nach Arabien und Asien. Das Mittelalter war eine aufregende, aber auch unsichere Zeit, in der sich viel veränderte.

Die Anfänge unserer Geschichte im Mittelalter

Zur Zeit des römischen Weltreichs, das halb Europa umfasste, lebten in der Gegend des heutigen deutschen Südwestens viele Germanenstämme: Haruder, Markomannen, Nemeter, Triboker, Eudusier, Vangiones, Sueben. Als die Römer gegen sie Krieg führten, gewannen die Germanen zunächst die Schlachten von Noreia (113 v. Chr.) und bei Arausio (105 v. Chr.). 102 und 101 v. Chr. änderte sich aber das Kriegsglück: Gaius Marius siegte in zwei Schlachten, 58 v. Chr. sein Neffe Gaius Julius Cäsar in der entscheidenden Schlacht im heutigen Elsass. Anschließend eroberte er fast ganz Gallien, der Rhein wurde zur Grenze. Einige römische Siedlungen wurden auch rechtsrheinisch angelegt, unter anderem Aquae, das heutige Baden-Baden. Manche Germanen passten sich an und trieben Handel mit den Römern oder stiegen sogar in die Führungsschicht auf. Das römische Bürgerrecht bekamen sie allerdings nicht.

Aber auch das römische Reich ging unter: 260 n. Chr. fielen die Franken in das römisch besetzte Gebiet ein. Und der Limes zwischen Rhein und Donau musste als Verteidigungslinie aufgegeben werden, als die Alamannen um 350 ihre Plünderungszüge unternahmen. 407 überschwemmten die Volksstämme der Sueben, Vandalen und Alanen als Teil der großen Völkerwanderung das Land. 451 kamen schließlich die Hunnen aus dem Osten und eroberten Metz und wahrscheinlich auch Saarbrücken.

Das Römische Reich

Zur Zeit seiner größten Ausdehnung
unter Trajan (117 n. Chr.)

Am Ende der republikanischen Zeit

Zwischen Augustus und Trajan (14–117 n. Chr.)
hinzugewonnene Gebiete

Provinzgrenzen

0   200   400   600 km

Danach dauerte es ein paar Jahrhunderte, bis das riesige Gebiet unter
einem Herrscher wieder vereinigt wurde: Der Merowinger Chlodwig I.
(466–511) schuf Ende des 5. Jahrhunderts das Fränkische Reich, das
allerdings nach seinem Tod schon wieder geteilt und unter Karl dem
Großen (747 oder 748–814) wieder vereint wurde. Wie viele andere Herrscher nach ihm (und anders als die Römer mit ihrem ausgefeilten büro-
kratischen und militärischen System, mit dem sie auch aus der Ferne ihre
Macht ausüben konnten), regierte auch Karl der Große das Land nicht
von einer Hauptstadt aus, sondern reiste ständig umher, mit einem großen
Gefolge, manchmal waren es mehrere hundert Personen. Lokale Herrscher mussten ihn aufnehmen und bewirten. Die Hauptorte seines Auf-
enthalts wurden Pfalzen genannt, seine Lieblingspfalz war Aachen, die
er 26 Mal besuchte. Ingelheim, Nimwegen, Goslar, Worms, Mainz und
Frankfurt sind einige der Pfalzen im Norden, Quierzy, Soissons, Reims,
Lyon, Tours und Arles in Frankreich, und sogar Ravenna, Verona und
Turin in Italien – es ist erstaunlich, wie weit er manchmal reisen musste.
Spätere Kaiser bauten das schon unter Karl dem Großen entstandene

*▲ Das Römische
Reich zur Zeit
seiner größten
Ausdehnung un-
ter Trajan.*

Netz noch weiter aus. Im 12. Jahrhundert gehörten u. a. im Südwesten des heutigen Deutschlands auch Speyer, Kaiserslautern, Heilbronn, Ulm und Bodman am Bodensee zu den Stationen damaliger „Reisekaiser". Das war aber keine Besonderheit: Auch in anderen Ländern Europas war dieses ständige Unterwegssein der Herrscher üblich.

„Pfalz" wurden diese Stationen genannt, entstanden aus dem lateinischen Begriff „palatium" (Palast), der an den Palatin erinnerte, einen der sieben Hügel Roms, auf dem in der römischen Kaiserzeit der Kaiser residierte. Eine Pfalz bestand meist aus dem Wohnbereich, dem Königssaal, der Pfalzkapelle, einem Gutshof mit Ländereien und Wald für die Verpflegung der Reisegesellschaft. Der Kaiser hielt hier Gericht, hielt die Hoftage ab, in denen er sich mit den Mächtigen des Reichs über Karrieren, Besitz und Politik beriet, und feierte die kirchlichen Feste. Manchmal gehörten die Pfalzen einem geistlichen Fürsten, waren Bischofssitze oder Klöster, manchmal auch Städte, die dafür Sonderrechte erhielten, z. B. als reichsfreie Städte direkt und unmittelbar dem Kaiser unterstanden und nicht einem lokalen Herrn. Regionale Herrscher wurden oft zu Grafen ernannt und mit der Verwaltung betraut: Sie waren so in das Herrschaftssystem eingebunden und genossen dafür Privilegien wie die Gerichtsbarkeit über ihre Untertanen. Aus den Pfalzen entwickelten sich später manchmal die mittelalterlichen Burgen, wie wir sie heute kennen.

Mächtig waren die Pfalzgrafen, die in verschiedenen Herzogtümern residierten und zeitweise hohe Würdenträger und Richter im Auftrag des Kaisers waren. Ihre Macht ging später teilweise auf die Kurfürsten über, die ab dem 13. Jahrhundert sogar den deutschen König wählen durften. Der so gewählte deutsche König wurde normalerweise vom Papst zum Kaiser des „Heiligen Römischen Reiches Deutscher Nation" gesalbt. Unter den Ottonen konstituiert, wurde der Name selbst 1157 erstmals urkundlich erwähnt, der Begriff „Deutscher Nation" als Anhang dazu ist seit dem 15. Jahrhundert gebräuchlich. Die Ottonen setzten sich damit direkt als Nachfolger der römischen Kaiser ein und behaupteten, sie würden dieses grandiose Reich weiterführen.

Zum ersten Mal wurde im ostfränkischen Reich im Jahr 911 der König gewählt, als der letzte Karolinger gestorben war. Statt des westfränkischen Herrschers, der der nächste in der Erbfolge gewesen wäre, wählten die Reichsfürsten einen aus ihren Reihen. Und so blieb es bei der Wahl, weil viele der folgenden Könige keine männlichen Erben hatten. In Westfranken dagegen, dem späteren Frankreich, regierten die Kapetinger über die männliche Erbfolge so lange, bis sich das Erbrecht durchgesetzt hatte.

Zunächst trafen die vornehmsten Reichsfürsten eine Art Vorentscheidung über den König: Zu ihnen gehörten die Erzbischöfe von Mainz, Köln

. In mensa sedet .

Sept electores eligut henr. comite lutzell' i rege rō füik. xxvij

◀ Die „Sieben Kurfürsten" wählen Heinrich VII. zum König. Durch die Wappen über ihren Köpfen erkennbar, sind es, von links nach rechts, die Erzbischöfe von Köln, Mainz und Trier, der Pfalzgraf bei Rhein, der Herzog von Sachsen, der Markgraf von Brandenburg und der König von Böhmen. Aus dem Codex Balduini Trevirensis.

und Trier und der Pfalzgraf bei Rhein, weil ihre Länder auf altem fränkischem Reichsboden lagen. Zu ihnen stießen zu Beginn des 13. Jahrhunderts der Herzog von Sachsen und der Markgraf von Brandenburg. Und um ein Unentschieden zu vermeiden, einigte man sich darauf, auch den König von Böhmen hinzuzuziehen. Und so hatte sich aus dem Vorgremium das spätere Kurfürstenkollegium entwickelt. Damit stammten drei der sieben mächtigen Kurfürsten aus dem Südwesten: der Erzbischof von Mainz, der Erzbischof von Trier und der Pfalzgraf bei Rhein, der Stellvertreter des Königs war und als Richter sogar über ihm stand.

Anlass für die Bildung des Gremiums war die Doppelwahl eines Königs nach dem Tod von Heinrich VI., als 1198 Philipp von Schwaben und Otto von Braunschweig gekürt wurden. Man sah einen Konflikt voraus, der sich destabilisierend auf das Reich hätte auswirken können, und fand als Lösung die Wahl durch die mächtigsten Männer. Das Wort Kurfürst kommt übrigens vom mittelhochdeutschen „kur" und klingt noch im älteren neuhochdeutschen „küren" an, es bedeutet „wählen".

Das Lehnssystem

Das Lehnssystem, das sich im frühen Mittelalter herausbildete, beruhte auf der wechselseitigen Abhängigkeit von Lehnsherr und Lehnsempfänger, wenn es auch regional unterschiedlich ausfallen konnte und sich im Lauf der Zeit stark weiterentwickelte: Grundsätzlich leistete der Lehnsherr Schutz vor Angriffen und Überfällen, der Vasall musste dafür seinem Herrn dienen und ihm im Kriegsfall helfen. Kam der Lehnsherr seinen Pflichten nicht nach, begann auch das Lehnssystem zu wackeln, denn dann war der Vasall seiner Pflicht zum Gehorsam enthoben: Mit einer feierlichen wechselseitigen Verpflichtung, einem Treueeid („commendatio"), wurde dieses Verhältnis bis ins 12. Jahrhundert hinein bekräftigt, erst später hielt man es auch schriftlich fest.

Das Lehnssystem war wie eine Pyramide aufgebaut: An der Spitze stand der oberste Landesherr, König oder Herzog. Seine Lehnsempfänger, meistens Grafen oder andere Adlige, Geistliche oder in wenigen Fällen, wie bei Richard Löwenherz, sogar andere Könige. Sie konnten das Lehen weitergeben, auch Teile davon, es konnte aber auch zurückgefordert werden. Ein Lehen bestand meist aus einem Stück Land, einem oder mehreren Gutshöfen, die frei bewirtschaftet oder auch weiterverliehen werden konnten. Manchmal konnte es auch weitervererbt werden, manchmal nicht, das hing von den Übereinkünften ab. Oft wurde Land so lange wei-

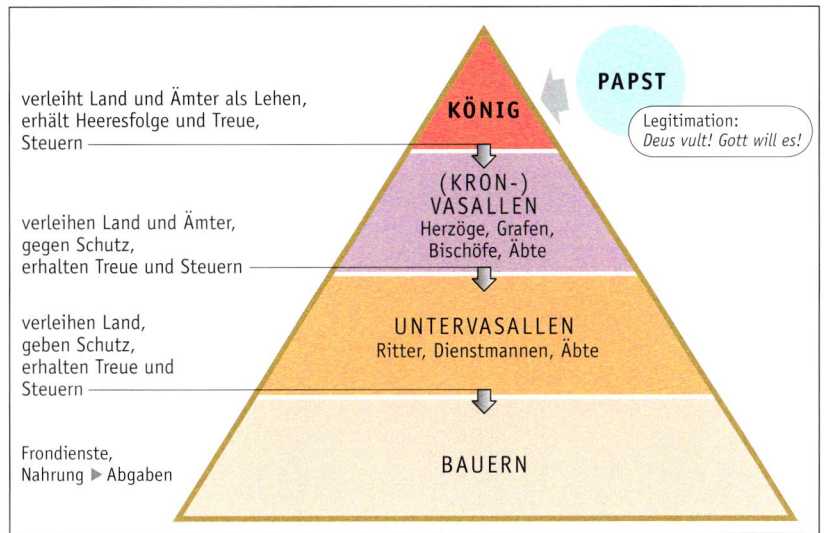

PAPST

Legitimation:
Deus vult! Gott will es!

KÖNIG

verleiht Land und Ämter als Lehen,
erhält Heeresfolge und Treue,
Steuern

**(KRON-)
VASALLEN**
Herzöge, Grafen,
Bischöfe, Äbte

verleihen Land und Ämter,
gegen Schutz,
erhalten Treue und Steuern

UNTERVASALLEN
Ritter, Dienstmannen, Äbte

verleihen Land,
geben Schutz,
erhalten Treue und
Steuern

BAUERN

Frondienste,
Nahrung ▶ Abgaben

◀ *Die Lehnspyra-
mide, eine schema-
tische Darstellung
ihres Aufbaus vom
König an der Spitze
über die Vasallen
bis zu den Bauern,
mit ihren jeweili-
gen Rechten und
Pflichten.*

tervererbt, dass es schließlich wie persönliches Eigentum behandelt wurde, auch wenn es grundsätzlich immer dem Lehnsherrn gehörte. Neben
den abhängigen Bauern gab es außerdem freie Bauern und die Zwischen-
schicht der Dienstleute, die „Ministerialen", die eine Art Beamte waren,
und die Meier oder „Villici", die Verwalter eines Hofs. Ganz unten in der
Pyramide lebten die Unfreien, die Leibeigenen. Das waren meist Bauern
oder Hörige ohne jeglichen Grundbesitz.

Der Dienst des Lehnsnehmers bestand entweder aus persönlichen Arbeiten oder Dienstleistungen, etwa Arbeit auf dem Gut oder im Wald, Hilfe bei der Jagd oder im Krieg, oder aus Sachleistungen, landwirtschaftli-
chen Abgaben und später Geldzahlungen. So lebten die adlige Oberschicht
und teilweise auch der Klerus von den Erträgen, die die abhängigen Bauern, die in die Grundherrschaft eingebunden waren, erwirtschafteten.

Begonnen hatte das Lehnswesen mit Freien, die sich aus Not unter den
Schutz mächtiger Herren stellen mussten, und dem sogenannten „bene-
ficium", das sind Verpachtungen von Land ohne Gegenleistung. Eine weitere frühe Form des Lehnswesens war die Belohnung: Statt Geld, das im
frühen Mittelalter als übliches Zahlungsmittel noch nicht so verbreitet
war wie heute, wurde ein Abhängiger mit einem Stück Land bezahlt, das
ihm dann zwar nicht gehörte, das er aber frei bewirtschaften durfte.

Mit der Entwicklung der Städte bildeten sich weitere Stände heraus, die
sich zum Teil selbst organisierten und außerhalb der Lehnsordnung standen: Handwerker und Kaufleute vor allem, die sich in Gilden und Zünften zusammenschlossen und ihre Angelegenheiten unter sich regelten, z. B.

in Zunftordnungen. Es gab eine Besonderheit: Ein Höriger, der ein Jahr und einen Tag in einer Stadt lebte, konnte von seinem Herrn nicht mehr zurückgefordert werden: „Stadtluft macht frei", hieß es. Das stimmte allerdings nicht ganz, dieses Recht wurde in vielen juristischen Streitereien der Zeit immer wieder angegriffen. Zudem tauschte der Hörige in der Stadt eine Abhängigkeit mit der anderen: Er musste Lohnarbeit finden, die meist schlecht bezahlt war, bekam fast nie das Bürgerrecht und war damit, statt halbwegs abgesicherter Leibeigener, unsicher lebender Angehöriger der städtischen Unterschicht.

Alltag im Mittelalter

Das Leben im Mittelalter war vor allem für die Armen hart, und das waren mit 90 Prozent der Bevölkerung stets die Mehrzahl, die Wohlhabenden waren nur eine kleine Schicht. Da Europa im Mittelalter vor allem landwirtschaftlich geprägt war, waren die meisten Menschen von den Ernten abhängig. Jeden Winter mussten sie essen, was sie irgendwie haltbar machen konnten, jede Woche, die es länger kalt war, konnte lebensbedrohlich sein, jede Hitzewelle, jeder Hagelsturm konnte die Ernte vernichten – und das hätte damals jederzeit den Tod bedeutet.

Der Arbeitstag eines Bauern begann bei Sonnenaufgang und endete bei Sonnenuntergang. Er bestellte die Äcker, säte, pflügte, erntete – vieles davon war pure Handarbeit, es gab nur wenige mechanische Hilfsmittel. Nicht alle Bauern hatten Ochsen, die den Pflug zogen – Pferde besaß sowieso nur der Adel. Die Bauern hielten auch Vieh, vor allem um Milch, Fleisch, Leder, Eier und Felle zu produzieren: In den bäuerlichen Ställen fand man Kühe, Ziegen, Schweine und Hühner.

Ihre Lebensmittel mussten sie selbst herstellen, den Rest auf dem Markt dazukaufen. Die Ernährung war einfach und recht einseitig, Milchprodukte, Fleisch, Eier, Kohl, Rüben, Hülsenfrüchte. Erst ab dem Hochmittelalter, ab Mitte des 11. Jahrhunderts, gab es auch Getreide, das zu Brot oder Brei verarbeitet wurde. Getrunken wurden Wasser, Molke, selbstgebrautes Bier und manchmal auch Wein. Auch ihre Kleidung, Kittel, weite Hosen, Kleider oder Bundschuhe aus Leder oder Holz, mussten die Bauern selbst fertigen.

Kinder waren wichtig für die Bauern, weil sie billige Arbeitskräfte waren, Schulen gab es keine. Die Kindersterblichkeit lag bei 30 Prozent, oft starben auch die Mütter im Kindsbett. Bis zum Hochmittelalter lag die Lebenserwartung bei 35 Jahren.

Bauern lebten meist in einem Haus, das in Scheune und Wohnung geteilt war. Normalerweise gab es zwei Mahlzeiten am Tag, morgens und abends. Möbel gab es wenig, eine Truhe, einen Tisch, Schemel, dazu einfache Pritschen zum Schlafen mit Stroh und einem Schaffell

⋏ *Aus dem Stundenbuch „Les Très Riches Heures du duc de Berry" (Anfang 15. Jh.).*

Die Staufer und die Habsburger

843, nach dem Tod Ludwigs des Frommen (778–840), endete die Einheit des fränkischen Großreichs mit der Aufspaltung in drei Teile: Der Osten wurde von Ludwig dem Deutschen regiert, der Westen von Karl dem Kahlen, der Mittelteil wurde Lothar zugesprochen – im Namen Lothringen, früher Lotharingen, klingt noch heute sein Name an. Mit dieser Teilung begann in der europäischen Geschichte die Feindschaft zwischen Deutschland und Frankreich, die bis zum Zweiten Weltkrieg immer wieder auch als „Erbfeindschaft" zur Propaganda benutzt wurde. Die Annexion Lothringens durch Heinrich I. von Sachsen (auch Heinrich der Vogeler genannt, 876–936) im Jahr 925 verschärfte die Feindschaft noch. Dieses Ereignis wurde übrigens 1000 Jahre später in Deutschland groß gefeiert, mit Pomp und Pathos. Zu dieser Zeit war das Saarland noch von französischen Truppen besetzt – die Annexion tausend Jahre vorher war für die Deutschen jetzt vor allem ein Symbol für die eigentliche, uralte Zugehörigkeit des Saarlands zu Deutschland.

Im östlichen Teil, dem späteren Deutschland, wurde im 10. Jahrhundert das sächsische Geschlecht der Ottonen zur herrschenden Familie. Sie wurden von den Saliern abgelöst, die aus einem Gebiet um Worms und Speyer stammten und auch teilweise Herzöge von Lothringen und Franken waren. Der Salierkönig Konrad II. (um 990–1039) ließ den Speyerer Dom bauen, in dem bis 1308 die deutschen Könige beerdigt wurden. Er sollte eine der größten Kirchen der Christenheit sein.

Sein Sohn Konrad III. (1093 oder 1094–1152) wurde 1138 in Koblenz von Erzbischof Albero von Trier zum König geweiht. Er regierte klug und konnte seine Machtposition erhalten, stand aber lebenslang im Konflikt mit den mächtigen Welfen, die eng mit den Karolingern verwandt waren und im Mittelalter die Herzöge von Bayern, Sachsen oder Braunschweig stellten. Auch sie wollten an die Macht.

Aber nicht sie, sondern ein Geschlecht aus dem Südwesten Deutschlands löste im 12. Jahrhundert die Salier ab: die Staufer. Sie waren Herzöge von Schwaben, seit 1079 Kaiser Heinrich IV. den Staufer Friedrich I. aus Dankbarkeit für seine Begleitung nach Canossa mit diesem Herzogtum belehnte und ihm seine Tochter Agnes zur Frau gab. Die Stammburg, nach der diese Familie benannt wurde, war Hohenstaufen, eine Burg am Nordrand der Schwäbischen Alb, in der Nähe von Göppingen, errichtet von Friedrich I. (1050–1105).

Der bekannteste Staufer ist bis heute wohl der Neffe Konrads III., Friedrich, genannt Barbarossa (um 1122–1190). Da er sowohl mit den

Saliern als auch mit den Welfen verwandt war, erschien er den Fürsten als geeigneter Vermittler zwischen den beiden großen und mächtigen Familien: 1152 wurde er zum König gewählt, 1155 vom Papst in Rom zum Kaiser gekrönt. 1156 einigte sich Friedrich mit dem Welfen Heinrich dem Löwen, dem er neben Sachsen und Bayern im Norden Deutschlands ein großes Reich zugestand. 1180 wurde Heinrich allerdings gestürzt und musste ins Exil gehen, weil er Friedrichs Italienpolitik, seinen Krieg gegen die unabhängigen Städte der Lombardei, nicht unterstützt hatte und trotz Aufforderung bei zwei Reichstagen nicht erschienen war. Sein Erbe teilten sich Regionalfürsten.

Wie viele Herrscher vor und nach ihm kam auch Friedrich Barbarossa in Konflikt mit den beiden größten Widersachern aller Kaiser: den oberitalienischen Städten, die unabhängige Stadtstaaten sein wollten, und dem Papst, der seine Machtposition nicht aufgeben wollte. So weigerten sich die Städte der Lombardei, sich seiner – der kaiserlichen – Gerichtsbarkeit zu beugen, zu lange hatten sie sich in der Selbstverwaltung und ihrem

▲ Die Ostseite des Kaiser- und Mariendoms zu Speyer. Gebaut wurde er von Konrad II. im Jahr 1025.

Gewohnheitsrecht eingerichtet, zu selten waren deutsche Kaiser nach Italien gekommen und zu wenig hatten sie sich wohl auch um die wachsende Unabhängigkeit gekümmert.

Barbarossa zog gegen sie in den Krieg, zerstörte Mailand und setzte eigene Verwalter ein, die für ihn die italienischen Provinzen und vor allem die Städte in seinem Sinn regieren sollten, konnte sich aber letztendlich nicht durchsetzen. Vor allem die Eigenmächtigkeiten seiner Stellvertreter und ebenso die erhöhten Steuern, die er für seinen Sizilienfeldzug erhob, brachten die Städte wieder gegen ihn auf. Verona, Padua und Vicenza schlossen sich 1164 zu einem Bund zusammen, 1167 verbündeten sich sogar die lombardischen mit den veronesischen Städten: Friedrich musste nachgeben.

Sein zweiter Gegenspieler war der Papst. Schon lange schwelte der Konflikt zwischen der weltlichen und der geistlichen Macht, die bestrebt war, vom Kaisertum unabhängig zu sein und dies auch mit militärischer Macht und politischen Schachzügen durchzusetzen versuchte. So schloss Papst Hadrian IV. 1156 Frieden mit dem Normannen Wilhelm von Sizilien, gegen den Barbarossa Rechtsansprüche auf die Insel geltend machte: Für ihn als Kaiser waren die Normannen Invasoren, Sizilien gehörte zum Reich. Wenige Jahre zuvor noch waren sich Papst und Kaiser einig über diese Frage gewesen und hatten das auch schriftlich festgehalten. Für Barbarossa war der Friedensschluss jetzt ein Rechtsbruch, der nicht nur seine Souveränität als Kaiser bedrohte, sondern auch die Ehre des Reichs verletzte. 1157 kam es auf dem Reichstag zu Besançon zu einem Eklat, als der Papst die Formulierung „maiora beneficia" verwendete, was man auch als „noch größere Lehen" übersetzen kann – damit machte er den souveränen Kaiser zum Lehnsmann der Kirche. Auch das war für Barbarossa eine Verletzung der kaiserlichen Ehre. Der Streit wurde mit einer Erklärung des Papstes, dass er es so nicht gemeint habe, beigelegt.

Gegen Hadrians Nachfolger Papst Alexander III. (1100 oder 1105–1181) allerdings konnte sich Friedrich Barbarossa nicht durchsetzen. Barbarossa erkannte ihn nicht an und ließ ihn auf einer Synode sogar exkommunizieren, und Alexander exkommunizierte daraufhin Barbarossa und den Gegenpapst Viktor. Damit war die Kirche gespalten, und auch Europa, denn andere Nationen erkannten den Synodenbeschluss nicht an, u. a. Frankreich, wohin Alexander 1161 geflohen war. Wenig später kehrte er zurück. Barbarossa griff 1167 Rom militärisch an, um das Schisma so zu beenden, seinen Gegenpapst Paschalis (den Nachfolger von Viktor) einzusetzen und damit seine Vormacht wieder zu festigen. Er war zunächst auch erfolgreich, aber dann brach eine schwere Ruhrepidemie in seinem Heer aus, bei der viele Hochadlige, Bischöfe, Erzbischöfe und Herzöge starben – und weit über 2000 Ritter. Barbarossa musste fliehen, um sein Leben zu retten, seinen Kampf gegen den Papst hatte er damit verloren und musste 1177 Alexander als rechtmäßiges Kirchenoberhaupt anerkennen.

Nördlich der Alpen war Friedrich Barbarossa erfolgreicher: 1156 wurde die stets einflussreiche Pfalzgrafschaft bei Rhein staufisch, in Schwaben gelang es Friedrich Barbarossa, das welfische Hausgut zu kaufen, später auch andere Grafschaften, oft von den Familien derer, die in Rom an der Ruhr gestorben waren, sodass er schließlich ein relativ geschlossenes Herrschaftsgebiet besaß, das gut zu verwalten war – nicht wie die oft weit

◂ *Friedrich Barbarossa unterwirft sich 1177 in Venedig Papst Alexander III. Fresko von Spinello Aretino, 1407–1408.*

▲ Auf dem Mainzer Hoftag 1184 wurden nicht nur die Söhne Barbarossas zu Rittern geschlagen, es gab auch ein riesiges Fest und ein großes Turnier. (Computeranimation vom SWR Fernsehen)

verstreut liegenden Besitztümer vieler anderer Herrscher. Auf dem Mainzer Hoftag zu Pfingsten 1184 erhielten seine Söhne Heinrich und Friedrich die Schwertleite, damit waren sie volljährig und mündig. Das Fest war eines der größten, prächtigsten und auch teuersten seiner Zeit, Friedrich Barbarossa wollte damit seine Macht und seinen Reichtum zeigen: Sechs Erzbischöfe, neunzehn Bischöfe, neun Herzöge, vier Markgrafen, drei Pfalzgrafen und viele weitere Adlige waren anwesend. Es war die Rede von mehreren zehntausend Gästen.

Auf diesem Hoftag kam es zu einer Verschlechterung des Verhältnisses zwischen dem Kaiser und Philipp, dem Erzbischof von Köln, weil statt seiner der Abt Konrad von Fulda links vom Kaiser sitzen wollte – und der Kaiser bat Philipp, dem nachzugeben. Für den Erzbischof war diese Bitte eine persönliche Beleidigung und auch Erniedrigung, ein Angriff auf seine politische Stellung im Reich und deswegen von hoher symbolischer Bedeutung. Philipp weigerte sich und wollte den Hoftag verlassen, viele seiner Lehnsmänner schlossen sich an. Erst als Heinrich sich für den Erzbischof einsetzte, durfte er den prestigereichen Platz zur Linken des Kaisers einnehmen, der Abt von Fulda musste sich mit einem Platz weiter unten bescheiden.

1190 starb Barbarossa, er ertrank auf seinem zweiten Kreuzzug, wahrscheinlich im Fluss Saleph in der heutigen Osttürkei. Seine Eingeweide wurden in Tarsos in der Türkei beigesetzt, das Fleisch in Antiochia, die Gebeine wahrscheinlich in der Kathedrale von Tyrus im Libanon, das ist aber nicht sicher, es gibt keine offizielle Grablege.

Seine Nachfolger waren Konrad III., Heinrich VI., Philipp von Schwaben und sein Enkel Friedrich II. Heinrich VI. (1165–1197) ist heute am bekanntesten, weil er den englischen König Richard Löwenherz gefangennahm, um Lösegeld zu erpressen, als dieser von seinem Kreuzzug zurückkehrte – Heinrich gelang aber 1194 auch die Vereinigung des Reichs mit dem süditalienischen Normannenreich. Er betrieb eine aggressive Weltmachtpolitik: sicherte sich die Oberhoheit über Armenien, Tunis und Tripolis, dachte ernsthaft an die Eroberung des oströmischen Reichs und sogar Frankreichs. Sein Ziel war, eine staufische Erbmonarchie zu gründen und damit die Wahl des Königs durch die Kurfürsten außer Kraft zu setzen. Damit wäre wahrscheinlich auch die Kleinstaaterei, die Deutschland jahrhundertelang prägte, verhindert worden. Aber sein früher Tod sechs Jahre nach Übernahme der Krone verhinderte seine ehrgeizigen Pläne.

Eine Ausnahmefigur unter Barbarossas Nachfolgern war sein Enkel, Friedrich II. (1194–1250). Aufgewachsen unter dem Einfluss lateinischer, byzantinischer und arabischer Kultur und umfassend gebildet („stupor mundi" wurde er genannt: „das Erstaunen der Welt"), sprach er mehrere Sprachen und interessierte sich für die Kultur des Islam. 1224 gründete er in Neapel eine von den Kirchen unabhängige Staatsuniversität. Damit wollte er die Ausbildung von kaisertreuen Sizilianern gewährleisten. Friedrich schrieb außerdem Bücher über die Kunst, mit Falken zu jagen, und über die Vogelzucht. Auch er hatte mit den Päpsten und den oberitalienischen Städten zu kämpfen, die immer mächtiger und selbständiger wurden, außerdem mit den starken und selbstbewussten regionalen Herrschern Deutschlands. Auch er unterlag und musste Teile seiner Macht abgeben, z. B. auf die lukrativen Zoll- und Münzrechte zugunsten der deutschen Fürsten verzichten. Mit seinem Tod 1250 ging das

◄ *Friedrich II. mit seinem Falken. Bild aus seinem Buch „De arte venandi cum avibus" („Über die Kunst mit Vögeln zu jagen"), erschienen zwischen 1258 und 1266.*

Reich der Staufer unter: Seinen Söhnen gelang es nicht, sich gegen ihre Konkurrenten zu behaupten. Zwar machte Friedrich II. seinen Sohn Heinrich zuerst zum schwäbischen Herzog (1217), danach zum König Heinrich VII. (ab 1220). Aber auch ihm gelang es nicht, das Reich und seine Herrschaft zu stabilisieren, 1235 wurde er abgesetzt. Es folgte nun das Geschlecht der Habsburger.

Rudolf (1218–1291), der erste Habsburger, der zum König gewählt wurde, war keine spektakuläre Gestalt. Ungebildet soll er gewesen sein und, wenn man den Berichten glauben darf, eher an der Schlichtung von Ehestreitigkeiten als an der großen Politik interessiert. Dennoch gewann er 1278 die Schlacht auf dem Marchfeld gegen seinen Widersacher Otto-kar II., König von Böhmen, der ihn nicht anerkannt hatte. Mit diesem Sieg und der Stärkung seiner Hausmacht in Österreich verschob sich langfristig die Macht im gesamten Reich zugunsten der Habsburger. Als alter Mann brach Rudolf am 14. Juli 1291 von Germersheim auf, um in

Speyer zu sterben: „Lasst uns nach Speyer gehen zu den anderen Königen, die dort begraben sind."

Langsam schälte sich das Bewusstsein bei den Fürsten und Königen heraus, dass es notwendig sei, dem Reich eine größere Stabilität zu geben, weil es bei Königswahlen immer wieder Machtkämpfe gegeben hatte. 1356 rief Karl IV., König von Böhmen und mit den Habsburgern verwandt, zu einem Hoftag in Nürnberg auf. Dort wurden das Wahlverfahren und die Thronfolge festgeschrieben und ein Mitspracherecht des Papstes ausgeschlossen. Allerdings erkaufte sich Karl diese Verfassung des Heiligen Römischen Reiches durch große Zugeständnisse an die Kurfürsten, zu denen damals neben dem König von Böhmen die Erzbischöfe von Köln, Mainz und Trier, der Herzog von Sachsen, der Pfalzgraf bei Rhein und der Markgraf von Brandenburg gehörten.

In dieser Zeit und mit der Eigenständigkeit der regionalen Fürsten gegenüber König und Kaiser begann auch die typisch deutsche Kleinstaaterei, die jahrhundertelang verhinderte, dass sich, wie in England, Frankreich oder Spanien, ein geeintes Reich bilden konnte. Das hatte auch wirtschaftliche Auswirkungen, da die vielen Grenzen und Zollbezirke mit ihren unterschiedlichen Währungen und Gewichten den Handel erschwerten und Ein- und Ausfuhren verteuerten. Und ein wenig wirkt diese Politik noch bis heute nach, wo die Bundesländer in einer Art von vertikaler Gewaltenteilung in manchen Bereichen eigenständiger sind als beispielsweise die Départements in Frankreich.

▼ *Mit diesem schweren Gerät schützten sich die Ritter: Helm, Handschuhe, Panzer und Schutz für die Beine und Füße. Zur Ausrüstung gehörten noch mindestens Schwert und Lanze.*

Die Ritter

Die Ritter, heute das Symbol für das Mittelalter schlechthin, entstanden aus der Panzerreiterei, die gegen die Mauren eingesetzt worden war, als diese im 7. Jahrhundert bereits ganz Spanien erobert hatten und versuchten, über die Pyrenäen auch ins heutige Frankreich vorzustoßen. Die teure Ausrüstung inklusive Schwert, Rüstung und meist mehrerer Kriegspferde konnten sich allerdings nur wohlhabende Adlige leisten. Das heißt aber nicht, dass nur der Hochadel in den Ritterstand erhoben wurde. Manchmal setzten Herren im Kriegsfall sogar Unfreie als Ritter ein, bis Friedrich

Barbarossa verbot, Söhne von Bauern (und Priestern!) in den Ritterstand zu erheben.

In späterer Zeit gehörte zum Ritterstand nicht nur der professionelle Umgang mit verschiedenen Waffen (vor allem Schwert und Lanze), sondern auch die Kenntnis der höfischen Etikette, die Ritterlichkeit. Und die Handhabung der Fehden, Streitereien um Besitz, Sachbeschädigung, Raub oder, im Fall der Blutfehde, die Rache bei einem Mord. Fehden wurden unter den Freien meist mit der Waffe ausgetragen, der Stärkere hatte recht.

Die ungeregelten Fehden wegen „Ehrensachen", die Kleinkriege und ständigen kleinen Raubzüge der Ritter, unter denen das Volk, aber auch der Klerus und die Ordensleute litten, die manchmal wie nebenbei mit ausgeraubt und ermordet wurden, waren aber eine ständige Bedrohung. Deswegen bildete sich die „Gottesfriedensbewegung", angestoßen in Frankreich, ab dem 10. Jahrhundert von Kirche und höherem Adel unterstützt, die die Sicherheit und öffentliche Ordnung gewährleisten wollten. Ungeregelte Fehden und Angriffe auf Unbeteiligte wurden mit Exkommunikation und weltlichen Strafen sanktioniert. Wehrlose Menschen und Sachen durften nicht zu Schaden kommen, und später wurden bestimmte Tage festgelegt, an denen Fehden überhaupt verboten waren. Aus diesem „Gottesfrieden" entstand in Deutschland später der Landfriede, der freiwillige Verzicht von Landesherren auf die Durchsetzung ihres Rechts mit Gewalt.

Jetzt wurde auch die Ausbildung zum Ritter formalisiert: Sie erstreckte sich vom Edelknaben über den Knappen zum Ritter, der durch die Schwertleite oder den Ritterschlag in seinen Stand erhoben wurde. Neben dem Kämpfen gehörte auch ein wenig Bildung zum Ritter: Lesen und Schreiben allerdings nicht oder nur selten, wichtiger waren die Kenntnis der Bibel, Musik und Gesang. Das Ritterideal, das sich ab dieser Zeit entwickelte, beinhaltete den christlichen Glauben, den treuen Dienst für den jeweiligen Herrn, die Minne, die Verehrung einer hochgestellten Dame, die es zu beschützen galt, und die Verteidigung der Ehre – ein wichtiger Begriff des Mittelalters, der nicht selten sogar zu Kriegen führte.

In blutigen und oft tödlich endenden Turnieren, die nach bestimmten Regeln abgehalten wurden – manchmal Mann gegen Mann, manchmal in Gruppen gegeneinander – konnten die Ritter beweisen, wie gut sie mit Waffen umgehen konnten – auch auf großen Festen, wie beim Mainzer Hoftag 1184, als in Ingelheim, 15 Kilometer von Mainz entfernt, zu Ehren der Schwertleite der beiden Söhne von Friedrich Barbarossa ein großes Turnier abgehalten wurde.

Im Lauf der nächsten Jahrhunderte schwand und verschwand die militärische Bedeutung der Ritter, aber nicht wegen der Erfindung und des Einsatzes von Schusswaffen, sondern vor allem seit bewaffnetes Fußvolk – wie die Schweizer mit ihren Langpiken oder Bogenschützen (z.B. mit englischen Langbögen) – durch die bessere Technik und das geballte, disziplinierte gemeinsame Auftreten der Truppen sogar die gepanzerte Kavallerie der Ritter besiegen konnte.

Das Leben der Ritter

Neben der Arbeit als Lehnsherr seines Gebiets, das er zu schützen und zu pflegen hatte, gehörte zu den Aufgaben eines Ritters vor allem der Kampf, den er in Friedenszeiten üben musste. Reiten mit angelegter Rüstung war schwierig – eine nicht ungefährliche Probe war das Turnier. Ab Mitte des 11. Jahrhunderts in Frankreich, ab dem 12. Jahrhundert auch in Deutschland üblich, waren es manchmal Kampfspiele, die mehr oder weniger ernst waren.

Die Rüstungen konnten sehr schwer sein: Über einer Schutzhaut trug der Ritter einen ledernen Brustpanzer, den Harnisch, der mit Platten oder

▾ Gerüstet und geschmückt ging es zum Ritterturnier Mann gegen Mann. (Nachgestellte Szene vom SWR Fernsehen)

Ringen besetzt war, darüber ein Obergewand. Ab etwa 1200 verstärkte man Knie und Ellbogen und verbesserte den Helm mit einem beweglichen Visier. Ab Mitte des 14. Jahrhunderts wurde das Kettenhemd feiner und schützte auch den Unterleib. Außerdem bekamen die Ritter einen Hals-schutz und Handschuhe aus Leder und Eisen. Neben dem Helm und dem Schild trugen sie als Waffen auch eine Lanze, den Morgenstern und das Schwert.

Wie brutal so ein Kampf sein konnte, wenn er ernst war, schildert das Waltharilied aus dem 10. Jahrhundert. Zwar erzählt es eine mythische Geschichte, den Kampf von Walther von Aquitanien gegen die Burgunden mit König Gunther und Hagen von Tronje. Walther besiegt nacheinander elf Burgunden, aber als er gegen Gunther und Hagen antritt, verliert Gun-ther ein Bein, Hagen ein Auge und Walther die rechte Hand.

Das Leben auf einer Burg war zwar sicherer als das der Bauern, aber meist nicht viel bequemer. Je nach Finanzlage des Burgherrn konnte er sich Teppiche leisten oder ein Federbett, vor allem einen Kamin, der mit dem Holz der Wälder beheizt wurde. Dennoch war es zugig, und die hygienischen Zustände waren der Gesundheit nicht besonders zuträglich. Kerzen waren teuer, andere Möglichkeiten, die Zimmer zu beleuchten, gab es nicht. Und die meisten Burgherren waren nicht besonders reich. Eines ihrer Privilegien war die Jagd: Wildschweine und Fasane, die wegen des Fleischs, Rehe und Hirsche, die auch wegen der Felle begehrt waren – eine willkommene Abwechslung zum sonst auch bei Burgherren eher frugalen Speiseplan. Opulente Feste, wie wir sie aus Filmen kennen, konnten sich die meisten gar nicht oder nur selten leisten.

Etwa 500 Burgen gab es in der Pfalz, auch ein Zeichen dafür, dass die Pfalz im Mittelalter ein Zentrum der Macht war. Nur eine einzige ist heute noch bewohnt: der Berwartstein bei Dahn. Im 12. Jahrhundert wohnte der berüchtigte Raubritter Hans Trapp hier, Marschall und Anführer der kurpfälzischen Streitkräfte, der gern die Mönche von Weißenburg angriff und ausraubte. Der Trifels bei Annweiler beherbergte im 12. und 13. Jahrhundert als „keiserliche zeichen", wie es in einer Trifelser Chronik heißt, die Reichskleinodien, Krone, Lanze und Reichsschwert. Außerdem hielt Heinrich VI. hier den englischen König Richard Löwenherz gefangen. Zu den größten Burganlagen gehörten Burg Lichtenberg bei Kusel und die Hardenburg bei Bad Dürkheim.

Kirche und die Klöster im Mittelalter

Die Kirche und die Klöster spielten eine wichtige Rolle in der Entwicklung der europäischen Kultur: Antike Bildung, Lesen und Schreiben, auch die Kunst der Buchillustration, die griechische Philosophie, die ebenso wie die Mathematik von den Arabern überliefert worden war, wurden in den Klöstern gelehrt. Auch Musik und Heilkunst bewahrten und förderten die Klöster ab dem frühen Mittelalter. Architektur, Kunst und Bildhauerei fanden in den Kirchen ihre ersten meisterlichen Höhepunkte, vor allem in den großen Münstern in Straßburg und Freiburg, die alles überstiegen, was man bis dahin gekannt hatte – das Freiburger Münster war eines der höchsten Gebäude der Welt, schon aus weiter Ferne zu sehen. Die Buchmalerei, mit der Bibeln und Stundenbücher verziert wurden, hatte u.a. auf der Reichenau, in Prüm (Eifel), Lorsch und Mainz berühmte Zentren, später auch in Hirsau und Weingarten, auf der Reichenau sogar jahrhundertelang: Die Reichenauer Manuskripte stehen seit 2004 auf der Liste des Weltdokumentenerbes. Kirchliche Herrscher waren auch die ersten Auftraggeber für Maler wie den unbekannten Künstler, der die Fresken in der Kirche von St. Georg auf der Reichenau wahrscheinlich im 9. Jahrhundert schuf, für den Meister von Meßkirch, der 1536 den Wildensteiner Altar malte, oder für Hans Baldung gen. Grien: In Schwäbisch Gmünd geboren, lernte er bei Albrecht Dürer in Nürnberg und schuf von 1512 bis 1516 den Hochaltar des Freiburger Münsters.

Die mittelalterlichen Universitäten

Gebildet war im Mittelalter nur eine kleine Schicht, selbst manche Könige konnten weder lesen noch schreiben. Vor allem in Klöstern, und ab dem 11. Jahrhundert in den Domschulen, wurde Bildung gelehrt, es entstanden Vorläufer der heutigen Schulen und Forschungseinrichtungen. Klosterbibliotheken bewahrten auch alte Schriften auf: nicht nur christliche Bücher, sondern auch Bücher von Griechen und Römern, sogar von Arabern, Persern und Juden, die später wiederentdeckt wurden. Manchmal wurden sie in den Klöstern gesammelt, um die Meinungen und Argumente der „heidnischen Gegner" des Christentums zu studieren und damit zu bekämpfen oder um Moslems oder Heiden von ihren Irrtümern befreien zu können.

Ab dem 11. Jahrhundert, verstärkt ab 1200, entstand in Westeuropa eine neue Form der Lehranstalt: die Universität. In Bologna gründete der Jurist Irnerius (1050–1130) eine Rechtsschule, aus der nach einigen Quellen 1088 die erste Universität in Europa hervorging, wahrscheinlicher ist jedoch ab 1130 und 1140 – in arabischen Ländern gab es Hochschulen schon seit dem 9. Jahrhundert: in Marokko, Ägypten und dem Irak. 1200 kam die Universität in Paris hinzu, danach gründeten sich auch in England, im übrigen Frankreich und in Spanien Universitäten. Nördlich der Alpen wurde 1348 die erste Hochschule gegründet, in Prag. Nur wenig später kamen die ersten deutschen dazu: 1386 in Heidelberg, 1457 in Freiburg, 1473 in Trier, 1477 in Mainz und Tübingen. Damit waren von 13 Universitäten, die es in Deutschland gab (wenn man Wien und Prag dazurechnet), allein fünf im Südwesten beheimatet.

Gelehrt wurden an den Universitäten die sieben freien Künste: Grammatik, Rhetorik, Dialektik, Arithmetik, Geometrie, Musik, Astronomie, im „Hauptstudium" dann Theologie, Jurisprudenz und Medizin. Frauen durften übrigens lange Zeit überhaupt nicht studieren. Dass es immer

auch schon gelehrte Frauen und Ärztinnen gegeben hat, in der Antike und sogar im Mittelalter, Hypathia, Hroswitha von Gandersheim, Herrad von Landsberg, Christiane Erxleben oder Dorothea Schlözer, spielte dabei keine Rolle: Wie im politischen und kirchlichen Leben hatten sie auch im wissenschaftlichen keinen Einfluss.

▲ Das Benedikti-nerkloster auf der Bodenseeinsel Rei-chenau war eines der prächtigsten seiner Zeit, seine Buchmalerei war weltberühmt. Hier eine Ansicht von heute.

Das Kloster Reichenau und das Leben der Hildegard von Bingen

Schon früh wurden die Gebiete am Oberrhein christianisiert, es bildeten sich ab der Merowingerzeit die Bistümer Mainz, Worms, Speyer und Straßburg, die nach und nach ihren Einfluss auch auf die rechtsrheini-schen Gebiete ausdehnten. Die Kirche in Dunningen bei Rottweil etwa geht bereits auf das 6. Jahrhundert zurück. Ab dem 7. und 8. Jahrhundert entstanden die Klöster, als eines der ersten das Kloster Reichenau auf ei-ner Insel im Bodensee, von Pirmin (um 670–753) im Jahr 724 gegründet. Das Kloster wurde unter den Karolingern Reichsabtei und unterstand damit, wie die Reichsstädte, direkt dem Kaiser. Jetzt erlebte es seine erste Blüte, wurde wohlhabend, und die Mönche bauten eine kostbare und weit-hin berühmte Bibliothek und eine Schreib- und Malschule auf. Erhalten sind heute noch der prächtige St. Galler Klosterplan (819–826), das Liut-har-Evangeliar mit dem Krönungsbild Kaiser Ottos III. (circa 995/1000), die Bamberger Apokalypse (nach 1007) oder das prächtige Perikopenbuch Kaiser Heinrichs II. (nach 1007). Am Ostufer der Reichenau ließ der Reichenauer Abt und Mainzer Erzbischof Hatto I. (850–913) die Kirche St. Georg bauen, die erste romanische Kirche in Deutschland überhaupt.

Neben Hatto sind noch viele weitere Persönlichkeiten der Reichenau erwähnenswert: der Abt Walahfrid Strabo (808/809–849) etwa, der unter anderem den Kräutergarten in seinem „Hortulus" beschrieb, oder Hermann der Lahme (1013–1054), ein Universalgelehrter, der an der Krankheit Amyotrophe Lateralsklerose (ALS) litt, aber aufgrund seines überragenden Wissens Leiter der Klosterschule wurde. Er schrieb Bücher über Astronomie, Musik, Mathematik und Geschichte, er konstruierte sogar Uhren.

Eine weitere bis heute berühmte und einflussreiche Persönlichkeit aus dem Mittelalter ist Hildegard von Bingen. Geboren 1098 in Bermersheim vor der Höhe oder Niederhosenbach (man weiß es nicht genau), starb die Benediktinerin 1179 im Kloster Rupertsberg in Bingen. Sie war nicht nur eine universal gebildete Frau, die sich auch in politische und theologische Diskussionen einmischte (unter anderem über die Wandlung von Brot und Wein bei der Messe), wo sie auch Gehör fand, weil einige ihrer Verwandten in hohen Positionen saßen. Als erste Nonne predigte sie öffentlich, zum Beispiel in Trier und Mainz. Sie war vor allem eine Mystikerin, die ihre Visionen als Grundlage für ihre öffentlichen Predigten nutzte und sie in mehreren Büchern publizierte, die noch heute gelesen werden, unter anderem „Scivias Domini" („Wisse die Wege des Herrn", an dem sie sechs Jahre lang arbeitete), das „Liber vitae meritorum" („Buch der Lebensverdienste") und das „Liber divinorum operum" („Buch der göttlichen Werke"), in dem es heißt: „Im Jahre 1141 der Menschwerdung Jesu Christi, als ich zweiundvierzig Jahre und sieben Monate alt war, sah ich ein überaus stark funkelndes Licht aus dem geöffneten Himmel kommen. Es durchströmte mein Gehirn, mein Herz und meine Brust ganz und gar, gleich einer Flamme, die jedoch nicht brennt, sondern erwärmt. Es erglühte mich so, wie die Sonne einen Gegenstand erwärmt, auf den sie ihre Strahlen ergießt. Und plötzlich hatte ich die Einsicht in den Sinn und die Auslegung des Psalters, des Evangeliums und der anderen Schriften des Alten und Neuen Testamentes." Und an anderer Stelle: „Und ich sprach und schrieb diese Dinge nicht aus Erfindung meines Herzens oder irgend einer anderen Person, sondern durch die geheimen Mysterien Gottes, wie ich sie vernahm und empfing von den himmlischen Orten. Und wieder vernahm ich eine Stimme vom Himmel, und sie sprach zu mir: Erhebe deine Stimme und schreibe also!" 1147 erlaubte ihr Papst Eugen III. während einer Synode in Trier, ihre Visionen zu veröffentlichen. Ihre heilkundlichen Schriften sind zwar nicht original überliefert, dennoch ist

❮ *Hildegard von Bingen empfängt im Beisein ihres Vertrauten Richardis eine Vision, Liber Divinorum Operum, um 1220.*

sie noch heute für ihr medizinisches Wissen bekannt. Da es ein Medizin-studium erst sehr viel später gab, griff die Medizin ihrer Zeit, und auch Hildegard selbst, auf die Pflanzenheilkunde und die Behandlung mit Edelsteinen und Metallen zurück. Die Benediktinerin schrieb Bücher über die Heilkraft der Ernährung und vermengte ihr Wissen mit der Überzeugung, dass vor allem der Glaube an Gott eine Heilung des Menschen be-wirken könne. Mit ihrem Gemisch aus Erkenntnissen und Glauben ist sie heutigen Theorien von einer ganzheitlichen Medizin sehr nahe. Die ara-bisch-persische Medizin, die der des christlichen Mittelalters weit voraus war, war in Mitteleuropa zu Hildegards Zeit noch nicht bekannt.

Kirche und die weltliche Macht

Im Großen und Ganzen arbeiteten im frühen Mittelalter Kirche und Herrscher zusammen, kirchliche und weltliche Macht sahen sich von Gott eingesetzt: Sie beherrschten das Land, verteidigten es gegen die Heiden und verkündeten das Wort des Heils, so wie sie es verstanden.

Aber im späteren Verlauf kam es immer wieder zu Konflikten zwischen den weltlichen und den geistlichen Herren. Sie begannen mit der sogenannten „Papstrevolution" durch Papst Gregor VII. (1025–1085), der 1075 mit seinem „Dictatus Papae" festlegte, dass das kirchliche Oberhaupt den Kaiser absetzen könne. Vorher war es andersherum gewesen: Der Kaiser bestimmte den Papst, setzte ihn ein und auch wieder ab. Auch die Bischöfe, so Gregor, können nur vom Papst bestimmt werden, nicht von der weltlichen Macht. Aber mit Hilfe der Bischöfe, von den deutschen Kaisern eingesetzt und damit von ihnen abhängig, regierten und verwalteten die Herrscher ihr Land: Deshalb wollten sie die Bischöfe selber auswählen. Unter Heinrich IV. (1056–1106) und seinem Widersacher Gregor begann damit der Investiturstreit – Investitur bedeutet die Einsetzung eines Geistlichen in sein Amt.

Um ein Zeichen zu setzen, ließ Heinrich IV. auf einer Reichssynode in Worms 1076 den Papst absetzen, unter Beteiligung der meisten deutschen Bischöfe – die salische Reichskirche hielt nicht viel von den Reformen des Papstes. Gregor setzte seinerseits jetzt den König ab und verhängte den Bann über ihn. Um zu verhindern, dass sich seine Widersacher, die Herzöge von Bayern, Schwaben und Kärnten, mit dem Papst gegen ihn verbündeten, zog Heinrich nach Italien und leistete mit seinem später so berühmten „Gang nach Canossa" 1077 Abbitte. Durch diese Schwäche angestachelt, wählten seine Gegner Herzog Rudolf von Schwaben zum Gegenkönig, wurden aber nach langen Kämpfen von Heinrich besiegt. Außerdem gelang es dem Kaiser, durch eine Synode dann doch noch Gregor VII. absetzen und Clemens III. wählen zu lassen, der ihn 1084 in Rom zum Kaiser krönte: Synoden waren lange Zeit dem Papst übergeordnete kirchliche Instanzen.

Erst im Wormser Konkordat 1122 wurde der Streit um die Ernennung der kirchlichen Würdenträger für längere Zeit beigelegt: Heinrich V. ließ die Benennung der Bischöfe und Äbte durch die Kirche zu, allerdings musste bei der Wahl der König oder einer seiner Beauftragten anwesend sein – damit sicherte er sich doch noch einen gewissen Einfluss, zumindest im Heiligen Römischen Reich Deutscher Nation. In Italien musste der König die Bischöfe spätestens sechs Monate nach ihrer Wahl anerkennen, womit sein Einfluss praktisch nicht mehr bestand. Dennoch ging mit diesem Kompromiss keine der beiden Seiten als eindeutiger Sieger aus dem Streit hervor.

In der Folge entwickelten sich im Reich zwei unterschiedliche Rechtssysteme, das kanonische (kirchliche) Recht einerseits, das weltliche Recht

POPE GREGORY VII IN CONFLICT WITH EMPEROR HENRY IV. 1077. PAPST GREGOR VII IM KAMPFE MIT KAISER HEINRICH IV.

Emperor Henry IV in penitentials is standing in Canossa, imploring Pope Gregory VII to withdraw the anathema pronounced against him

Kaiser Heinrich IV steht flehend zu **Kanossa im** Bussgewande, um die Lösung des gegen **ihn ausge-**sprochenen Bannes von dem Papste Gregor VII **zu erlangen.**

N° 1

◄ *„Heinrich IV. in Canossa", eine Lithographie von Johann Nepomuk Geiger von 1863. Ob es diesen demütigen Gang des deutschen Kaisers zu Papst Gregor VII. wirklich so gegeben hat, ist umstritten.*

andererseits, das sich in der Theorie auf den römischen Kaiser Justinian berief: Dessen „Corpus Iuris" war 1080 gerade wiederentdeckt worden und wurde zur Grundlage des weltlichen Rechtssystems, abseits vom kirchlichen Recht. Mit seiner Hilfe wurde unter anderem 1495 das Reichskammergericht als höchste Instanz geschaffen, das mindestens zur Hälfte mit studierten Juristen besetzt sein musste.

Im Mittelalter entwickelten sich auch immer wieder Reformbewegungen innerhalb der Kirche, auch in den Klöstern. Bei manchen Neugründungen besannen sich Äbte immer wieder auf das, was sie als eigentlichen Glauben empfanden. „Ora et labora" war die Devise der Benediktinermönche: „Bete und arbeite." Vollständig lautet der Spruch: „Ora et labora (et lege), Deus adest sine mora", was bedeutet: „Bete und arbeite (und lies), Gott ist da (oder: Gott hilft) ohne Verzug." Dieser älteste aller Mönchsorden setzte sich bereits ab der Gründung des Klosters Cluny in Burgund um 910 von der Weltlichkeit ab. Gebet, körperliche Arbeit und Armenfürsorge waren die Grundpfeiler der Benediktiner, die sich immer wieder gegen Tendenzen der Verweltlichung innerhalb der Kirche aussprachen.

An der Spitze des Reformmönchstums stand im Südwesten das Benediktinerkloster Hirsau unter seinem Abt Wilhelm (1030–1091). Im Investiturstreit unterstützte Wilhelm Papst Gregor und Rudolf von Schwaben, da er sich von den Einflüssen und Einflussversuchen der feudalen Herren lösen wollte und deshalb gegen die Bischofseinsetzung durch die Herrscher war.

Die Reformklöster griffen aber auch vehement Missstände innerhalb der Kirche an: Ämterkauf, Missachtung des Zölibats, Priesterehe oder Kauf und Verkauf kirchlicher Pfründen. Um das Jahr 1000 unterstanden in ganz Europa schon mehr als tausend Klöster dem Abt des burgundischen Benediktinerklosters Cluny, der die „cluniazensische Reform", eine geistliche Reformbewegung innerhalb der Kirche, begründete, die sich in den Folgejahren über ganz Europa verbreitete. Auch die „Hirsauer Reformen" wurden von anderen Klöstern übernommen, St. Georgen, Alpirsbach, Blaubeuren und Reichenbach im Murgtal, bis nach Franken, Mittel- und Ostdeutschland ging ihr Einfluss. 1098 spalteten sich die Zisterzienser ab und gründeten im noch einsamer gelegenen burgundischen Cîteaux ein neues Kloster. Für sie lebten die Benediktiner nicht mehr streng genug nach den Vorschriften des Heiligen Benedikt. Vor allem durch Bernhard von Clairvaux breiteten sie sich auch in Deutschland aus, gründeten Klöster in Lützel im Elsass (1124), Maulbronn (1139/47) oder Salem (1134).

Das Leben im Kloster war streng reglementiert: Beten und arbeiten war nicht nur das Motto der Mönche und Nonnen, danach wurde auch gelebt. Acht Stunden Arbeit und acht Stunden Beten. Dazu kam das Studium der Heiligen Schrift und der Kirchenheiligen. Um während des Essens vorlesen zu können, wie es in den Klostern üblich war, damit die Gedanken nicht von den geistlichen Dingen abgelenkt wurden, musste den neuen Mönchen oft erst einmal Latein und sogar das Lesen beigebracht werden. Dazu lernten sie in größeren Klöstern wie der Reichenau auch die sogenannten sieben freien Künste: Grammatik, Rhetorik, Dialektik, Arithmetik, Musik, Geometrie und Astronomie. Die begabtesten Schüler konnten innerhalb der Klosterschulen zu Lehrern aufsteigen oder sogar eine Universität besuchen. Andere arbeiteten im Skriptorium, der Schreibwerkstatt, wo Urkunden und Bücher gegen Geld kopiert und manchmal prächtig und phantasievoll illustriert wurden.

Arbeit gab es auch sonst genug: auf dem Feld, im Garten oder in den Werkstätten. Kleidung, Nahrung, Werkzeuge – alles wurde von den Mönchen, die gleichzeitig Handwerker, Schmiede, Köche, Bauern, Schneider waren, selbst hergestellt: Viele Klöster waren dadurch autark.

Nach der Probezeit legten die Novizen die ewigen Gelübde ab, gelobten Gehorsam und Demut, Fleiß, Armut und Gottesfurcht. Siebenmal am Tag versammelten sie sich zum Gebet: kurz nach Mitternacht zur Mette, vor Sonnenaufgang zur Prima, nach Sonnenaufgang zur Tertia, nachmittags drei Uhr zur Sexta Nona, vor Sonnenuntergang zur Vesper und schließlich in der Nacht zum Kompletarium.

▲ Der Kloster-brunnen im Kloster Maulbronn. Nach der Legende blieb an dieser Stelle ein Maultier mit dem Klosterschatz stehen, scharrte mit den Hufen und legte eine sprudelnde Quelle frei. Die Mönche bauten hier einen Brunnen – deswegen heißt der Ort Maulbronn.

Die Kirche war deswegen das wichtigste Gebäude. Daneben lag meist der Kapitelsaal, in dem der Abt täglich die Angelegenheiten des Klosters und des Ordens beriet. Die Bibliothek, die Schreibstuben, das Arbeitshaus, die Schule und die Schlafräume der Mönche lagen etwas abseits von den Gebäuden, die auch Laien und Laienbrüder betreten durften. Wichtig waren der Klosterhof und der Kreuzgang, in dem die Mönche ihre Stunde Freizeit genießen konnten. Im Kloster Maulbronn sind die Bögen mit dem reich verzierten berühmten Brunnen noch heute zu besichtigen, es wurde 1147 gegründet und ist heute Weltkulturerbe der UNESCO.

Neben diesem inneren Bezirk bestand ein äußerer, in dem die Wohnung des Abtes lag, der ja die Abtei auch nach außen zu vertreten hatte, Gasthäuser, Krankenstuben und eine Apotheke, Werkstätten und Ställe, Scheunen und eine Bäckerei, dazwischen die Gärten.

Die rasante Entwicklung der Städte

Die römischen Städte interessierten die Germanen, die bis zum 5. Jahrhundert das römische Reich am Rhein eroberten, nicht: Baden-Baden mit seinen römischen Badeanlagen verfiel, nur größere Städte wie Trier oder Mainz blieben erhalten. Ab dem Mittelalter nahm man die alten Gebäude und Städte aus der Römerzeit als Grundlage für neue Ansiedlungen; sie wurden wieder aus- oder aufgebaut und vor allem neu befestigt.

In vielen Städten setzten die Merowinger bis zum 8. Jahrhundert Grafen als Verwaltungsbeamte ein, um ihre weltliche Macht zu festigen. Die Karolinger übernahmen oft diese Verwaltung und stärkten sie, manchmal wurden auch Bischöfe, die damals noch von den weltlichen Herrschern ernannt wurden, die neuen Machthaber. In und bei den Pfalzen siedelten sich Händler und Handwerker an, um den Bedarf einer wachsenden Oberschicht zu decken; sie organisierten sich in Gilden oder Zünften.

Nach dem Sieg Ottos des Großen 955 n. Chr. über die Ungarn, mit dem die Bedrohungen von außen gegen das Reich wegfielen, entwickelten sich die Städte immer schneller. Zwischen dem 11. Jahrhundert und der Mitte der 14. Jahrhunderts, als die Große Pest die halbe Bevölkerung Deutschlands auslöschte, gab es einen wahren Boom an Städtegründungen. Man muss sich diese frühen Städte aber nicht allzu prächtig vorstellen, meist waren es nur wenige Häuser, eine Kirche, ein Verwaltungszentrum, manchmal gehörte auch ein Kloster dazu. Und viele freie Flächen, auf denen Ackerbau und Viehzucht betrieben wurde. Erst ab etwa 1100 wurden statt Holz- und Fachwerkhäuser auch immer mehr Steinhäuser ge-

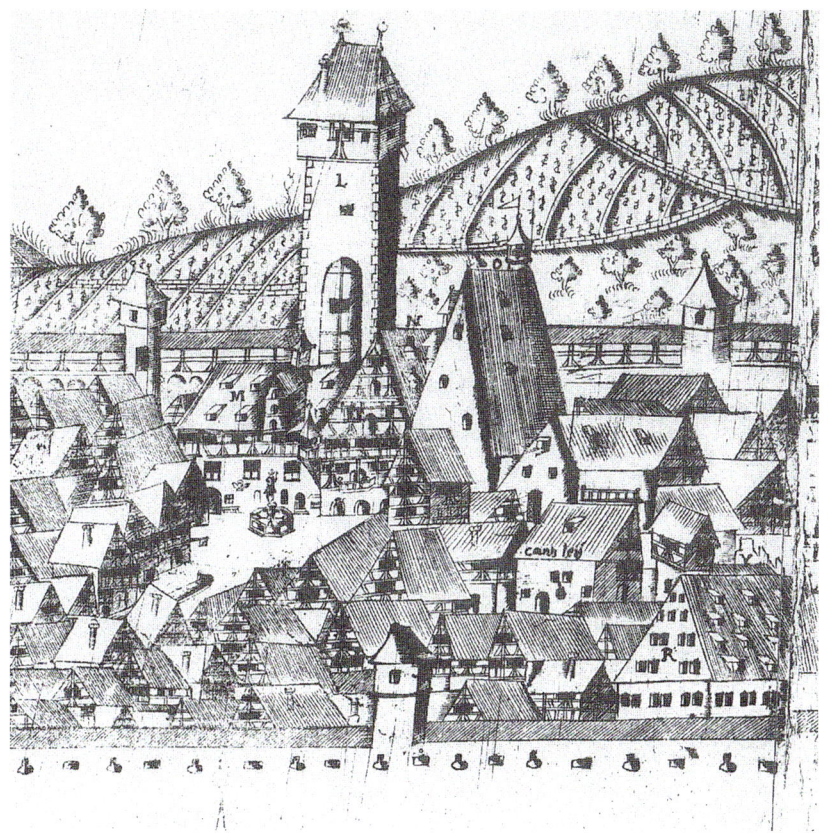

◄ *Der Marktplatz von Reutlingen mit frühmittelalterlichen Steinhäusern. Zu sehen sind das spätere Bürgerhaus, Kanzleigebäude und der Königsbronner Hof.*

baut. Langsam wuchs der Wohlstand der Bürger, und sie konnten sich bessere und reichhaltigere Nahrung leisten, die aufgrund der höheren Nachfrage in größeren Mengen produziert wurde. Und sie lebten immer sicherer. Die Bevölkerung wuchs, die Wirtschaft wandelte sich langsam von der Warenaustausch- zur Geldwirtschaft. Um 1200 lebten auf dem Gebiet des heutigen Baden-Württembergs etwa 700.000 Menschen. Viele bis dahin unerschlossene Gebiete wurden gerodet und urbar gemacht, mit Hilfe der Calwer Grafen, des Klosters Lorsch, der badischen Markgrafen und vieler anderer Herren. Um 1400 lebten von zwölf Millionen Deutschen schließlich acht Prozent in Städten.

Die Städte waren oft mit Stadtmauern befestigt und lagen manchmal an einer Burg, deren Herr die Stadtbewohner beschützen musste. Wichtig war auch der Marktplatz als zentraler Ort mit der Kirche als Mittelpunkt, später kam das Rathaus dazu.

Später trennte sich die städtische Einwohnerschaft, deren Selbstbewusstsein zunahm, von der ländlichen, die außerhalb der Stadtmauern wohnte. Es bildete sich eine regierende Oberschicht, das Patriziat, das sich eine eigene Verfassung gab, eine eigene Verwaltung und eine eigene Gerichtsbarkeit. Kontinuierlich gerieten die obersten Stadtbürger in Konflikt mit dem Stadt- oder Landesherrn, weil sie sich selber regieren und verwalten wollten. Und es gab die Mittel- und Unterschicht – wobei die Unterschicht oft auch außerhalb der Stadtmauern in einfachen Hütten wohnte. In vielen auch blutigen Auseinandersetzungen während des Mittelalters verlangte die Mittelschicht, an der Herrschaft beteiligt zu werden, was ihr nach und nach und zunächst in Einzelfällen zugestanden wurde: Dann gab es allerdings keine neue Verfassung, in der die ganze Schicht neue Rechte bekam, sondern es wurden lediglich Vertreter aus der Mittelschicht ins Patriziat aufgenommen, nur ein individueller Aufstieg war möglich.

Allmählich setzte sich für die Bürger ein neuer Stadtbegriff durch: Danach war die Stadt eine Rechts- und Friedensgemeinschaft, die sich ohne einen regierenden Herrn ihre eigenen Gesetze gab, sich selbst organisierte („communio" und „coniuratio" sind die Fachbegriffe) und eine eigene Regierung (einen Stadtrat) wählte. Immer mehr setzten die Städte ihre Ansprüche gegen weltliche und geistliche Herren durch, ließen sich oft ihre wachsende Autonomie durch den Kaiser bestätigen, um abgesichert zu sein: Die Ziele der Städte und die Ziele der adligen Herren waren einfach zu unterschiedlich.

Allmählich entstand ein Bürgertum, das in manchen Punkten im Gegensatz zur Feudalgesellschaft stand. Begünstigt wurde dies durch den wirtschaftlichen Aufschwung, der den gesamten Westen umfasste. Die Beute, die durch die Kreuzzügler nach Europa gebracht wurde, die Handelsrouten, die durch die Kreuzzüge erschlossen und genutzt wurden, unter anderem von den Templern, der ersten internationalen Handelsgesellschaft, und anderen Händlern, unter ihnen viele jüdische Familien, die exzellente Verbindungen in den Nahen Osten hatten und schon im frühen Mittelalter als Geldwechsler fungierten – all das führte zu einem wachsenden Wohlstand, zur Entwicklung des Handwerks und zu einem steigenden Selbstbewusstsein. Bis das Bürgertum später in den Städten auch offen die Macht übernahm. Dabei halfen ihm das Vorbild der geistlichen Stadtherren, die auch unabhängig vom feudalen Umfeld waren, und der Rechtsbegriff der „immunitas": So wollten auch die Städte eigenständig sein oder als Reichsstädte direkt dem Kaiser unterstehen und damit den regionalen Herren nicht mehr dienst- und tributpflichtig sein. Manche Kaiser unterstützten das, weil selbständige Bürger manchmal eine gute Hilfe und passende Verbündete gegen regionale Herren waren.

Viele Städte bildeten sich im Mittelalter an strategisch wichtigen Punkten, viele an bedeutenden Handelswegen oder an Orten mit einem regelmäßigen Wochenmarkt. Vor allem der Fernhandel zwischen Holland und Italien wurde immer wichtiger, denn beide Länder erlebten durch die Tuchindustrie und den Überseehandel mit dem Orient einen Aufschwung. Bereits zur Zeit Karls des Großen gab es einen „internationalen" Handel mit Agrarüberschüssen, vor allem mit Weizen und Vieh, der über Prag weiter in den Osten und nach Italien führte. Öl und Wein, seltene Tuche und Salz kamen nach Deutschland. Das Kloster Reichenau bezog um 1100 regelmäßig Kastanien und Öl aus Oberitalien. Später wurde der Fernhandel zu einer der wichtigsten Einnahmequellen für die Städte und Länder.

▲ *Händelheller aus Silber aus der Prägestätte Hall am Kocher, 13. Jahrhundert. In dieser Zeit löste das Geldwesen die Bezahlung durch Naturalien langsam ab.*

Auch das Münzwesen entwickelte sich im Mittelalter stetig. Vor allem die Staufer, die als Könige regierten und damit die Oberhoheit im ganzen Reich hatten, engagierten sich im Münzwesen. Sie belebten alte Münzstätten neu und gründeten an die 20 neue, vor allem in der Nähe der wichtigen Handelsstädte am Bodensee, wo Leinwand hergestellt und exportiert wurde. Hier wuchs der Bedarf an Münzen stetig an. Die königliche Münzstätte in Schwäbisch Hall prägte unter anderem den Haller Pfennig, der später neben dem Konstanzer Pfennig als wichtigstes auch überregionales Zahlungsmittel galt. Allerdings gab es in den vielen kleinen Territorien auf deutschem Boden oft unterschiedliche Währungen, was den freien Handel sehr behinderte.

Trier, Heidelberg und die Städte des Südwestens

Im 12. Jahrhundert wurden Heidelberg und Freiburg gegründet, Konstanz, bereits 600 Jahre alt, erhielt in dieser Zeit den Status einer Reichsstadt. Mainz, Trier und Saarbrücken gab es schon als römische Siedlungen. Nach dem 14. Jahrhundert wurden kaum noch Städte gegründet, die badische Hauptstadt Karlsruhe, 1715 mitten in den Wald gesetzt, war eine der wenigen Ausnahmen in ganz Deutschland.

Trier, eine der ältesten Städte Deutschlands, wurde von den Römern 16 v. Chr. als Augusta Treverorum erbaut. Noch heute ist die Porta Nigra zu sehen – eines der besterhaltenen römischen Baudenkmäler nördlich der

▲ Die Porta Nigra in Trier, als Teil der römischen Stadt-befestigung um 180 n. Chr. gebaut. Heute ist sie eines der besterhaltenen römischen Bau-denkmäler nörd-lich der Alpen und Weltkulturerbe.

Alpen und heute Weltkulturerbe. Es wurde als Teil der römischen Stadt-befestigung um 180. n. Chr. errichtet, ein riesiges Tor mit zwei Türmen an beiden Seiten, ohne Mörtel und mit Eisenklammern, die die Quader zu-sammenhielten. Von den Alamannen zerstört, dann als Residenz der römi-schen Kaiser im Westen genutzt, diente Trier ab 328 Kaiser Konstantin II. als Residenz. Im 5. Jahrhundert, 413 und 421, eroberten die Franken Trier, 843, bei der Teilung des großfränkischen Reichs, wurde es Lothringen zugeschlagen, dann dem Ostfrankenreich. 1212 wurde Trier reichsunmit-telbar, unterstand also direkt dem Kaiser. Danach musste die Stadt wieder die Oberherrschaft des Erzbischofs anerkennen. Trier war bis Ende des Heiligen Römischen Reichs Hauptstadt des Kurstaats Trier.

Auch Saarbrücken, Vicus Saravus, hat eine keltische und römische Ge-schichte. Erst zerstörten es die Alamannen, dann andere Germanen und später die Hunnen. 843 wurde Saarbrücken Teil von Lothringen. Erst 1322 erhielt Saarbrücken das Stadtrecht, obwohl es für den Fernverkehr eine wichtige Rolle spielte, vor allem nachdem 1220 der Gotthardpass eröffnet worden war und somit eine weitere Fernhandelsroute von Italien nach Norden ging.

Mainz war lange Zeit die Hauptstadt der römischen Provinz Germania superior bzw. Germania prima, bis es zu einer Bischofsstadt wurde mit dem größten Kirchenbesitz nördlich der Alpen. Die Mainzer Erzbischöfe waren zeitweise nach dem König die mächtigsten Männer im Reich, besonders Erzbischof Willigis (975–1011), der als Reichsverweser amtierte, eine Art Stellvertreter des Königs, und den Mainzer Dom bauen ließ. Im 12. Jahrhundert bekam die Stadt für eine begrenzte Zeit sogar besondere Rechte wie Steuerfreiheit und eine eigene Gerichtsbarkeit.

Freiburg wurde 1091 gegründet, um die Burg „Castrum de Friburch" des Zähringerherzogs Bertold II. herum, und erhielt 1120 ein eigenes Markt- und Stadtrecht. Vermögend wurde Freiburg durch den Fernhandel Richtung Italien und Holland und den Schwarzwälder Silberbergbau. Ab etwa 1200 ließ Bertold V. das heutige Münster bauen, teilweise nach Plänen des Straßburger Münsters. 1218 übernahmen die Grafen von Urach die Herrschaft über die Stadt und nannten sich „Graf von Freiburg". 1368 stellten sich die Freiburger Bürger, nach vielen Querelen mit den Grafen von Urach, unter den Schutz des Hauses Habsburg – es kostete die Stadt über 20.000 Mark Silber und das Versprechen, Kriegshilfe zu leisten, mit Soldaten und wiederum Geld. Eigentlich hatten sie sich damit übernommen und über Jahre hinaus verschuldet: Das Münster wurde erst 1513 fertig, weil ständig das Geld für den Weiterbau fehlte.

Heidelberg hat frühgeschichtliche Wurzeln: 1907 fand man in der Nähe einen Unterkiefer des Homo

▼ Das Freiburger Münster wurde von etwa 1200 bis 1513 erbaut. Es war eines der höchsten Gebäude der Welt, schon aus weiter Ferne zu sehen. Der berühmte Maler Hans Baldung gen. Grien schuf von 1512 bis 1516 den Hochaltar.

heidelbergensis, des ältesten Europäers überhaupt, von dem der Neandertaler abstammt. Etwa 500 v. Chr. gründeten die Kelten hier eine Siedlung, später hatten die Römer in dieser Gegend ein Soldatenlager, dann die Alamannen, die vom Merowingerkönig Chlodwig vertrieben wurden. 1196 wird Heidelberg zum ersten Mal urkundlich erwähnt, 1182 hatte Konrad der Staufer, Halbbruder von Friedrich Barbarossa und Pfalzgraf bei Rhein, seinen Hof allerdings schon von Bacharach auf die Burg Heidelberg verlegt. Ab 1356 war Heidelberg die Hauptstadt der Kurpfalz. 1462 hielt

Kurfürst Friedrich I. von der Pfalz auf der Burg den Markgrafen Karl I. von Baden, den Bischof Georg von Metz und den Grafen Ulrich V. von Württemberg gefangen, bis sie ein hohes Lösegeld zahlten. 1693 schließlich zerstörten die Franzosen im Pfälzischen Erbfolgekrieg das Schloss, das bis dahin immer wieder umgebaut worden war.

Ulm war bereits in der Jungsteinzeit besiedelt, und die Alamannen hatten hier einen großen Friedhof angelegt. Um 850 wurde Ulm zur Königpfalz und blieb es auch unter den Saliern, die 1027 hier einen Hoftag abhielten. 1184 wurde Ulm Freie Reichsstadt und blieb es auch nach dem Ende der Staufer, wuchs zwar, litt aber oft unter Auseinandersetzungen zwischen den Zünften und dem Stadtpatriziat, bis den Zünften ein Mitspracherecht in der Politik zugestanden wurde: 1397 trat mit dem „Großen Schwörbrief" eine Verfassung für Ulm in Kraft, die das Verhältnis zwischen Zünften und Patriziern neu regelte. Danach hatten die Zünfte 30 Sitze im Rat, die Patrizier nur noch 10 – und außerdem kein aktives Wahlrecht mehr. Der Bürgermeister war seither den Ulmer Bürgern verantwortlich.

Eines der Machtzentren Deutschlands lag im Mittelalter in Worms. Schon in der Jungsteinzeit besiedelt, war Worms (Borbetomagus) später ein römischer Militärstützpunkt. Ab dem 7. Jahrhundert wurde es Bischofsstadt, deren Herrscher die Karolinger unterstützten. Karl der Große hatte hier einen seiner Wintersitze, und ab 829 fanden durch das ganze Mittelalter hindurch in Worms wichtige Reichstage und Hoftage statt. 1074 garantierten die Salier der Stadt Zollfreiheit. Zwei Jahre später setzte Heinrich IV. auf einem Reichstag in Worms den damaligen Papst Gre-

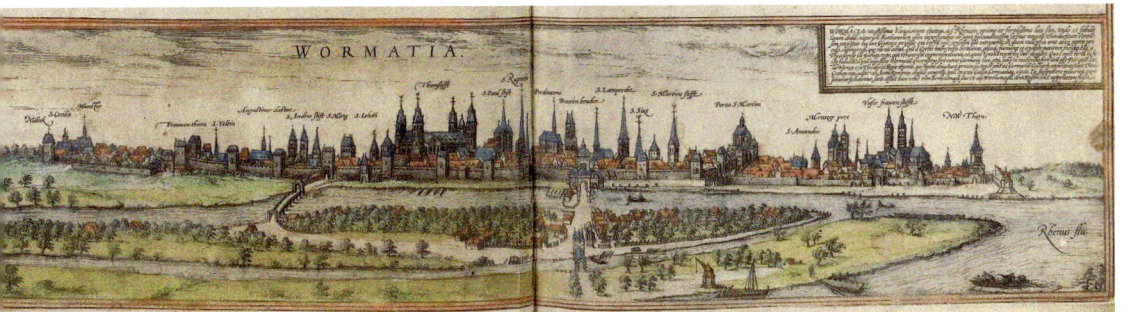

gor VII. ab, der ihn wiederum mit dem Kirchenbann belegte – eine der vielen Stationen in der Auseinandersetzung zwischen kirchlicher und weltlicher Macht. Im Fall von Heinrich IV. endete es mit dem berühmten „Gang nach Canossa". 1184 verlieh Friedrich Barbarossa Worms den Status der Reichsstadt. Das Wormser Konkordat beendete 1122 den Investiturstreit. 1495 verkündete Kaiser Maximilian auf einem Reichstag in Worms die Einführung der Reichssteuer, die Gründung des Reichskammergerichts und den Ewigen Landfrieden.

Ravensburg war schon seit circa 2000 v. Chr. bewohnt, von Kelten, Römern und Alamannen. In der Nähe, in Altdorf-Weingarten, wurde im 10. Jahrhundert die Stammburg der Welfen erbaut. 1050 bauten sie eine neue, die „Ravensburg". Der letzte Welfe, der hier residierte, Welf VI., Herzog von Spoleto, vermachte die Gegend mit der Ravensburg und Altdorf dem Staufer Friedrich Barbarossa. Sein anderer Neffe, Heinrich der Löwe, wurde Herzog von Bayern und Sachsen. Mit dem Untergang der Staufer und ihrer Hausmacht, des Herzogtums Schwaben, begann Ravensburg, wie andere Städte auch, sich selbst zu regieren. 1276 wurde vom Habsburger Rudolf I. bestätigt, dass Ravensburg eine Reichsstadt war, mit allen dazugehörigen Rechten.

Konstanz, durch die Lage an Bodensee und Rhein begünstigt, wurde schon früh von den Helvetiern bewohnt, später von Kaiser Augustus erobert. Um 300 n. Chr. stand hier das Steinkastell Constantia, als Schutz gegen die Alamannen und zur Kontrolle des Rheins. Etwa um 585 zog Bischof Maximus aus Vindonissa (heute Windisch im Schweizer Kanton Aargau) nach Konstanz und ließ eine Bischofskirche bauen. Da die Stadt an einer wichtigen Fernhandelsstraße, vor allem des Leinenhandels, zwischen Deutschland und Italien lag, wuchs sie schnell und wurde wohlhabend. Den selbstbewussten Bürgern gelang es 1192 und 1213, sich gegen den Bischof den Status einer Freien Reichsstadt zu erkämpfen. Zwar litt die Stadt unter der Eröffnung des Gotthardpasses, denn danach wurden neue Handelsstraßen über Basel gebaut, dennoch blieb die „Konstanzer Leinwand" ein Exportschlager, wie überhaupt Leinen und Barchent aus ganz Oberschwaben, auch aus Ravensburg. Hier wurde ein so großer Überschuss produziert, dass der Stoff billig war und gut nach Italien exportiert werden konnte, von wo man unter anderem Baumwolle einkaufte. Auch waren die niedrigen Zölle der Stadt für den Handel sehr attraktiv. Gleichzeitig wurde auf die Qualität der Leinen geachtet, sie wurde sogar durch ein Siegel beglaubigt. Und schließlich hatte man mit dem Bau eines eigenen Kaufhauses 1388, des heutigen „Konzilshauses", ein eigenes Handelszentrum.

Berühmt wurde Konstanz aber durch das Konzil von 1414 bis 1418, in dem das „Abendländische Schisma" beendet wurde, die gleichzeitige Herrschaft dreier Päpste und damit die Spaltung der Kirche. Sie begann 1378, als die Kardinäle gegen den amtierenden Papst Urban VI. einen Gegenpapst wählten, den französischen Kardinal Robert von Genf, der als Clemens VII. auf den Papstthron gesetzt wurde. Sie waren unzufrieden mit Urban und seiner Führung der Amtsgeschäfte. Vor allem aber mit dessen sofortiger Ernennung von 29 neuen Kardinälen. Es war ein Konflikt zwischen den französischen Geistlichen um Clemens VII. und den italienischen um Urban VI. Nach dem Tod der beiden Päpste aber

▼ In Ravensburg, Freie Reichsstadt seit Rudolf I., wurde die Große Ravensburger Handelsgesellschaft gegründet. Hier eine Ansicht von heute.

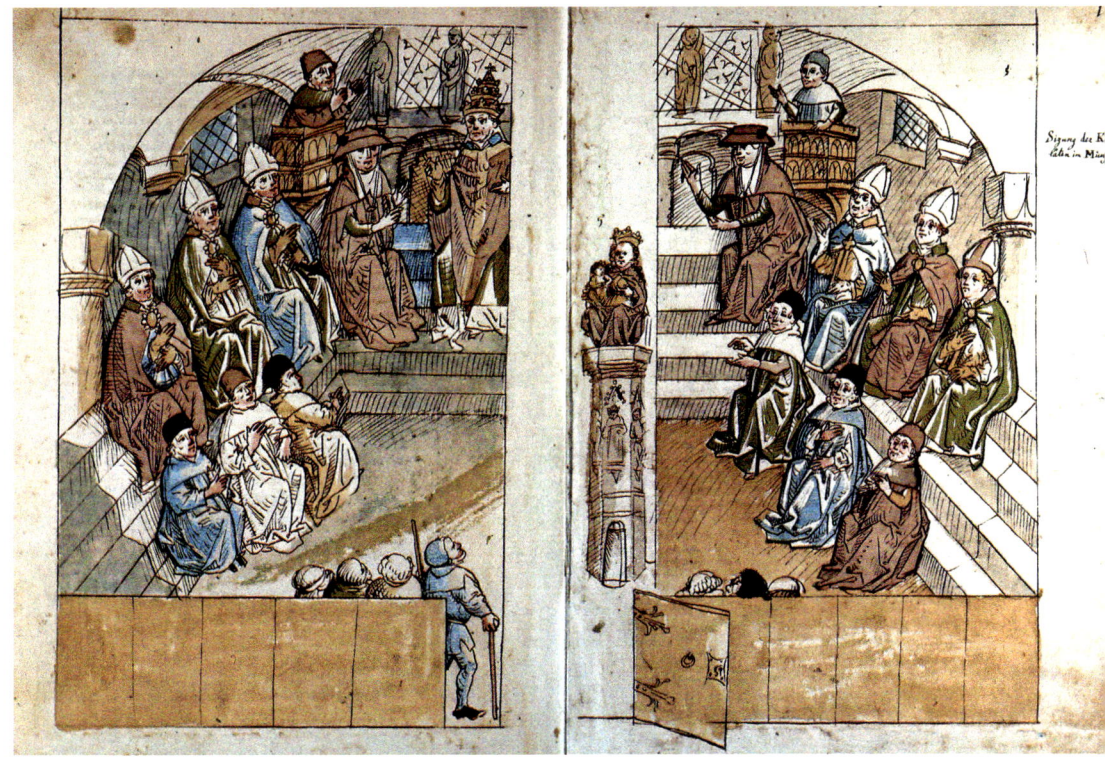

▲ *Konzilssitzung im Konstanzer Münster (aus der Chronik des Konzils von Konstanz des Ulrich von Richental).*

hörte das Schisma nicht auf, jedes Lager wählte seinen eigenen Papst, jeder Papst wurde von anderen europäischen Mächten unterstützt. 1409 gab es auf dem Konzil von Pisa noch eine dritte Wahl: Die Kardinäle, die jetzt mit beiden Päpsten, dem in Avignon residierenden Benedikt XIII. und dem in Rom regierenden Gregor XII., unzufrieden waren, wählten einen dritten, Alexander V. Er residierte, wie sein Nachfolger Johannes XXIII., in Pisa, wurde aber nur von England anerkannt.

Um die politischen Wirrungen und das zu erwartende Chaos aufzulösen, wenn weiterhin drei Päpste regieren sollten, lud König Sigismund von Böhmen die streitenden Parteien zu einem Konzil ein, das in Konstanz stattfinden sollte. Konstanz war ein neutraler Ort, hatte sich als Konzilsort schon bewährt, lag abseits der Zentren der päpstlichen Macht und war gut zu erreichen. Alle Parteien einigten sich darauf und versprachen, sich an die Beschlüsse des Konzils zu halten.

Etwa 8000 Einwohner hatte Konstanz damals, zum Konzil kamen bis zu 30.000 Menschen: ungefähr 1200 Kirchenfürsten, Kardinäle und Kleriker, 1500 Herzöge, Grafen und regionale Adlige, aber auch Händler, Diebe und Prostituierte. Für die Zeit des Konzils wurde, um die Preise einigermaßen stabil zu halten, die Zunftordnung außer Kraft gesetzt, sodass auch fremde Händler und Handwerker in Konstanz ihre Produkte und Dienstleistungen verkaufen durften.

Am 5. November 1414 wurde das Konzil mit einem Hochamt im Münster eröffnet. Das Münster war auch der Tagungsort, den man mit Tribünen bestückte, um Platz für die diskutierenden Geistlichen zu schaffen. Die kirchlichen und weltlichen Delegationen aus den verhandelnden Ländern wurden über die ganze Stadt verteilt, die „deutsche" (mit Skandinavien und Osteuropa) und die englische wohnten im Franziskanerkloster, die italienische und französische im Dominikanerkloster auf der Insel, die spanische im Augustinerkloster, das Kardinalskollegium im Haus des Domdekans.

Nach drei Monaten Verhandlungen verzichtete Johannes XXIII. auf den Papststuhl, falls die anderen beiden es auch tun würden. Danach floh er nach Freiburg, wo er gefangengenommen wurde, weil er sein Versprechen gebrochen hatte, in Konstanz zu bleiben. Mitte 1415 dankte auch Gregor XII. ab, 1417 schließlich Benedikt. Am 11. November 1417, dem Martinstag, wählte das Konzil einvernehmlich Martin V. (1368–1431) zum neuen und einzigen Papst, der nun von allen anerkannt wurde. Ein Dekret legte außerdem fest, dass ab jetzt ein Konzil die oberste Schieds- und Entscheidungsstelle in der katholischen Kirche sein sollte. Was danach vor allem von den Päpsten schnell wieder vergessen wurde. Zwei weitere Punkte standen auf der Tagesordnung des Konzils: Neben der „causa unionis" (der Vereinigung der Kirche, der Aufhebung des Schismas) sollte die „causa reformationis" die Kirche von Grund auf reformieren und die „causa fidei" die umstrittenen Punkte der Verkündigung und der Sakramente klären. Aber nach vier Jahren Verhandlungen buchte man es wohl bereits als Erfolg, die Kirche wieder vereinigt zu haben. Die anderen Punkte wurden nicht mehr besprochen und verschwanden auch unter den folgenden Päpsten in der Schublade.

Die Große Ravensburger Handelsgesellschaft

Da das Mittelalter gemeinhin als „dunkle Epoche" bezeichnet wird (eine Wertung und ein Begriff aus dem 19. Jahrhundert), wird vergessen, dass damals eine große Mobilität herrschte, auch quer durch Europa. Die beiden größten fahrenden und reisenden Gruppen waren (neben den Kreuzzüglern und den Heeren) die Händler und die Wallfahrer. Während die Wallfahrten für das Seelenheil aber meist nach Rom zum Papst oder nach

Vom meister hussen dem ketzer d[z] des zu° clostentz verbrent ward

In den ziten vnd vorhin bi langen taren was ze kechein in dem lande vnd sunderlich ze prag vngloub vnd gross ketzerie erwachsen. Vnd

Jerusalem gingen, durchquerten die Händler ganz Europa: von Italien nach Norwegen, von Polen nach Spanien, von Holland nach Griechenland. Auf großen Handelsstraßen legten sie manchmal Tausende von Kilometern zurück bis nach Arabien, Kleinasien, Persien und sogar ins fernere Asien, um Stoffe, Edelsteine und Gewürze einzukaufen. So ist bekannt, dass schwäbische Leinwand, die schlechter, aber billiger war als andere,

Der böhmische Prediger Jan Hus wird auf dem Scheiterhaufen vor den Toren von Konstanz verbrannt. Aus der Spiezer Chronik, 1485.

um 1200 herum beispielsweise in Ceuta, Südspanien, und Alexandria, Ägypten, verkauft wurde. Als Stützpunkte unterhielt die Stadt Konstanz u. a. vier Häuser für ihre Kaufleute in der Champagne.

Diese Handelsstraßen fußten auf vorgeschichtlichen und römischen Wegen (z. B. die Rheinstraße oder die Kinzigtalstraße) und wurden zwischen dem 10. und dem 15. Jahrhundert immer weiter ausgebaut. Wo früher nur Pferde laufen konnten, fuhren im späteren Mittelalter auch Karren. Pferde und Ochsen zogen Wagen, Schiffe und Flöße verkehrten auf den Flüssen. Der Straßen- oder Wegezoll war dabei ein lukratives Privileg, das vom König verliehen wurde. 1340 erhielt ihn zum Beispiel der Deutsche Orden für Mergentheim mit der Auflage, die Wege instand-zuhalten.

Auf dem Bodensee verkehrten schon früh Segelboote, die ab dem späten 13. Jahrhundert in Konstanz an einer Plattform festmachen konnten, ganz in der Nähe des Markts. Später bauten die Konstanzer diese Anlege-stelle zu einem richtigen Hafen aus, und noch heute steht hier das große Kaufhaus, das heutige „Konzilshaus" von 1388.

Manche Händler schlossen sich in Gesellschaften zusammen. Die größ-te und noch vor den berühmteren Fuggern wichtigste und reichste war die Große Ravensburger Handelsgesellschaft („Magna Societas Alaman-norum"), die um 1380 von Händlern der Familien Humpis aus Ravens-burg, Mötteli aus Buchhorn (dem heutigen Friedrichshafen am Bodensee) und Muntprat aus Konstanz gegründet wurde. Bis zu 90 Gesellschafter fanden sich zusammen und leisteten persönliche Einlagen.

Gegründet zunächst, um Tuch zu verkaufen, handelte man bald auch mit Gewürzen, Wein und Öl aus dem Orient, heimischem Papier und Erz aus Osteuropa. Das Tuch, die Leinweberei, war für ganz Schwaben und Teile der Nordschweiz eines der wichtigsten Handels- und vor allem Ausfuhrgüter. Die „Ravensburger" handelten mit Stoffen wie Leinwand, Barchent, Wolle, Damast, Samt und Seide, Farbstoffen wie Safran, Zinnober und Purpur, Gewürzen wie Anis, Kümmel, Muskatnuss und Pfeffer, aber auch mit Waren wie Hüten, Draht, Reitsporen bis hin zu Luxuswaren wie Korallen oder Perlen. Zucker und Apfelsinen kamen aus Spanien, Ingwer, Lorbeer, Feigen, Mandeln und Reis aus Süditalien.

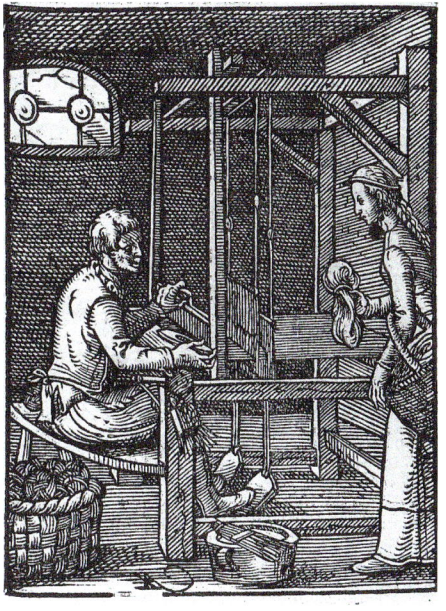

▲ *Einer der wichtigsten Berufe in Oberschwaben: der Weber. Hier aus dem „Ständebuch" des Jost Ammann, 1568.*

Durch den Zusammenschluss der drei vorher konkurrierenden Familien zu einer Handelsgesellschaft konnte die Verwaltung zentralisiert werden – ein großer Vorteil für alle Gesellschafter: Der Transport wurde nicht nur billiger, sondern auch sicherer durch gemeinsame, beschützte Fahrten. Durch Kreditbriefe, die in vielen Städten anerkannt waren, wurde der Geldverkehr vereinheitlicht und vereinfacht. Der Einkauf wurde günstiger, und das Risiko, das durch Verlust der Ware (z. B. durch Raub oder Schiffsuntergang) oder Zahlungsunfähigkeit eines Kunden entstand, wurde von allen getragen.

Die Große Ravensburger Handelsgesellschaft gründete Niederlassungen in vielen europäischen Großstädten, unter anderem in Antwerpen, Brügge, Lyon, Avignon, Genf, Wien, Venedig, Mailand, Genua, Barcelona, Frankfurt und Nürnberg.

Über ein Jahrhundert war die Handelsgesellschaft erfolgreich im Geschäft, Luitfried Muntprat galt zu Anfang des 15. Jahrhunderts als der reichste Mann Schwabens, reicher als alle Äbte und Fürsten. Aber gegen Ende des 15. Jahrhunderts und mit der Verlagerung des Handelsgeschäfts an den Atlantik – infolge der Entdeckung Amerikas 1492 – veränderte sich das internationale Geschäft. Zudem investierten die reich und vorsichtig gewordenen Händler der Ravensburger Handelsgesellschaft nicht mehr so viel in die Gesellschaft oder verpassten neue Geschäftsmethoden wie das aus Italien kommende Bankengeschäft.

Wie wir um den rechten Glauben, das Recht und das Land kämpften

Humanismus, Reformation und Bauernkriege

Die Zeit der Ritter ging zu Ende, die feudalen Herren verloren ihre Macht, der Handel wurde international und ging rund um die Welt, und in ersten Aufständen forderten die Menschen mehr Demokratie. 1492 entdeckte Kolumbus Amerika, im selben Jahr wurden die Araber aus Spanien vertrieben und die Juden gleich mit.

Zwei Ereignisse, die hier im Südwesten am Beginn der Frühen Neuzeit stattfanden, veränderten die ganze Welt: 1450 erfand in Mainz Johannes Gensfleisch, genannt Gutenberg (um 1400–1486) den modernen Buchdruck, und 1521 verteidigte Martin Luther (1483–1546) seine Thesen zur Reformierung der Kirche und des Glaubens auf dem Reichstag in Worms.

Der Buchdruck

Zwar wurde schon im 9. Jahrhundert in China eine buddhistische Schrift von einer Holztafel gedruckt und in Korea 1377 ein Buch mit Bronzelettern, aber regelmäßig und systematisch wurde der Buchdruck im Fernen Osten nicht angewandt. Gutenberg hat das Drucken aus einzelnen Buchstaben zwar nicht direkt erfunden, aber technisch weiter entwickelt: durch die Verwendung von beweglichen Buchstaben, einer neuen Legierung, des Setzkastens, einer besonderen Tinte, eines Handgießinstuments und der Druckerpresse. Damit lohnte sich die neue Technik auch wirtschaftlich. Ohne es zu ahnen, revolutionierte Gutenberg damit den Umgang mit dem Buch und die Bildung: Wurde vorher das meiste per Hand abgeschrieben, sodass wenige Einzelexemplare entstanden (eine Bibel abzuschreiben, dauerte Monate), konnte jetzt in größeren Mengen gedruckt

werden. Ohne den Buchdruck hätten sich Humanismus und Renaissance (und das heißt: die gesamte Moderne) niemals so schnell und durchgreifend entwickeln können. Wissen wurde jetzt für viele zugänglich, neue Erkenntnisse konnten quer durch Europa verbreitet, gelernt und kritisch diskutiert werden. Die Gelehrtensprache und die Sprache vieler Bücher in Europa war lange Zeit immer noch Latein.

Sofort entstanden überall in Europa Druckereien: 1458 in Straßburg, 1464 in Basel, ein Jahr später in Rom und Köln, dann auch in Italien, Spanien, England, Frankreich und Russland. 1490 existierten bereits 204 Druckereien, 62 davon im Heiligen Römischen Reich – manche von ihnen waren richtige Großbetriebe mit vielen Angestellten. Von Massenproduktion zu sprechen, stimmte für damals, für uns heute wäre es etwas irreführend: Manche Auflagen, vor allem der ganz frühen Drucke, lagen bei etwa 200 Exemplaren. Dennoch steigerten sich die Auflagen und die An-

▲ *Johannes Gensfleisch gen. Gutenberg, Erfinder des Buchdrucks, Holzstich nach einer Zeichnung von Adolph Menzel.*

zahl der Schriften immer mehr. Zunächst übernahmen die Buchdrucker auch den Handel, verkauften ihre Bücher auf den großen Messen, zum Beispiel in Frankfurt und Leipzig. Erst später differenzierten sich einzelne Berufe wie Drucker, Verleger und Händler aus.

Die Bibel (berühmt ist die lateinische Gutenberg-Bibel von 1452 bis 1454), dann auch Kalender, Wörterbücher, Schulbücher und Ablassbriefe wurden gedruckt, und auch die politische Propaganda bemächtigte sich der neuen Technik. Einer der ersten Nutznießer des Buchdrucks war Martin Luther: Seine reformatorischen Hauptschriften verbreiteten sich mit Hilfe des Drucks schnell im ganzen Reich. Bis Ende 1521 waren 81 Schriften von ihm publiziert, übersetzt und in vielen Auflagen erschienen.

Der Humanismus und die Ketzer

Luthers Erfolg als Reformator beruhte nicht nur auf seinen neuen Ideen, sondern auch auf der Schwäche der Kirche, deren Macht nach der „Papstrevolution" von Gregor VII. gewachsen war, in den folgenden Jahrhunderten aber immer mehr zu bröckeln begann. Zum einen vermischte sich der christliche Glaube mit philosophischen Ideen aus der Antike, die strenger auf logischen und Vernunftgründen beruhten statt auf Wundern und Irrationalität, es kamen neue Glaubensideen und damit auch Kritik an der Institution Kirche auf. Zum anderen machten die sozialen Verwerfungen, die Umgestaltung der gesamten Gesellschaft, verursacht durch das Elend der Bauern, die militärische Nutzlosigkeit der Ritter und die technischen Entwicklungen auch nicht vor dem Glauben und der Kirche halt.

Zwar postulierte Papst Bonifaz VIII. 1302 in seiner Bulle „Unam Sanctam" noch einmal, dass die Kirche über den weltlichen Herren stehe, aber England und Frankreich wehrten sich gegen seinen Anspruch. Sie schränkten stattdessen die Rechte der Kirche ein, und Frankreich zwang die Päpste sogar, von 1309 bis 1377 in Avignon zu residieren statt in Rom, um sie besser unter Kontrolle zu haben. In Frankreich erließ König Karl VII. 1438 die „Pragmatische Sanktion von Bourges", nach der ein Konzil Vorrang

vor dem Papst hat (das war eigentlich im Konstanzer Konzil schon einmal beschlossen worden). 1472 erlaubte ein Konkordat Ludwig XI., die wichtigsten kirchlichen Würdenträger in Frankreich selbst einzusetzen. Dem deutschen Reich gelang es dagegen nicht, sich in ähnlicher Weise gegen die Kirche zu behaupten.

Allerdings „demolierte" sich die Kirche insgesamt auch selbst, indem sie ihre Macht missbrauchte, sich bereicherte und Dokumente fälschte. So untersuchte der italienische Humanist Lorenzo Valla (1407–1457) 1440 das grundlegende Dokument der „Konstantinischen Schenkung": Danach soll Kaiser Konstantin dem Papst „usque in finem saeculi" („bis ans Ende der Zeit") die geistliche und politische Oberherrschaft über Rom und Italien übertragen haben. Valla wies nach, dass das Dokument gefälscht war.

Paradoxerweise vermittelte die Kirche den Menschen Bildung und erlaubte ihnen damit Zugang zur Vernunft und zur Kritik – auch an ihr selbst. Bereits ab dem 9. Jahrhundert, spätestens aber ab dem 11. Jahrhundert ging die christliche Theologie eine Verbindung mit der griechischen Philosophie ein. Damit hielt ein wenig Vernunft und Logik in den christlichen Glauben Einzug. Berengar von Tours (um 1100–1088) versuchte in der Folge in seiner Schrift „De sacra coena adversus Lanfrancum" mit den Mitteln der Dialektik zu beweisen, dass sich Brot und Wein im Abendmahl nicht wörtlich genommen in Fleisch und Blut verwandelten, sondern dass man diesen Satz symbolisch sehen müsse. Damit stand er im krassen Gegensatz zur Lehrmeinung der Kirche, die diese Verwandlung als tatsächlichen Fakt darstellte. Zwar wurde Berengar 1050 von der Kirche der Irrlehre bezichtigt, nahm seine These daraufhin auch zurück, aber der Gedanke einer christlich rationalen Interpretation der Bibel war damit geboren.

Andere Angriffe auf die Einheit der Kirche kamen von Ketzern, Mystikern und den neuen Bettelorden. Der Begriff „Ketzer" geht zurück auf die Katharer, die sich selbst „Christen", „gute Christen" oder „Freunde Gottes" nannten. Von Südfrankreich aus breitete sich die Katharerbewegung ab 1100 sehr schnell über Europa aus, 1164 gab es sie sogar in Trier. Es war keine einheitliche Bewegung. Ihnen war aber der Gedanke gemeinsam, dass die Welt von Grund auf böse sei. Manche dachten, sie sei vom Teufel erschaffen worden, nicht von Gott. Vor allem ihre Lebensform bedrohte die offizielle Lehrmeinung der Kirche: Die Katharer predigten in der Umgangssprache, nicht in Latein, sie lebten keusch, und ihre offensichtliche Armut war ein Affront gegenüber der reichen Amtskirche. Vor allem im südfranzösischen Okzitanien, wo sie von lokalen Herrschern gefördert wurden, die in ihnen Verbündete gegen das Königshaus sahen, hatten sie regen Zulauf. Da sie damit zu einer bedrohlichen Massenbewegung geworden waren, wurden sie von mehreren Heeren des französischen Königs angegriffen und in Kreuzzügen wie dem Albigenserkreuzzug 1209 bis 1229 besiegt (so genannt nach der Stadt Albi, einem Zentrum der Katharer, die deswegen auch Albigenser genannt wurden). Ende des 13. Jahrhunderts waren nur noch wenige übrig.

Die Inquisition als oberste Glaubensbehörde, die noch heute besteht, ging damals mit brutalen Methoden, Folter, Spitzelei und Denunziationen gegen Andersgläubige vor und ließ „verstockte Ketzer" auch lebendig verbrennen. Ab dem späten 12. Jahrhundert wurde die Inquisition auf regionaler Ebene eingeführt und später ausgeweitet. So hatten nicht nur Juden, die ab dem Ersten Kreuzzug (1096) immer wieder in Pogromen verfolgt und ermordet wurden, sondern auch Frauen, die als Hexen, und alle Menschen, die eines anderen Glaubens verdächtigt wurden, zu leiden. Als eine der letzten Frauen in Südwestdeutschland wurde Anna Schnidenwind 1751 in Endingen am Kaiserstuhl als Hexe hingerichtet. Der letzte Hexenprozess Europas fand 1944 (!) in Schottland statt.

Auch die Bettelorden, Franziskaner und Dominikaner, waren eine latente Bedrohung für die Kirche. Zwar wurden ihre Gründer, Franziskus

> ◄ *Vertreibung der Katharer aus Carcassonne im Jahr 1209, aus der Werkstatt des Boucicaut-Meisters, ca. 1415.*

und Dominikus, vom Papst heiliggesprochen, aber viele Bettelmönchsorden oder ihre Abspaltungen lebten immer in der Gefahr, der Häresie beschuldigt und von der Inquisition verurteilt und verboten zu werden.

Und auch die Mystiker hatten gegen die Amtskirche nicht immer einen leichten Stand. Sie gingen den Weg nach innen und wollten Gott in der Meditation begegnen. Damit stellten sie aber auch implizit die Rolle des Priesters in Frage, der in der katholischen Kirche als Vermittler zwischen Gott und den Gläubigen fungierte – die Mystiker hatten direkten Zugang, eine persönliche Erfahrung von Gott. Einer dieser Mystiker war Heinrich Suso, der 1295 oder 1297 in Konstanz oder Überlingen geboren wurde und 1366 in Ulm starb, ein Dominikaner und Schüler von Meister Eckhart, der sich gegen den Vorwurf verteidigen musste, ein Ketzer zu sein. John Wyclif und sein Schüler Jan Hus, der auf dem Konstanzer Konzil als Ketzer verbrannt wurde, verwarfen die Lehre von der tatsächlichen Umwandlung von Brot und Wein in Leib und Blut Jesu Christi und griffen die Geldsucht der Kirche an. Ihre Lehrtätigkeit und die Verbrennung von Hus führten zu den Hussitenkriegen (1419–1433) in Böhmen, und in der Folge verbanden sich soziale Forderungen mit religiösen Theorien zu einer mächtigen Bedrohung der katholischen Kirche und der weltlichen Macht.

Martin Luther und die Reformation

In dieser Situation trat Martin Luther auf. Geboren 1483, studierte er zunächst Jura, trat aber 1505 in ein Kloster der Augustinereremiten in Erfurt ein. Er studierte danach Theologie und wurde Professor für Bibelexegese in Wittenberg. Im Südturm des Wittenberger Augustinerklosters ist ihm dann, so erzählte er später selbst, eine befreiende Erkenntnis gekommen, als er über den Bibelvers Römer 1,17 meditiert hat: „Sintemal darin offenbart wird die Gerechtigkeit, die vor Gott gilt wörtlich: ‚Gottes Gerechtigkeit‘, welche kommt aus Glauben in Glauben; wie denn geschrieben steht: ‚Der Gerechte wird seines Glaubens leben.‘" (Luther-Bibel von 1912)

Für Luther begann an dieser Stelle ein neues Verständnis der Bibel, das er seit vielen Jahren, auch schon als Mönch, gesucht hatte: Es gilt nur Gottes Gnade, die man durch nichts erzwingen kann, auf die man nicht hinarbeiten kann, auf die man sich nur vorbereiten und annehmen kann. „Sola gratia" war das Schlagwort: „Allein durch Gnade" ist das Heil zu erlangen.

Von diesem Punkt ausgehend, begann Luther auch die Rolle der Kirche kritisch zu hinterfragen. Für ihn war sie jetzt nicht mehr die notwendige Mittlerin zwischen Mensch und Gott. Vor allem die damals allgemein übliche Praxis, sich selbst oder bereits verstorbene Angehörige durch sogenannte Ablassbriefe aus dem Fegefeuer freizukaufen, war Luther, wie vielen anderen, ein Dorn im Auge: Gnade kann man sich nicht kaufen, so sein Credo. Und so begann er gegen die Ablassbriefe zu predigen, auch weil der Mainzer Erzbischof Albrecht mit dem Ablassgeld seine Schulden bei den Fuggern bezahlen wollte – das hatte für Luther nun gar nichts mehr mit christlichem Glauben zu tun. 1517 stellte Luther 97 Thesen vor, die er mit seinen theologischen Kollegen diskutieren wollte, einen Monat später weitere 95, die er auch an den Erzbischof schickte. Ob er sie wirklich an die Schlosskirchentür in Wittenberg geschlagen hat, wie behauptet wird, ist umstritten, auch wenn es sein Schüler Philipp Melanchthon so berichtet hat.

1518 wurde Luther wegen seiner Thesen vom Erzbischof Albrecht von Mainz in Rom angezeigt und wegen Ketzerei angeklagt. Luther verteidigte sich in Heidelberg und noch einmal auf dem Reichstag in Augsburg – aber erfolglos. 1519 griff Luther dann die göttliche Autorität des Papstes an: Der Papst sei erst seit 400 Jahren Oberhaupt der Christen und damit nicht von Gott eingesetzt. Das war dem Papst natürlich zu viel: 1521 exkommunizierte er Luther. Aber Kurfürst Friedrich III. von Sachsen gelang

◄ *Martin Luther schlagt seine Thesen an die Schloss-kirche in Wittenberg am 31. Oktober 1517 an. Gemälde von Ferdinand Pauwels von 1872.*

es durchzusetzen, dass Luther auf dem nächsten Reichstag seine Thesen noch einmal verteidigen durfte: Am 17. April 1521 verhörten die Fürsten und Reichsstände ihn in Worms, sie forderten ihn auf, seine Thesen zu widerrufen. Er weigerte sich mit der Begründung, dass „mein Gewissen in den Worten Gottes gefangen ist, ich kann und will nichts widerrufen, weil es gefährlich und unmöglich ist, etwas gegen das Gewissen zu tun. Gott helfe mir. Amen." Die berühmten Worte „Hier stehe ich, ich kann nicht anders, Gott helfe mir, Amen" dagegen sind wohl eine Erfindung aus späterer Zeit.

Nun verabschiedete der Reichstag 1521 das Wormser Edikt, das über Luther die Reichsacht verhängte und das vom Kaiser unterzeichnet war.

MIHI PATRIA COELVM

> *Der Reformator Martin Bucer erlebte, wie Martin Luther 1518 in Heidelberg seine Thesen verteidigte. Holzstich von René Boyvin, 2. Hälfte des 16. Jahrhunderts.*

Luther wurde quasi für vogelfrei erklärt: Niemand durfte ihn unterstützen, ihm eine Wohnung bieten, seine Schriften lesen oder drucken – und wer ihn sah, musste ihn festnehmen. Er floh auf die Wartburg bei Eisenach, unter dem Schutz des sächsischen Kurfürsten Friedrich. Dort übersetzte er, mit der Hilfe seines in alten Sprachen versierteren Freundes Philipp Melanchthon, 1521 das Neue Testament in elf Wochen ins Deutsche. Etwas später begann er mit dem Alten Testament, beide wurden Bestseller ihrer Zeit. Luther wurde Pfarrer in Wittenberg und heiratete, ohne Sakrament, die ehemalige Nonne Katharina von Bora. 1546 starb er, da hatte sich die Reformation längst durchgesetzt.

Luther trennte zunächst theoretisch zwischen geistlichem und weltlichem Reich, wie es schon der Kirchenvater Augustinus gemacht hatte – und Luther war Augustinermönch gewesen. Allerdings zeigte sich in der Folge, dass diese Trennung sich nicht aufrechterhalten ließ. Zum einen gestand Luther den Landesherren auch das Recht zu, den rechten, also evangelischen Glauben mit der Waffe zu verteidigen, auch gegen katholische Angreifer – damit waren Politik und Glaube schon wieder eng miteinander verknüpft. Zum anderen beriefen sich auch viele Aufständische, zum Beispiel die Bauern in den Bauernkriegen, auf Luther: Sie verstanden seine Thesen theologisch und politisch. Es gab sogar prominente Protestanten, die selbst im Bauernheer kämpften wie Thomas Müntzer.

Schließlich kam es, wie im gesamten Reich, auch im Südwesten zur Spaltung der Territorien aus religiösen Gründen. Es war ein aufregender Weg bis dahin: 1517 veröffentlichte Luther seine Thesen, 1518 verteidigte er sie. 1522 begannen die ersten Reformatoren öffentlich aufzutreten: Jakob Otter ab 1522 in Kenzingen im nördlichen Breisgau, Ambrosius Blarer ab 1523 in Konstanz. 1524 wurde Martin Bucer, der in Heidelberg bei Luthers Disputation anwesend gewesen war, Pfarrer in Straßburg. 1529 protestierten sechs Fürsten und 14 Freie Reichsstädte gegen die Reichsacht, die über Luther verhängt worden war, und forderten die Freiheit des Glaubens – von diesem Auftritt leitet sich der Name „Protestanten" ab. 1526 nämlich hatte ein Reichstag in Speyer genau diese Freiheit beschlossen, 1529 sollte das auf Antrag von Kaiser Karl V. wieder aufgehoben werden: Er wollte Einigkeit im Volk. Aber die Protestanten wollten sich nicht mehr zu einem anderen Glauben zwingen lassen. Aus dem Südwesten unterzeichneten den Protest wenige, die Freien Reichsstädte Heilbronn, Konstanz, Memmingen, Nördlingen, Reutlingen und Ulm. Baden, Württemberg und die Kurpfalz wurden erst später evangelisch.

Das Bekenntnis zum evangelischen Glauben veränderte nicht nur das kirchliche Leben, sondern auch den Alltag der Menschen. Die Stadträte evangelischer Reichsstädte erkannten das katholische Recht der Ehe oder die Regelungen über die Armenfürsorge nicht mehr an. Auch die Ordination der Priester und der gesamte Aufbau der Kirche mussten neu verfasst werden. Um diesen Rechtsunsicherheiten zu begegnen, entstanden jetzt Neuregelungen, die „Kirchenordnungen". Zuerst in Wittenberg und Kursachsen, von Luther und Melanchthon ausgearbeitet, später auch in den evangelischen Landeskirchen, die sich in der Folge bildeten. Oft wurden bestehende Kirchenordnungen auch einfach übernommen, manchmal mit wenigen Anpassungen. In Württemberg war die von Johannes Brenz 1553 geschriebene grundlegend. Und natürlich gab es in der calvinistischen Kurpfalz auch eine eigene Kirchenordnung, 1563.

Ein wichtiger Schritt zu Ruhe und Ordnung im ganzen Reich war der „Augsburger Religionsfriede", der 1555 auf dem Reichstag in Augsburg geschlossen wurde. Es war ein Reichsgesetz, das zum einen das Luthertum als gleichberechtigt mit dem Katholizismus akzeptierte, zum anderen einen Landfrieden verkündete. Jetzt waren die Länder frei, ihre Religion zu wählen. In der Praxis hieß das, dass der Landesherr nach dem Motto „cuius regio, eius religio" („wessen Gebiet, dessen Religion") bestimmen konnte, welche Religion seine Untertanen ausüben mussten. Das führte manchmal zu Problemen, wenn ein Landesherr ein anderes Land eroberte oder erbte. Oder wenn er sich zur evangelischen Religion bekannte, die Untertanen aber katholisch waren und bleiben wollten.

Die Kurpfalz

Nach dem Pfälzischen Ritteraufstand, angeführt von Franz von Sickingen, und dem Bauernkrieg 1524/25 (siehe unten), die beide vom Kurfürsten siegreich beendet worden waren, war es dem pfälzischen Kurfürsten Ludwig V. (1478–1544) ein dringendes Bedürfnis, die Ordnung in seinem Land schnell wiederherzustellen. Obwohl sowohl er als auch sein Nachfolger Friedrich II. (1482–1556) katholisch waren, ließen sie die Reformation in der Kurpfalz zu – Philipp Melanchthon hatte Ludwig in diesem

➤ *Pfalzgraf Ott-heinrich war ab 1557 Lutheraner, später übernahm er den reformier-ten (calvinisti-schen) Glauben.*

Sinn beraten. Friedrich II. nahm sogar das Abendmahl nach evangelischem Ritus ein.

In der Kurpfalz war Kurfürst Ottheinrich (1502–1559) zunächst, ab 1557, Lutheraner, dann übernahm er den reformierten (d. i. calvinisti-schen) Glauben, bis zu seinem Tod. Auch sein Nachfolger, Friedrich III. (1515–1576), war zunächst Lutheraner und trat dann zum Calvinismus über.

Der Calvinismus war eine etwas strengere Spielart des Luthertums, die sich nur in wenigen Gebieten durchsetzte. Außer in der Schweiz, Schottland, den Niederlanden nur noch in Ostfriesland, Anhalt und in Teilen von Hessen. Der Calvinismus war ebenso wie die Lehren Zwinglis oder der Täufer auch nicht durch den Augsburger Religionsfrieden geschützt, nur der lutherische Glaube.

Entstanden ist der Calvinismus in Genf, benannt nach dem Reformator Johannes Calvin (1509–1564), der sich auf die Lehren von Luther, Bucer und des Zürcher evangelischen Theologen Ulrich Zwingli stützte. In seinem Hauptwerk, der „Institutio Christianae Religionis", schuf er 1535 ein geschlossenes Werk, die Grundlage für seine Theologie. Wie Luther meinte auch er, dass nur durch die Schrift, durch den Glauben und durch Christus die Menschen erlöst werden könnten – allein durch die Gnade Gottes („sola gratia"), nicht durch einen Papst, eigenes Bemühen oder Ablässe. Dabei sind nach Calvin einige auserwählt und für das Paradies ausersehen, andere nicht (Prädestinationslehre). Als Sakramente galten ihm nur die Taufe und das Abendmahl, darin war er sich mit Luther und anderen Reformatoren einig. Seine Kirche organisierte er nicht hierarchisch, dafür aber durfte sie harte Strafen gegen „unmoralische" Mitglieder aussprechen. Calvin betonte sehr stark den Dienst am Nächsten, die Wichtigkeit der Arbeit, den Verzicht auf Luxus und Vergnügungen und außerdem die Trennung von Kirche und weltlicher Macht.

Ottheinrich ließ 1563 den „Heidelberger Katechismus" als Grundlagenwerk publizieren, allerdings fiel die Prädestinationslehre dabei weg. Zwar zog die Kurpfalz Calvinisten aus allen Ländern an, auch die Waldenser und Hugenotten. Besonders die kurpfälzische Wirtschaft und die Heidelberger Universität profitierten von diesem Zuzug. Allerdings konnte Ottheinrich den Calvinismus in der Bevölkerung nicht durchsetzen, sie blieb überwiegend lutherisch. Ottheinrichs Nachfolger förderte wieder das Luthertum, dessen beide Nachfolger aber wiederum die reformierte, calvinistische Konfession.

Württemberg

Einer der wichtigsten Reformatoren in Württemberg war Johannes Brenz. Geboren 1499 in der Freien Reichsstadt Weil der Stadt, studierte er in Heidelberg und erlebte dort Martin Luther 1518 bei der Verteidigung seiner Thesen. 1522 ging er nach Schwäbisch Hall, wo er Prediger an der Hauptkirche wurde. In seinen Predigten begann er nach und nach, Obrig-

Ardor cras vera brenti pictatis, illum.
fædorem incendit Relligionis amor. P 3

> Der Reformator
Johannes Brenz er-
lebte Martin Luther
1518 bei der Ver-
teidigung seiner
Thesen und wurde
einer der wichtigs-
ten Reformatoren
im Südwesten.

keit und Papsttum anzugreifen. Nach dem Bauernkrieg mahnte er, die Unterlegenen milde zu behandeln. 1527 entwarf er für Schwäbisch Hall eine neue Kirchenordnung, in der er sowohl die Sakramente als auch den Gottesdienst und das Eherecht neu fasste – eng angelehnt an den evangelischen Glauben. In der Folge verfasste er drei Katechismen in Frage- und Antwortform, die Jugendlichen den Zugang zum Glauben erleichtern sollten, übrigens auch den Mädchen. 1543 schließlich erschien die gedruckte Kirchenordnung, die endgültig für die gesamte Reichsstadt und die ihr gehörenden Gebiete galt.

Brenz wurde aber auch überregional um Gutachten gebeten, etwa vom Kurfürsten von der Pfalz über die „Zwölf Artikel" der Bauern. Er dachte über die radikalen Täufer nach, die Bilderstürmer, die Hexenverfolgung, die Folter, das Abendmahl und den Streit mit Ulrich Zwingli.

Da auch Landesherr Ulrich von Württemberg seinen Rat suchte, half Brenz bei der Einführung der Reformation in Württemberg, zusammen mit dem Lutheraner Erhard Schnepf und dem Reformierten Ambrosius Blarer. Zudem reformierte er die Universität Tübingen. Brenz nahm am Augsburger Reichstag 1530 teil und schrieb mit Philipp Melanchthon zusammen zur Erklärung und Verteidigung des lutherischen Glaubens das Augsburger Bekenntnis, Confessio Augustana, bis heute eine der wichtigsten evangelischen Bekenntnisschriften überhaupt.

Da er ein scharfer Kritiker des Kaisers war, musste er 1564 aus Schwäbisch Hall fliehen, als der im Schmalkaldischen Krieg gegen die protestantischen Reichsstände siegte – es ging Kaiser Karl V. um die Einheit des Reichs, die er von den Protestanten bedroht sah. Geschützt von Herzog Ulrich lebte Brenz bis 1551 inkognito auf verschiedenen Burgen in Württemberg.

Ulrichs Sohn Christoph ließ sich ebenso von Brenz beraten und bat ihn, die evangelische Landeskirche zu organisieren und die Klöster zu reformieren, aus denen die Klosterschulen hervorgingen. 1559 erschien die „Große Württembergische Kirchenordnung", streng lutherisch aufgebaut.

Baden

Baden war seit 1535 in Baden-Pforzheim (später Baden-Durlach) und Baden-Baden geteilt. Im nördlichen Teil führte Markgraf Karl II. nach dem Augsburger Religionsfrieden 1556 das lutherische Bekenntnis ein. Auch hier wurde sofort eine neue Kirchenordnung geschaffen, die sich allerdings in vielen Teilen wörtlich an der württembergischen orientierte. 1599 versuchte Ernst Friedrich den Calvinismus einzuführen, aber da er auf einem Feldzug fünf Jahre später starb, verlief dieser Versuch im Sande. Baden-Pforzheim blieb evangelisch.

Ein wichtiges Instrument zur Durchführung der Reformation war die „Visitation", die Karl II. 1556 einführte. Danach mussten vier auswärtige Theologen im ganzen Land die Kirchen und Schulen, die Pfarrer und Lehrer überprüfen. Zwei der Visitatoren kamen aus Württemberg. Baden hatte die „Visitationsordnung" von 1553 von seinem Nachbarn übernommen und leicht angepasst. Die Überprüfung führte vor allem zur Entlassung der Pfarrer und Lehrer, die katholisch bleiben wollten. Die freien Stellen wurden mit evangelischem Nachwuchs oder „Gebietsfremden" aus der Kurpfalz oder Württemberg besetzt. Auch die Klöster wurden aufgelöst, was vor allem bei den Frauenkonventen zu heftigem Widerstand führte – die Männerklöster waren schon vorher meist eher spärlich besetzt gewesen. Die Pforzheimer Dominikanerinnen waren so wenig einsichtig, dass ihnen 1564, durch Vermittlung des Kaisers Ferdinand I., die Übersiedlung ins vorderösterreichische Kirchberg gestattet wurde.

Auch der südliche Teil von Baden, die Markgrafschaft Baden-Baden, führte 1556 die Reformation ein. Philibert (1536–1569), der in diesem Jahr die Regierung übernahm, war zwar in Bayern erzogen worden und hatte die katholische Mechthild von Bayern geheiratet, neigte aber dem Protestantismus zu. Er ging zu evangelischen und katholischen Messen. Als Philibert gegen die Hugenotten in den Krieg zog und starb, wurden seine Kinder wiederum in Bayern katholisch erzogen. 1570/71 erklärte man die katholische Messe

Badische Kirchenordnung von 1556

◀ *Die Badische Kirchenordnung von 1556.*

wieder zur Pflicht, da der neue Markgraf Philipp II. (1559–1588) darauf bestand.

Baden-Baden ist auch ein abschreckendes Beispiel für manche Auswüchse in diesem religiösen Konflikt. Ab dem Konzil von Trient 1545 versuchte die katholische Kirche, dem Vordringen des Protestantismus Einhalt zu gebieten – mit politischen, aber auch mit militärischen Mitteln, bei denen der Kaiser oft half. An vorderster Stelle kümmerte sich der 1534 von Ignatius von Loyola gegründete Jesuitenorden um die sogenannte „Gegenreformation". Manchmal gingen die Gegenreformatoren mit Gewalt vor, Zwangskonvertierungen und Unterdrückung der evangelischen Gläubigen waren dann an der Tagesordnung. Es gab während der Gegenreformation sogar Brutalitäten wie die Hexenverfolgungen, die in Baden-Baden unter Philipp stark zunahmen. 1580 ließ er etwa 18 Frauen aus Rastatt, Baden-Baden und Kuppenheim verbrennen.

Die Humanisten am Oberrhein

Martin Luther ist der bekannteste Exponent einer Intellektuellenschicht, die vom Mittelalter in die Neuzeit aufbrach. Pforzheim und Freiburg waren zwei der bedeutendsten Zentren des Humanismus. Einige der einflussreichsten Humanisten lebten und lehrten hier: Erasmus von Rotterdam, Johannes Reuchlin, Philipp Melanchthon, Otmar Nachtgall, Ludwig Bär, Martin Waldseemüller, Sebastian Brant, dessen Familie aus Speyer kam, und viele andere mehr.

Der berühmteste von ihnen ist bis heute wohl Erasmus von Rotterdam (um 1466–1536), der in Paris, England und Holland lebte und in Italien promovierte. Ab 1514 lebte er bis zu seinem Tod in Basel, unterbrochen von einigen Jahren in Freiburg, wo er Schriften von Kirchenvätern und klassischen Autoren herausgab oder übersetzte, unter anderem von Aristoteles und Terenz. Über 150 Schriften ließ er drucken und beeinflusste damit die Intellektuellen in ganz Europa. Theologische, pädagogische, politische, linguistische und satirische Bücher waren darunter, unter anderem sein Werk „Lob der Torheit". Seine Übersetzung des Neuen Testaments wurde von Luther für seine eigene Übertragung benutzt. Er verbesserte sie mit Melanchthons Hilfe und schrieb vor allem in einem Stil, der sich von Erasmus' wegen seiner Lebendigkeit deutlich abhob.

Johannes Reuchlin (1455–1522) wurde in Pforzheim geboren und starb in Stuttgart. Er studierte in Freiburg Grammatik, Philosophie und Rhetorik, in Basel die freien Künste, in Orléans und Poitiers Jura. 1483

wurde er Rat bei Herzog Eberhard von Württemberg (genannt Eberhard im Bart, 1445–1496) und traf in Linz auf den kaiserlichen Leibarzt, den Juden Jacob ben Jechiel Loans, der ihn in die hebräische Sprache einführte: Reuchlin galt als der führende deutsche Hebraist seiner Zeit. Als Eberhard starb, ging er nach Heidelberg, kehrte 1498 zurück nach Württemberg und wurde Richter im Schwäbischen Bund. Später trat Reuchlin eine Professur für Hebräisch in Ingolstadt an, danach in Tübingen, einem der Zentren des Humanismus jener Zeit. Als der Kölner Metzger Johannes Pfefferkorn 1505 das Verbot aller jüdischen Bücher beantragte, beauftragte der Mainzer Erzbischof Uriel von Gemmingen Reuchlin, ein Gutachten zu verfassen. Dieser war der Meinung, dass man die jüdischen Bücher nicht verbrennen, sondern studieren sollte. Er gab außerdem

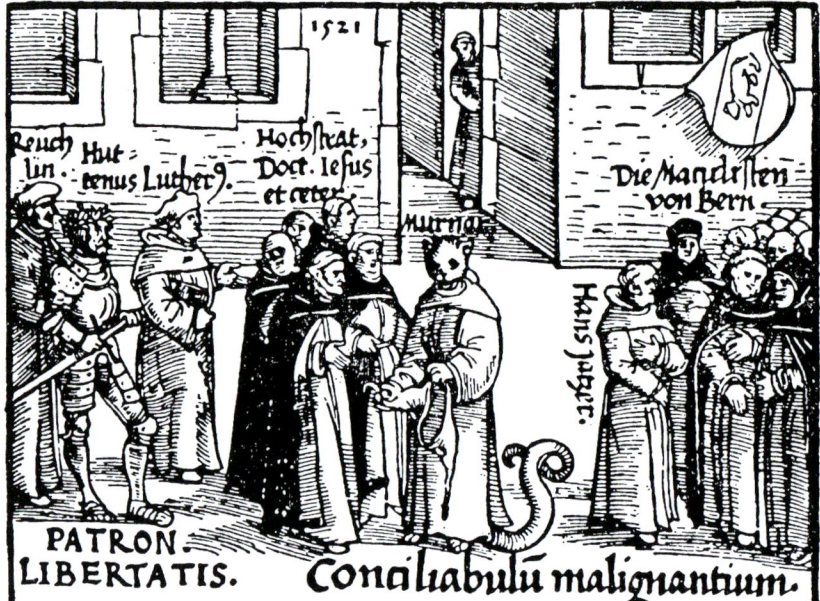

Johannes Reuchlin stammte aus Pforzheim, wurde Rat bei Herzog Eberhard im Bart und Professor in Tübingen. Hier „mit bedeutenden Vertretern seiner Zeit", Holzschnitt Straßburg 1521.

wichtige Anstöße für die moderne Textkritik und das moderne Drama. Als später seine Schriften vom Inquisitor verbrannt wurden, appellierte Reuchlin direkt an den Papst, darüber zu entscheiden, ob er ein Ketzer sei oder nicht. Der Papst beauftragte die Bischöfe von Worms und Speyer, die den Fall so lange hin und her schoben, bis er bei einem Schüler Reuchlins landete, der natürlich für ihn entschied. Großen Einfluss hatte seine Lehre in den folgenden Jahrzehnten, da viele seiner Schüler später Professoren in Heidelberg, Basel, Bern oder Straßburg wurden.

Sein Großneffe Philipp Melanchthon (1497–1560) überragte ihn noch an Bekanntheit. Geboren im damals kurpfälzischen Bretten, war er neben Luther die treibende Kraft der Reformation. Eigentlich hieß er Philipp Schwarzerdt, Melanchthon ist die griechische Übersetzung seines Namens. Er lernte früh Latein und Griechisch und begann in Heidelberg zu studieren, als er zwölf Jahre alt war. Später wechselte er nach Tübingen. Schwer beeindruckt von einer Diskussion in Heidelberg 1518 über Luthers 95 Thesen, ging er nach Wittenberg, wo er Professor für Griechisch wurde und bis zu seinem Tod eng mit Luther zusammenarbeitete, dessen Schriften er später herausgab, wie die „Propositiones Lutheri wider das Ablas".

Bis heute wird er als „Praeceptor Germaniae" („Lehrer Deutschlands") bezeichnet, weil er das Studium reformierte, den Fokus auf die antiken Quellen richtete und die klassisch-humanistische Bildung als unerläss-

lich für Theologen bezeichnete. Er gründete Schulen und erfand mit der Höheren Lateinschule eine Art Vorstufe des heutigen Gymnasiums. Melanchthon stieß die Luther-Übersetzung an und arbeitete an ihr mit. 1521 schrieb er die erste systematische Darstellung der evangelischen Theologie („Loci communes rerum theologicarum"). Auf dem Reichstag in Speyer 1529 verteidigte er Luther, der geächtet war. In Marburg traf er mit Luther

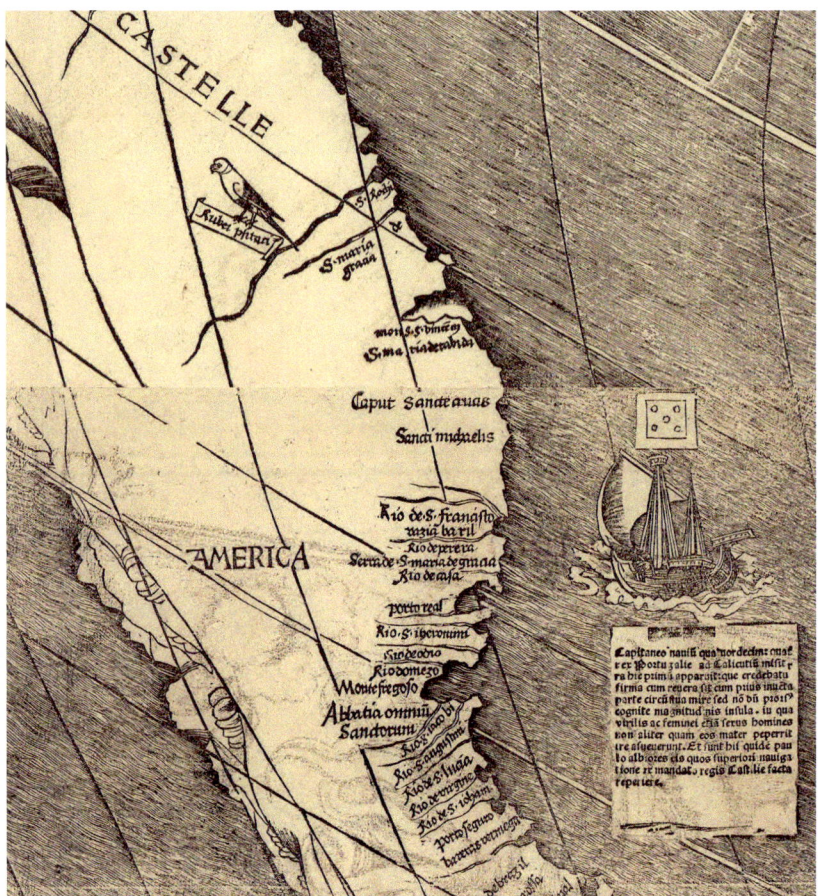

> *Detail der Karte von 1507 des Humanisten Martin Waldseemüller aus Freiburg, auf der sich die Bezeichnung „America" zum ersten Mal findet.*

den Schweizer Reformator Ulrich Zwingli. Für die Protestanten sind seine Bücher bis heute grundlegend. Neben der Dogmatik haben vor allem seine Kommentare zur Bibel, über die Ethik und die Seele weiterhin Gültigkeit. Auch am Augsburgischen Bekenntnis (1530), einer der grundlegenden Schriften der lutherischen Kirche, hatte er entscheidenden Anteil.

Dieses Bekenntnis, die „Confessio Augustana", schrieben Melanchthon und Johannes Brenz im Auftrag des Kurfürsten Johann von Sachsen als Verteidigungsschrift des evangelischen Glaubens für den Reichstag von Augsburg, zu dem Kaiser Karl V. aufgerufen hatte. Er wollte versuchen, eine Lösung im Konflikt der Konfessionen zu erreichen, denn die Einheit des Reiches war bedroht. Um eine Annäherung zu erreichen, betonten die beiden Autoren vor allem die Gemeinsamkeiten mit der katholischen Kirche, was ihnen von radikaleren Reformatoren viel Ärger einbrachte.

Im Bauernkrieg und in der Auseinandersetzung mit den Wiedertäufern in Münster nahmen die Reformatoren unterschiedliche Haltungen ein. Thomas Müntzer (1489–1525) kämpfte mit den Bauern zusammen gegen die kaiserlichen Truppen, Melanchthon dagegen verurteilte sie scharf. Er schrieb an Ludwig V. von der Pfalz: „Die Bauern haben nicht das Recht, der Herrschaft ein Gesetz zu diktieren. Für solch ein ungezogenes, mutwilliges und blutgieriges Volk nennt Gott das Schwert."

Es war insgesamt ein beeindruckender Aufbruch in die Neuzeit, der vom Oberrhein entscheidende Impulse erhielt. Möglicherweise hat sogar die Neugier und Offenheit, die die Humanisten in Baden und Württemberg zeigten, eine wichtige Rolle in der weiteren Geschichte gespielt, die gerade im Südwesten oft von besonderer Liberalität geprägt war.

Bundschuh und Bauernkriege

Das Zeitalter des Humanismus war aber nicht nur ein Zeitalter der blühenden Bildung und der knospenden Aufklärung, die zweihundert Jahre lang zur Entfaltung kam. Es war auch eine Epoche des gewaltsamen Widerstands gegen die Obrigkeit und der blutigen Unterdrückung. Die sozialen Unterschiede waren groß, die Bauern waren arm, sie mussten hohe Steuern zahlen und ungeliebte und unbezahlte Frondienste leisten. Eine Reihe von Missernten, harten Wintern und späten Frösten, am Oberrhein in den Jahren 1489/91, 1501/02 und sechs Jahre hintereinander von 1511 bis 1517, ließen sie noch stärker verarmen und verelenden. Auch ihr rechtlicher Status war nicht sicher, oft waren sie dem Gutdünken ihrer Lehnsherren und dem Gewohnheitsrecht unterworfen, während sich für die Bürger und den Adel langsam eine Rechtssicherheit abzeichnete: Jakob Kirsser, markgräflicher Kanzler in Baden-Baden und studierter Jurist, stieß die Landesordnungen von 1495 und 1511 an, systematische Zusammenstellungen von Rechten und Pflichten des Markgrafen und der Untertanen. In dieser Zeit entstanden auch die Hofgerichtsordnungen, die als Regelwerke bei verlorenen Prozessen dienten – und zwar über die Landesgrenzen hinweg, um eine möglichst große Unabhängigkeit der Richter zu gewährleisten. So konnten Württemberger Bürger in Baden und umgekehrt an die Gerichte appellieren. Davon merkten allerdings die armen Leute nichts. Sie litten meist immer noch unter der Obrigkeit, oft kannten sie ihre Rechte nicht einmal. Aber jetzt begannen sie sich zusammenzuschließen, zum Beispiel im „Bundschuh". Der Name geht auf die Fußbekleidung der armen Leute zurück: ein mit Riemen zusammengebundener

Schuh, manchmal sogar nur Stofflappen, die notdürftig die Füße schützten.

Schon vor dem „Bundschuh"-Aufstand und dem Bauernkrieg hatte es 1493 einen begrenzten Aufstand in und um Schlettstadt im Elsass gegeben, dessen Protagonisten den Bundschuh als Symbol benutzten: Es waren meist Amtmänner und kleinere Beamte, von denen einige später vom Kaiser amnestiert wurden. In Baden ließ er diese Gnade dann nicht walten, aber hier war vor allem der erste Aufstand sehr viel radikaler und bedrohlicher: Bis zu 20.000 Mann sollen es gewesen sein, aus Bruchsal, Speyer, Jöhlingen und anderen Or-

Joß Fritz war ein charismatischer Anführer der Bundschuh-Aufstände. Hier ein Holzschnitt von Albrecht Dürer.

ten. Einer ihrer charismatischen Anführer war der aus Untergrombach bei Bruchsal stammende Joß Fritz (nach dem heute noch ein Buchladen in Freiburg benannt ist), ein Leibeigener des Speyrer Bischofs.

Geboren um 1470, führte er 1502 den ersten Aufstand im kleinen Untergrombach an. Die örtliche Burg sollte eingenommen werden. Einer seiner Mitverschwörer aber beichtete den Plan, und der Pfarrer brach das Beichtgeheimnis. Kaiser Maximilian I. persönlich ordnete daraufhin die Verhaftung von Joß Fritz an. Und der Kaiser erfand etwas Neues: den Hochverrat – diese Straftat ging damit erstmals in eine Gerichtsordnung ein. Der Aufstand, so der Kaiser, führe „zu einem usdilgen alles frides, aller ordnung, zerstörung gemeins nutz und der geistlichkeit, aller göttlichen, menschlichen geistlichen und weltlichen rechten".

„Göttliche Gerechtigkeit" forderten die Bauern des Bundschuhaufstands, an dem sich Joß Fritz beteiligte. Sie beschwerten sich: „Wir mögen von den Pfaffen nit genesen." Gefordert wurde ein Ende der Leibeigenschaft, die Aufteilung des Besitzes der Klöster und Geistlichen, eine Demokratie wie in der Schweiz, „more Helvetiorum", niedrigere Steuern (die damals oft bei 25 Prozent lagen) und die Freigabe von Wäldern und Wiesen zur Jagd und zum Holzschlagen – bis dahin war dies noch ein Privileg des Adels. Nur den Kaiser und den Papst wollten sie als ihre unmittelbaren Herren anerkennen, keine Bischöfe oder Äbte, keine Grafen oder Herzöge, und sie wollten sich selbst verwalten.

Joß Fritz konnte nach der Niederschlagung des Aufstands entkommen und wurde seither steckbrieflich gesucht. Viele seiner Mitverschwörer wurden verhaftet, gefoltert und geviertelt. Als besondere Strafe wurden ihnen die Schwurfinger abgeschlagen.

1513 gab es den nächsten Aufstandsversuch, diesmal ging er von Lehen bei Freiburg aus, wo sich Joß Fritz, jetzt verheiratet, niedergelassen hatte und als Feldhüter arbeitete. Mit zunächst wenigen Mitverschwörern traf sich Fritz auf der Hartmatte, einer Wiese in der Nähe von Lehen. Da auch diese Verschwörung verraten wurde, sagte Joß Fritz den Aufstand ab. Viele Anführer wurden daraufhin dennoch von der Stadt Freiburg verhaftet. Fritz entkam wieder und bereitete aus dem Schwarzwald heraus den nächsten Aufstand vor, aber auch der wurde verraten. 1524 sah man ihn zum letzten Mal.

Die Unruhen waren nicht auf den Südwesten begrenzt, obwohl die Mitglieder hier am radikalsten waren: 35 Rebellionen sind aus dieser Zeit bekannt, von Salzburg über St. Gallen bis St. Peter im Schwarzwald, in der Steiermark, Württemberg und Baden, in Zürich, Basel, Solothurn und Bern.

Auch in Württemberg erhoben sich die Bauern. 1514 warf eine kleine Gruppe im Amt Schorndorf die manipulierten Gewichte der Obrigkeit in den Fluss, mit denen eine Extrasteuer eingetrieben werden sollte. „Armer Konrad" wurde der Aufstand genannt, eine damals gebräuchliche Bezeichnung für die Armen. Auch diese Verschwörer kämpften gegen eine maßlose Obrigkeit und forderten freien Zugang zum Wald, außerdem eine bessere politische Vertretung im Landtag. Der Herzog reagierte mit

◀ *1525 brach der Aufstand der Bauern los, der sich zum Bauernkrieg ausweitete.*

brutaler Gewalt, die Häuser, in denen sich die Aufrührer konspirativ getroffen hatten, wurden zerstört, und nach der neuen „Empörerordnung" wurde ab sofort schon die Planung von Aufruhr mit der Todesstrafe bestraft.

Der Bauernkrieg

Waren „Bundschuh" und „Armer Konrad" noch lokal begrenzte, kleinere Aufstände, auch wenn sie die bestehende Ordnung schon bedrohten, eskalierte die Situation in den Bauernkriegen: Ab dem Spätsommer 1524, als es im badischen Wutachtal gärte, vor allem aber ab 1525 gab es den ersten Massenaufstand in der europäischen Geschichte. Die Bauern in ganz Süddeutschland, aber auch in Thüringen, Österreich und der Schweiz kämpften gegen ihre Unterdrücker. Vielleicht wurden sie auch von Luthers Schrift „Von der Freyheith eines Christenmenschen" aus dem Jahr 1520 inspiriert, in der es hieß: „Ein Christenmensch ist ein freier Herr über alle Dinge und niemand untertan." Luther hatte das zwar auf das Jenseits bezogen, auf den Glauben, aber die Bauern deuteten es auch auf ihre soziale, politische und wirtschaftliche Situation, interpretierten es als mögliche Befreiung von der Obrigkeit. Manche Reformatoren unterstützten diese Sicht: Ulrich Zwingli (1448–1531), der in Zürich lehrte, sah zwar die Herrscher als von Gott eingesetzt an, aber gleichzeitig an die Bibel gebunden. Widerstand sei erlaubt, wenn sie gegen die Gebote verstießen. Das kam den Gedanken der Bauern von der „göttlichen Gerechtigkeit" sehr nah, denn vom weltlichen Recht sahen sie sich lange schon im Stich gelassen. Thomas Müntzer kämpfte sogar mit der Waffe in der Hand mit den Bauern.

Luther dagegen war entsetzt. Er schrieb 1525, als die Niederlage der Bauern allerdings schon abzusehen war, die Schrift „Wider die Mordischen und Reubischen Rotten der Bawren" und meinte, man solle die Bauern „zerschmeißen, würgen, stechen, heimlich und öffentlich, wer da kann, wie man einen tollen Hund erschlagen". Auch Philipp Melanchthon schrieb über die Bauern 1525 „daß dies ein wildes ungezogenes Bauernvolk sei und die Obrigkeit recht tue (…) Für solch ein ungezogenes, mutwilliges und blutgieriges Volk nennt Gott das Schwert."

Im März 1525 trafen sich Vertreter der Bauern aus dem Allgäu, Oberschwaben und dem Bodenseeraum im schwäbischen Memmingen. Hier verfassten und verkündeten sie die „Zwölf Artikel": Angelehnt an die Forderungen des Bundschuh oder von ihnen beeinflusst forderten sie unter

▲ *Bauern und gepanzerte Ritter im brutalen Gefecht.*

anderem die Aufhebung der Leibeigenschaft, die freie Wahl und Abwahl des Gemeindepfarrers, freien Zugang zu Wald, Wild und Fisch, Reduzierung der Frondienste und der Pacht, Abschaffung der Erbsteuer und der rechtlichen Willkür. Sie wollten gleiches Recht für alle. Und sie schlossen: „Ist unser Beschluss und endliche Meinung, wenn einer oder mehr der hier gestellten Artikel dem Worte Gottes nicht gemäß wären (…), von denen wollen wir abstehen, wenn man es uns auf Grund der Schrift erklärt."

Es war die erste Formulierung von Menschenrechten in der Geschichte, basierend auf dem christlichen Glauben: „Darum erfindet sich mit der Schrift, dass wir frei sind und sein wollen." Einer der Verfasser war der Theologe Christoph Schappeler, ein Schüler Zwinglis. Die Schrift wurde rasend schnell in ganz Deutschland verbreitet. In Franken, Tirol und im Schwarzwald wurden daraufhin ähnliche Forderungen schriftlich fixiert.

Natürlich ließen sich die Herren auf diesen Katalog nicht ein. Die Bauern vereinigten sich in sogenannten Haufen, manchmal mehrere tausend Mann stark, oft verstärkt durch unzufriedene Bürger, Geistliche und Landsknechte: Im Oktober 1524 zogen 3500 Mann Richtung Furtwangen, am Bodensee formierten sich der Baltringer Haufen mit 12.000 Bewaffneten, der Allgäuer Haufen in der Nähe von Lindau mit ebenso vielen und im Allgäu vereinigten sich 7000 Bauern. Manchmal bildeten sie auch zusammen ein größeres Heer, wie der „Helle Lichte Haufen" aus Neckartalern und Odenwäldern. Die Württemberger Bauern nahmen Stuttgart ein und zogen dann weiter nach Böblingen.

Die Bauernverbände zogen anfangs durch das Land, plünderten Klöster, stürmten Burgen und belagerten Städte, sie brachten aber keine Menschen um. Das änderte sich, als vor Weinsberg ein Graf gegen das Kriegsrecht verstieß und auf Unterhändler schießen ließ – normalerweise hatten die freies Geleit. Daraufhin stürmten die Bauern die Stadt und ließen ihn und sein Gefolge töten. Beim Spießrutenlaufen. Die Folge war, dass viele Städte jetzt auf jeglichen Widerstand verzichteten. Heilbronn und Wimpfen öffneten ihre Tore, Adlige gaben ihre Burgen zum Teil kampflos auf.

Aber bald griffen die Heere der Landesfürsten und das Heer des Schwäbischen Bundes die Bauern an und gewannen alle Schlachten und Scharmützel. Im Gefecht bei Leipheim wurde der erste „Haufen" besiegt. Im thüringischen Frankenhausen fand im Mai eine der größten Schlachten dieses Krieges statt. Die Aufständischen erlitten aber auch hier eine Niederlage. Württembergische Bauern wurden in der Schlacht von Böblingen im Mai zusammen mit Bauern aus dem Schwarzwald und dem Hegau geschlagen. Ende Mai gelang es immerhin einigen Haufen aus dem Breisgau und dem Schwarzwald, Freiburg einzunehmen.

In der Pfalz blieben die Aufstände relativ klein: In und um Worms gab es Unruhen, die Stadt machte den Bauern und Bürgern Zugeständnisse hinsichtlich der erdrückenden Steuerlast und der Wahl der Pfarrer und Prediger. In der dreistündigen Schlacht bei Pfeddersheim im Juni 1525 wurden die Bauern aber dann vernichtend geschlagen.

Insgesamt hatten es die Bauern nicht geschafft, sich zu vereinigen, sondern wurden nach und nach einzeln aufgerieben. Denn natürlich waren sie schlechter ausgebildet und hatten schlechtere Waffen als die professionellen Fürstenheere. Manche kehrten sogar nach anfänglichen Erfolgen wegen der Ernte wieder auf ihre Felder zurück. Etwa 70.000 Bauern starben während dieses Krieges, viele wurden hingerichtet oder verstümmelt. Aber aus Angst vor einem nächsten Aufstand ließen viele Herren auch mit sich verhandeln, zum Beispiel im Kraichgau, der Ortenau oder in Baden, wo die Bauern über 1000 Burgen und Klöster geplündert und zerstört hatten. In manchen Gebieten wurden ihnen Zugeständnisse gemacht: Im Vertrag von Weingarten billigte man ihnen etwa ein unabhängiges Gericht zu. Der Memminger Vertrag beendete schließlich die ständigen willkürlichen Steuererhöhungen des Fürstabts.

Der Pfälzer Ritterkrieg

In der Pfalz beschlossen einige Ritter, ihre angestammten Rechte gewaltsam zu verteidigen. 1522 schlossen sich in Landau 600 Ritter zusammen und wählten Franz von Sickingen (1481–1523) aus Bad Münster am Stein-Ebernburg zu ihrem Hauptmann. Zeitlebens hatte er sich für den Ritterstand eingesetzt, sich auch an zahlreichen Fehden beteiligt. Jetzt rief er zum Krieg auf.

Da er überzeugter Lutheraner war und nicht nur Luther, sondern auch anderen Reformatoren Asyl anbot,

Der sehr streitbare Pfälzer Ritter Franz von Sickingen; 1522 versuchte er einen Pfälzer Ritteraufstand, der aber scheiterte.

unter anderem Martin Bucer, benutzte er auch für den Krieg die evangelische Ansicht, dass jeder Mensch einen freien Willen habe und man der Obrigkeit nur gehorchen muss, wenn sie gottesfürchtig war. Einer anderer Anführer der Pfälzer Ritter war Ulrich von Hutten, ein humanistischer Dichter, Jurist und Söldner. 1514 war er in die Dienste des Erzbischofs von Mainz getreten und Erasmus von Rotterdam begegnet, dem er sein satirisches Werk „Epistolae obscurorum virorum" („Dunkelmännerbriefe") gab, in dem er Reuchlin verteidigte. 1515 wurde sein Vetter Hans von Hutten vom Herzog Ulrich von Württemberg ermordet, aus Eifersucht. Ulrich von Hutten veröffentlichte daraufhin mehrere Schriften, in denen er den Herzog vehement angriff.

1522 griff Franz von Sickingen das Erzbistum Trier an und belagert die Stadt, allerdings hatten zu wenige der Ritter, mit denen er gerechnet hatte, auch wirklich zu den Waffen gegriffen: Die Massenbeteiligung der Ritter im ganzen Reich, die er sich mit seinem Angriff erhofft hatte, blieb aus. Gegen ihn stellten sich der Trierer Erzbischof, Kurpfalzgraf Ludwig V. und Landgraf Philipp von Hessen, er verlor gegen sie und starb 1523 auf seiner Burg Nanstein bei Landstuhl an einer Verwundung. Sein Ehrentitel lautet seither „letzter Ritter". Mit seiner Niederlage aber war der Aufstand auch schon beendet, die Landesherren gewannen noch einmal an Macht und Reichtum. Ulrich von Hutten floh in die Schweiz zum Reformator Ulrich Zwingli, 1523 starb er am Zürichsee.

Der Ritter mit der eisernen Hand –
Götz von Berlichingen

Einer von denen, die trotz des Landfriedens häufig in Fehden verwickelt waren, war Gottfried „Götz" von Berlichingen (um 1480–1562), der vor allem durch Goethes Drama und das darin erhaltene Zitat berühmt wurde: „Er aber, sag's ihm, er kann mich im Arsch lecken!"

Götz durchlief eine klassische ritterliche Ausbildung und kämpfte bald mit seinem Bruder Philipp gemeinsam unter dem Raubritter Hans Talacker von Massenbach. 1504 zog er auf Pfälzer Seite gegen die Bayern in den Landshuter Erbfolgekrieg. Bei der Belagerung Landshuts verlor er seine rechte Hand und ließ sich eine gut funktionierende, bewegliche eiserne Prothese anfertigen, die man noch heute im Schloss Jagsthausen bei Heilbronn besichtigen kann.

▼ Das Glasbild im Museum Jagsthausen zeigt ein Porträt von Götz von Berlichingen, dem Ritter mit der eisernen Hand.

Mehr als fünfzehn Kriege und Fehden, an denen er sich beteiligte, sind bekannt, unter anderem mit der Stadt Nürnberg, dem Bischof von Bamberg, dem Schwäbischen Bund und dem Mainzer Erzbischof Albrecht. Auch dem „Armer Konrad"-Aufstand stand er 1514 bei, ebenso seinem Freund Franz von Sickingen, als der 1515 gegen Worms ritt. 1517 kaufte Götz von Berlichingen als Wohnsitz die Burg Hornberg bei Neckarzimmern, zwischen Bad Wimpfen und Mosbach. Als im April 1525 der Odenwälder Haufen auch seine Burg bedrohte, schloss er mit den Bauern ein Zweckbündnis. Möglicherweise dachte er auch daran, andere kleine Adlige dazu zu bringen, sich mit den Bauern gegen die Geistlichkeit zu vereinigen, um durch den Krieg noch einmal kräftige Gewinne machen zu können. Die Bauern jedenfalls drängten Götz, die militärische Führung ihres Heers zu übernehmen, und machten ihn zum Haupt-

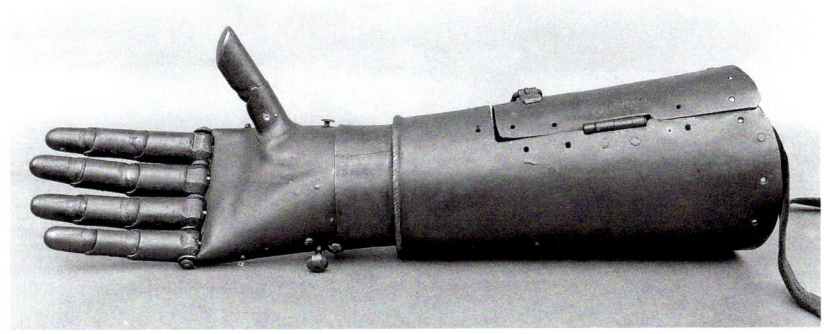

◄ Die eiserne
Hand des Götz
von Berlichingen,
die noch heute
funktioniert.

mann. Er nutzte seinen Einfluss, um die „Zwölf Artikel" bei seinen Bauern abzumildern, und war gegen manche der Plünderungen und Zerstörungen, was bei vielen Bauern auf Widerstand stieß.

Ende Mai, nach der vergeblichen Belagerung von Würzburg, setzte sich Götz von Berlichingen, nachdem er auch schon mal als Hauptmann abgewählt und wieder eingesetzt worden war, von der Truppe ab. Wenige Tage danach wurde sein von ihm verlassener Haufen vernichtend geschlagen.

Aber auch Götz von Berlichingen wurde angeklagt: Auf dem Reichstag in Speyer behauptete er, er habe sich zum Hauptmann machen lassen, um Schlimmeres zu verhindern. Er wurde zwar freigesprochen, aber danach auf Betreiben des Schwäbischen Bundes in einem Gasthof in Blaufelden überfallen und gezwungen, ein Gelübde abzulegen, 1528 in Augsburg vor Gericht zu erscheinen. Der Schwäbische Bund war ein Zusammenschluss der schwäbischen Reichsstände, die Freien Reichsstädte gehörten dazu, der Herzog von Tirol, der Herzog von Württemberg und andere Adlige. Das Gericht verurteilte Götz zu einer Geldstrafe und einer Art Hausarrest mit Freigang, und er musste schwören, sich an keiner Fehde mehr zu beteiligen. Erst 1540 wurde er von Kaiser Karl V. amnestiert und sollte für ihn gegen die Türken kämpfen.

Die Gebiete im deutschen Südwesten

Teilung und Wiedervereinigung in Baden

Am Beispiel von Baden lässt sich deutlich zeigen, wie zersplittert das Land war, wie es immer wieder aufgeteilt, neu verteilt, zusammengelegt, vergrößert und erneut geteilt wurde. Ein Schicksal, das es mit vielen anderen Ländern teilte. Denn es ist eine Sache, sich ein Gebiet zu verschaffen – es zu erhalten, ist weitaus schwieriger.

Baden ist lange geteilt gewesen, wurde zusammengelegt und wieder geteilt, es gab Haupt- und Nebenlinien, die sich bekämpften, das jeweils andere Gebiet besetzten und wieder abzogen. Es war bis ins 18. Jahrhundert ein ziemliches Durcheinander. Erst das Jahr 1771 brachte die Erlösung, als Baden-Durlach und Baden-Baden zu einem Land zusammenkamen und es bis heute blieben. Aber bis dahin …

Seit dem 13. Jahrhundert gab es ständig blutige Auseinandersetzungen um Gebiete am Rhein, in die auch Kaiser Rudolf von Habsburg eingriff, der Mühlburg, Durlach und Grötzingen eroberte, heute Stadtteile von Karlsruhe. Der badische Markgraf Rudolf I. (um 1230–1288) stritt außerdem mit der Stadt Straßburg, den Bischöfen von Speyer und Straßburg und dem Grafen von Württemberg um territorialen Zugewinn. Erst als er Kunigunde von Eberstein heiratete, vergrößerten sich sein Gebiet, sein Reichtum und damit auch seine Macht, weil sie das Kloster Herrenalb als Vogtei und eine Hälfte der Burg Alt-Eberstein mit in die Ehe brachte. Die andere Hälfte kaufte er kurz danach dazu. 1250 begann er mit dem Ausbau des Schlosses Hohenbaden.

Sein Enkel Rudolf IV. (unbekannt–1348) erhielt von Kaiser Ludwig dem Bayern 1334 die Burg Ortenberg und die Städte Offenburg, Gengenbach und Zell als Pfandbesitz dazu und vergrößerte so seinen Besitz. Dessen Enkel Rudolf VI. (unbekannt–1372) vereinte 1361 alle Territorien wieder; es gab keine männlichen Erben in der anderen Linie. Er konnte seinen Besitz und seinen Einfluss deutlich erweitern. Im Breisgau erwarb er einen Teil der Besitzungen des Grafen Egino, und für den habsburgischen Teil mit Freiburg wurde er Hauptmann und Landvogt. In der Fehde gegen Eberhard von Württemberg unterstützte er den Grafen von Eberstein. Durch seine Ehe mit Mechthild von Sponheim erwarb er zusätzlich noch linksrheinische Ansprüche.

▼ Karte der Markgrafschaft Baden-Durlach.

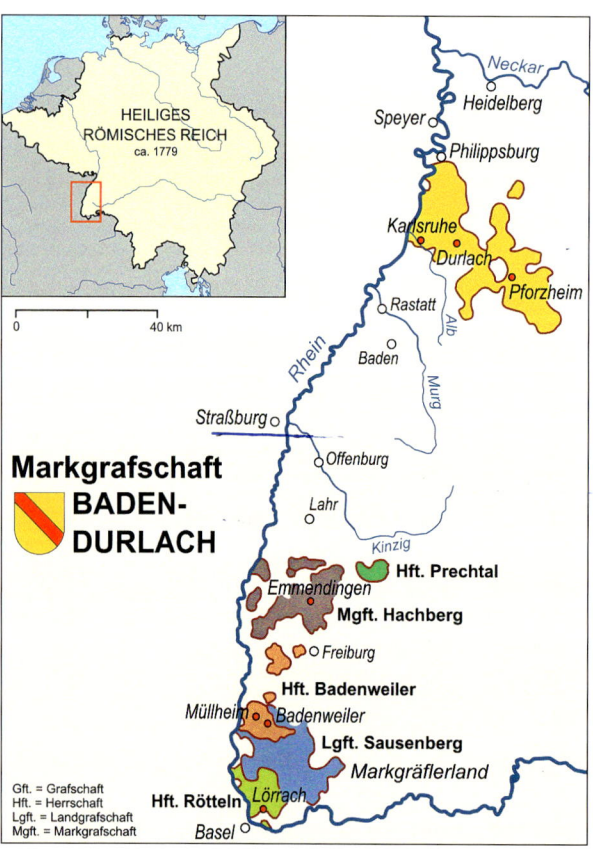

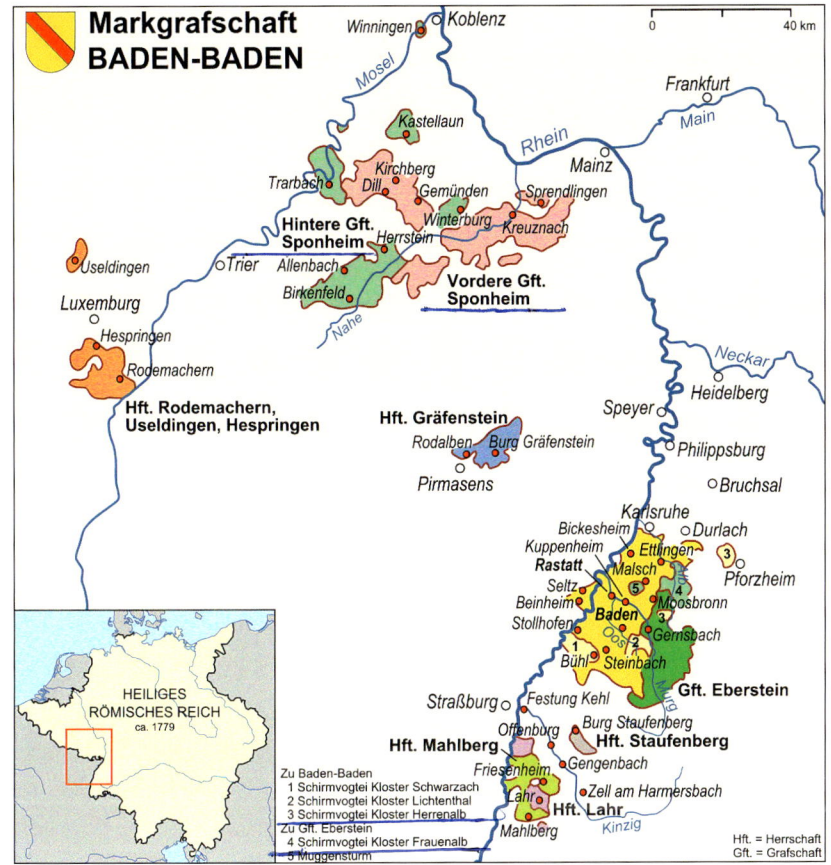

Im oberen Teil der Karte:

Markgrafschaft BADEN-BADEN

Winningen, Koblenz, 0 – 40 km

Mosel, Rhein, Frankfurt, Main

Kastellaun

Mainz

Kirchberg, Dill, Gemünden, Sprendlingen

Trarbach

Hintere Gft. Sponheim, Winterburg, Kreuznach, Herrstein

Ueseldingen, Trier, Allenbach

Vordere Gft. Sponheim

Luxemburg, Birkenfeld, Nahe

Hespringen

Rodemachern

Neckar

Hft. Rodemachern, Ueseldingen, Hespringen

Hft. Gräfenstein, Speyer, Heidelberg

Rodalben, Burg Gräfenstein, Philippsburg

Pirmasens, Bruchsal

Karlsruhe, Bickesheim, Durlach

Kuppenheim, Ettlingen, ③

Rastatt, Malsch, Pforzheim

Seltz, ⑤, ④

Beinheim, Moosbronn

Stollhofen, **Baden**, ③, Gernsbach

①, ②

Bühl, Steinbach

Straßburg, Festung Kehl, **Gft. Eberstein**

Offenburg, Burg Staufenberg

Hft. Mahlberg, **Hft. Staufenberg**

Friesenheim, Gengenbach

Zell am Harmersbach

Lahr, **Hft. Lahr**

Mahlberg, Kinzig

Hft. = Herrschaft
Gft. = Grafschaft

HEILIGES RÖMISCHES REICH ca. 1779

Zu Baden-Baden
1 Schirmvogtei Kloster Schwarzach
2 Schirmvogtei Kloster Lichtenthal
3 Schirmvogtei Kloster Herrenalb
Zu Gft. Eberstein
4 Schirmvogtei Kloster Frauenalb
5 Muggensturm

◄ *Karte der Markgrafschaft Baden-Baden.*

Rudolfs beide Söhne Bernhard I. (1364–1431) und Rudolf VII. (unbekannt–1391) teilten das Land aber gleich wieder untereinander auf. Immerhin einigten sie sich 1380 im Vertrag von Heidelberg darauf, dass das Land in nicht mehr als zwei Teile aufgeteilt werden dürfe, und dass das Land wieder vereinigt werden müsse, wenn eine der folgenden Linien ausstürbe. Verboten wurde ausdrücklich, an die Bischöfe von Straßburg oder Speyer zu verpfänden, und vor dem Verpfänden von Land an andere Fürsten hatte zuerst die andere badische Linie den Vortritt. Spätere Erben hielten sich allerdings nicht immer an diesen Vertrag.

1388 legten die beiden Erben auch erstmals schriftlich fest, was zu den einzelnen badischen Teilländern gehörte. Danach war die Alb (südlich vom heutigen Karlsruhe) der Grenzfluss: Bernhard I. gehörten Mühlburg, der Hardtwald, Durlach, Pforzheim als Residenz, Alt-Eberstein und Kuppenheim, Rudolf VII. bekam Baden-Baden, das er zu seiner Residenzstadt machte, die Yburg, Steinbach, die Orte bis zum Rhein und Ettlingen. Bereits drei Jahre später, 1391, starb Rudolf VII., und sein Landesteil fiel an Bernhard I., der damit sein Gebiet erheblich vergrößern konnte.

Das Haus Baden war seit jeher weit verzweigt, es gab Nebenlinien wie die Hachberger im Breisgau oder die Rötteln-Sausenberger am Hochrhein. Sie gehörten zwar zum Haus Baden, aber waren damit nicht eng verbunden. Die Hachberger Linie hatte zum Beispiel Land im Breisgau, das ihr Oberhaupt Otto II. 1415 aus akutem Geldmangel verkaufen musste. Bernhard I. kaufte es ihm ab – für 80.000 Gulden. Sein Sohn Jakob I. erwarb später Lahr und Mahlberg. Diese Orte lagen zwischen ihrem Gebiet in Nordbaden und dem Breisgau. 1503 starben die Rötteln-Sausenberger aus, und das Markgräflerland in Südbaden fiel an die Badener Hauptlinie.

Jetzt war Baden ungefähr so groß, wie es am Anfang des 19. Jahrhunderts sein würde. Aber nicht lange: 1515 teilten sich Philipp, Bernhard und Ernst das Land. 1533 starb Philipp, er hatte keine männlichen Nachkommen, und seine beiden Brüder Bernhard (1474–1536) und Ernst (1482–1553) versuchten zunächst, das Land gemeinsam zu regieren. Auf einer Münze von 1533 sind sogar beide gemeinsam abgebildet. Sie zerstritten sich und teilten das Land wieder auf. Ernst bekam den nördlichen Teil: Pforzheim, Durlach, Mühlburg gehörten dazu, Remchingen, Stein, Graben, Staffort, Altensteig, Liebenzell, Mundelsheim und Besigheim. Pforzheim wurde seine Residenzstadt. Bernhard regierte die südlichen Gebiete und einige auf der linken Seite des Rheins, unter anderen Gräfenstein bei Pirmasens und Sponheim an der Nahe. Die folgende Reformation verschärfte die Trennung noch: Der nördliche Teil von Ernst I. von Baden-Durlach wurde evangelisch, der südliche, den Bernhard III. von Baden-Baden regierte, blieb katholisch.

Ernsts Sohn Karl II. (1529–1577) verlegte 1565 die Residenz von Pforzheim nach Durlach: Die Pforzheimer waren etwas zu aufmüpfig geworden und verweigerten dem Landesherrn Dienste. Außerdem war ihm Pforzheim etwas zu nah an Württemberg, während Durlach mehr in der Mitte des Landes lag. Er galt als jovialer Markgraf, über ihn waren viele Anekdoten im Umlauf. Während des Umbaus des Durlacher Jagdschlosses zur Karlsburg soll er jeden Abend zu den Handwerkern gegangen sein und den Lohn aus einer Umhängetasche bezahlt haben – deswegen wurde er „Karle mit der Dasch" genannt. Er führte die Reformation in seinem Land ein, 1556 ließ er eine neue Kirchenordnung verkünden und seine Söhne streng lutherisch erziehen.

Als die Baden-Badener Linie mit Bernhards Enkel Philipp II., der von seinem Vormund Albrecht V. von Bayern streng katholisch erzogen worden war, 1588 ohne männliche Nachkommen ausstarb, hätte nach dem Vertrag von Heidelberg das Land wieder vereinigt werden müssen. Aber jetzt kamen die Bayern ins Spiel: Sie setzten Philipps Cousin Eduard Fortunat als Herrscher ein. Fortunat stammte aus der Nebenlinie Rodemachern und war katholisch.

Nach dem Vertrag von 1537 durfte einer der badischen Vertragspartner das Land des anderen besetzen oder einen Anspruch auf Ersatz anmelden, wenn der andere seinen Teil bei Abzahlung gemeinsamer Schulden nicht leistete. Der Fall trat 1588 ein: Die Schulden, die Philipp II. von Baden-Baden bei seinem Tod hinterließ, waren wegen seiner ausgedehnten Reisen und aufwendigen Bauten so hoch, dass seine Erben mit der Rückzahlung in Verzug gerieten. Ernst Friedrich von Baden-Durlach (1560–1604), der Sohn Karls II., ergriff die sich bietende Gelegenheit und besetzte 1594 kurzerhand das Land. Die evangelische Kurpfalz und das evangelische Württemberg unterstützten ihn dabei. Die Besetzung, die bis 1622 dauerte, wird als „Oberbadische Okkupation" bezeichnet.

Eduard Fortunat (1565–1600), der Herr Baden-Badens von bayerischen Gnaden, war eine schillernde Persönlichkeit. Seine Taufpatin war die englische Königin Elisabeth I. Als sein Vater 1575 starb, regierte er zunächst die Markgrafschaft Baden-Rodemachern. 1588, als sein Cousin Philipp starb, auch den Baden-Badener Teil. Die Verschuldung Baden-Badens aber verstärkte er noch, weil er einen standesgemäß ausufernden Lebensstil pflegte. Er soll sogar überlegt haben, die Markgrafschaft an die Augsburger Kaufmannsfamilie Fugger zu verkaufen oder zu verpachten. Außerdem hatte er nicht standesgemäß eine Bürgerliche geheiratet, erst in Brüssel, heimlich, dann zwei Jahre später noch einmal offiziell auf der Burg Hohenbaden. Und nach der Besetzung durch Ernst Friedrich versuchte er, auf der Yburg Geld zu fälschen, und beauftragte zwei italienische Alchemisten, die er angestellt hatte, Ernst Friedrich zu vergiften – die beiden wurden in Durlach geviertelt. Fortunat floh auf die Burg Kastellaun in der Grafschaft Sponheim, die ihm noch gehörte. Selbst sein Tod war ungewöhnlich: Mit nur 34 Jahren stürzte Eduard Fortunat betrunken eine Treppe der Burg hinab und starb.

Ernst Friedrich, der ab 1594 Baden-Baden besetzt hielt, versuchte von Anfang an, die Bürger zu beruhigen, indem er ihnen zunächst ihren katholischen Glauben ließ. Er selber trat 1599 allerdings zum Calvinismus über und versuchte, in Nordbaden die lutherischen Pfarrer durch reformierte zu ersetzen. Er stieß dabei aber auf heftigen Widerstand: Vor allem die Pforzheimer waren seit vielen Jahren Lutheraner und wollten nicht konvertieren. 1604 marschierte er mit Soldaten auf die Stadt zu, die sich schon für den Krieg gerüstet hatte. Er starb allerdings in Remchingen an einem Herzanfall – bevor er Pforzheim erreichte.

Das sogenannte „Stafforter Buch", das er 1599 publiziert hatte (der offizielle Titel ist „Christlichs Bedencken und erhebliche wolfundirte Motiven deß Durchleuchtigen Hochgebornen Fürsten unnd Herrn Ernst Friderichen Marggraven zu Baden und Hochberg"), ist vor allem ein Angriff auf den lutherischen Glauben und ein erster Ansatz zu einer neuen Kirchenordnung. Aber daraus wurde nichts, denn sein Nachfolger, sein Bruder Georg Friedrich (1573–1638), war Lutheraner und blieb es auch. Die Oberbadische Okkupation allerdings setzte er fort. Erst 1622, auf Druck des Kaisers Ferdinand II., der Fortunats ältesten Sohn Wilhelm als Markgraf von Baden-Baden bestimmte, wurde die Besetzung beendet. Die Frage der Entschädigung beschäftigte die Reichsgerichte noch viele Jahre. Wilhelm I. von Baden-Baden (1593–1677) gelang es in der Folge, Baden-Baden wieder zu konsolidieren und sogar zu Wohlstand zu bringen. Sein Enkel und Nachfolger Ludwig Wilhelm, der „Türkenlouis" (seinen Spitznamen erhielt er nach seinen siegreichen Feldzügen während der Türkenkriege), verlegte die Residenz nach der Zerstörung Hohenbadens im Pfälzischen Erbfolgekrieg nach Rastatt. Nach Ludwig Wilhelms Sohn August Georg allerdings starb das Haus Baden-Baden 1771 in der Manneslinie aus: Er hatte zwar vier Kinder, aber alle Söhne starben jung. Nur seine Tochter überlebte. Um die weitere Nachfolge zu regeln, hatten er und Karl Friedrich von Baden-Durlach (1728–1811) 1756 einen Vertrag abgeschlossen: Das Land sollte vereinigt werden, Karl Friedrich garantierte Religionsfreiheit für die katholischen Baden-Badener und den Klöstern ihren Besitz. Nur die böhmischen Besitzungen, die Sibylla Augusta in die Ehe gebracht hatte, und die Ortenau, die der Türkenlouis als Lehen vom Kaiser bekommen hatte, blieben außen vor.

Damit war Baden vereinigt und zu einem großen und mächtigen Staat geworden, mit dem die europäischen Mächte ab jetzt stärker rechnen mussten. Vor allem als Grenzland zu Frankreich würde die Markgrafschaft Baden noch eine Rolle spielen.

Vorderösterreich

Ein Sonderfall im Südwesten ist das sogenannte Vorderösterreich, ein sehr zersplittertes Gebiet, das Eigentum der österreichischen Habsburger war. Der Name ist aus dem früher gebräuchlichen Begriff „Vordere Lande" entstanden. Dazu gehörten das Elsass, der Sundgau, der Breisgau und Teile des Schwarzwalds. Das waren insgesamt 40 Städte in Südwestdeutschland. Unter anderem Freiburg, das die Österreicher 1368 erwar-

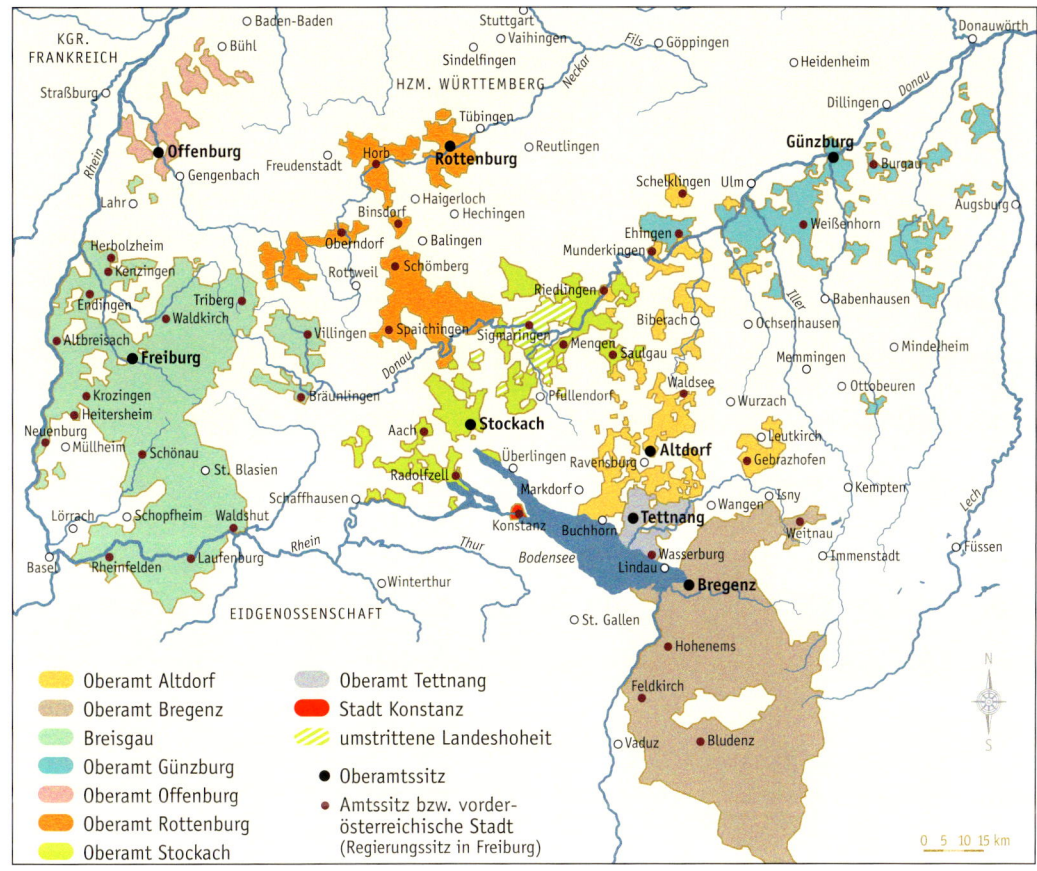

The map shows territorial divisions with the following legend:

- Oberamt Altdorf
- Oberamt Bregenz
- Breisgau
- Oberamt Günzburg
- Oberamt Offenburg
- Oberamt Rottenburg
- Oberamt Stockach
- Oberamt Tettnang
- Stadt Konstanz
- umstrittene Landeshoheit
- Oberamtssitz
- Amtssitz bzw. vorder-österreichische Stadt (Regierungssitz in Freiburg)

ben, die Waldstädte am Oberrhein wie Rheinfelden und Waldshut, ebenso die Städte Mengen, Riedlingen, Munderkingen, Saulgau und Ehingen an der Donau, die Grafschaft Hohenberg mit Rottenburg in der Nähe des württembergischen Tübingen und Teile des Allgäus.

Vorderösterreich entstand, weil die Grafen von Habsburg ursprünglich aus dem Sundgau im südlichen Elsass stammten. Dort hatten sie seit dem Ende des 12. Jahrhundert eine Grafschaft, außerdem Besitz in der nördlichen Schweiz, im Kanton Aargau – hier steht noch heute ihre Stammburg. Durch zwei Schlachten gegen die Schweizer Eidgenossen bei Morgarten 1315 und Sempach 1386 verloren die Habsburger die Schweizer Gebiete. (Friedrich Schiller schildert ihre Konflikte sehr schön in seinem Stück „Wilhelm Tell".) Ab 1278 verlagerten die Habsburger ihre Haupttätigkeit nach Osten, als sie die Babenberger Herzöge beerbten, die Österreich und die Steiermark beherrschten. Dennoch behielten sie ihren Besitz im heute südlichen Baden, der von Ensisheim nahe Mülhausen aus regiert

⌃ *Karte von Vorderösterreich um 1780. Deutlich zu erkennen sind die zersplitterten Gebiete über den gesamten Südwesten hinweg und das zusammenhängende Gebiet um Freiburg.*

wurde. Ab 1648, nach dem Ende des Dreißigjährigen Kriegs, in dem die kleine Stadt siebenmal verwüstet wurde, wählte man Freiburg zur Hauptstadt, da die Habsburger das Elsass und den Sundgau verloren hatten.

Stetig erweiterte sich ihr Gebiet: Die Ortenau, die Landvogtei Schwaben und die Landgrafschaft Nellenburg kamen hinzu, im 18. Jahrhundert auch die Stadt Konstanz, die für einige Jahre sogar Hauptstadt wurde, und die Reichsgrafschaft Tettnang. 1753 schuf Kaiserin Maria Theresia die Provinz Vorderösterreich mit eigener Verwaltung.

Während der Kriege gegen Frankreich verlor Österreich 1799 dann die Gebiete südlich des Rheins an die Schweizer, 1803 den Breisgau und die Ortenau an den Herzog von Modena, im Pressburger Frieden 1805 schließlich das gesamte westliche Herrschaftsgebiet, das unter Bayern, Baden, Württemberg und Hessen-Darmstadt aufgeteilt wurde.

Da sie von Österreich aus regiert wurden, waren die Vorderösterreicher stets katholisch, und damit die südliche Hälfte von Baden-Württemberg, während der Norden seit der Reformation evangelisch geprägt war.

Württemberg

Württemberg entwickelte sich wesentlich stringenter als Baden. Zum einen waren die schwäbischen Grafen sehr tatkräftig und grundsätzlich auf den Erhalt und die Vergrößerung ihres Besitzes erpicht, zum anderen teilten sich die Söhne das Erbe nicht auf: Manche regierten gemeinsam, öfter ging der Besitz dann an nur einen Sohn. Auch die Heiratspolitik der Grafen war meistens klug und vorteilhaft. So heiratete Eberhard der Greiner (1315–1392) eine Tochter des Grafen von Henneberg, die eine reiche Erbschaft bei Schweinfurt einbrachte. Er verkaufte sie und kaufte von dem Geld Land am Neckar, ihrem Stammgebiet.

Die Grafen von Württemberg beherrschten das Land um den Neckar seit dem 12. Jahrhundert. Als die Stauferherrschaft um 1250 zu Ende ging, vergrößerten sie nach und nach ihr Einflussgebiet. 1251 heiratete Graf Ulrich I. (1226–1265) Mechtild von Baden, damit kam auch Stuttgart zu Württemberg. Die Badener sehen den Fakt, dass Stuttgart eigentlich einmal badisch war, als ironische Fußnote der Geschichte. Seinem Enkel Ulrich III. (zwischen 1291 und 1296–1344) gelang es, das Gebiet des Landes erheblich zu vergrößern. Durch Heirat und Kauf kamen einige Gebiete im Elsass, Grüningen (heute Markgröningen), Vaihingen an der Enz und Tübingen dazu. Vor allem Eberhard der Greiner, der das Land fast 50 Jahre lang regierte, erwarb zielstrebig Städte und Burgen – man hat errechnet, dass es jedes Jahr eine war. Schon am Ende des 15. Jahrhunderts hatte Württemberg die Größe des späteren Herzogtums erreicht.

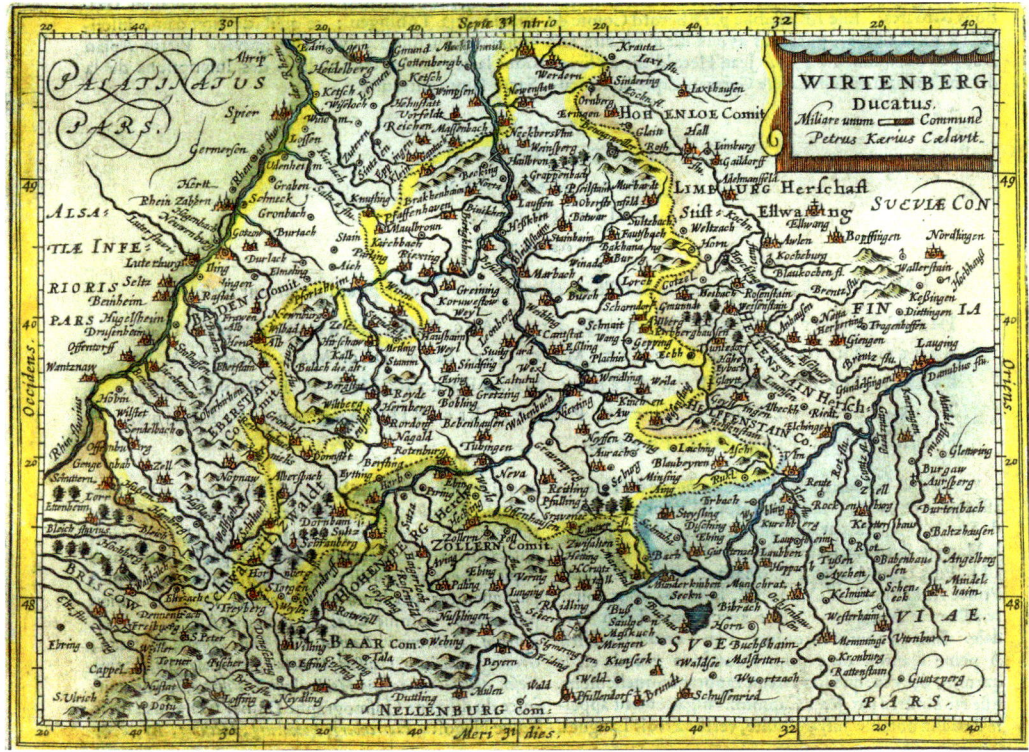

Ärger gab es immer wieder mit den Städtebünden, vor allem mit dem Schwäbischen Städtebund. 1331 hatten sich im ersten Bund 22 Reichsstädte, die unmittelbar dem Kaiser unterstanden, zusammengeschlossen, um sich im Fall eines Kriegs beistehen zu können: unter ihnen Ulm, Augsburg, Reutlingen und Heilbronn. 1376 gab es einen neuen Bund, zu dem neben Ulm, Konstanz, Ravensburg noch weitere Städte gehörten. Später kamen Nürnberg, Regensburg und Augsburg dazu. In der Schlacht bei Reutlingen besiegte der Städtebund 1377 das Heer des Prinzen Ulrich von Württemberg (nach 1340–1388).

Die Gegensätze zwischen den Adeligen und den Bürgerstädten führten immer wieder zu blutigen Auseinandersetzungen. Sie waren auch verantwortlich für die Schlacht von Nöffingen 1388 zwischen dem Heer der schwäbischen Städte und dem Heer Eberhards II. von Württemberg, Sohn von Ulrich III., der mit Pfalzgraf Ruprecht und anderen Herren die Städte besiegte.

Von 1442 bis 1492 war das Land gespalten. Eberhard I., genannt Eberhard im Bart (1445–1496), war ab 1456 als Eberhard V. Graf von Württemberg-Urach, ab 1482 dann auch Graf von Württemberg-Stuttgart und

Karte von Württemberg, von Pieter van den Keere, 1619.

ab 1495 für vier Jahre Alleinherrscher und der erste Herzog von Württemberg: Auf dem Reichstag zu Worms 1521 wurde das Land von Kaiser Maximilian zum Herzogtum erhoben. Im gleichen Jahr gab Eberhard I. seinem Herrschaftsgebiet eine erste Landordnung. 1492 ließ er im Esslinger Vertrag die Erbfolge festlegen – und außerdem, dass sein Nachfolger einem zwölfköpfigen Regentschaftsrat der Landstände unterstehen sollte.

Seinen Namen „im Bart" bekam er, weil er immer wieder ins Heilige Land und nach Rom pilgerte. Von der Reise nach Jerusalem 1468 brachte er seinen Pilgerbart mit, dazu als persönliches Symbol eine Palme und das Motto „Attempto" (Ich wag's) – noch heute der Leitspruch der Universität Tübingen. Er war ein frommer Herrscher, half bei der Reform der württembergischen Klöster ab 1459 und nutzte die Reform für den Aufbau einer eigenen Landeskirche. 1477 verlegte er das Sindelfinger Stift nach Tübingen und gründete dort die Universität. Allerdings ließ er im gleichen Jahr auch die württembergischen Juden vertreiben.

Mit seinem Tod aber begannen unruhige Jahre. Die württembergischen Landstände putschten 1498 gegen seinen Nachfolger Eberhard II. (1447–1504). Und es passierte etwas Einzigartiges: Sie setzten ihn ab, weil er als absoluter Herrscher und ohne Regentschaftsrat regieren wollte – ein Bruch des Esslinger Vertrags. Sie setzten daraufhin einen Rat ein, verbannten Eberhard nach Heidelberg und ernannten den elfjährigen Ulrich (1487–1550), den Sohn des auf der Burg Hohenurach einsitzenden Staatsgefangenen Hermann von Württemberg, zum Herzog – unter Vormundschaft natürlich. 1503 wurde er für volljährig erklärt.

Ulrich war vor allem groß im Ausgeben immenser Summen für den Krieg und bekannt für einen luxuriösen Lebensstil. Eine seiner Steuerer-

❯ Eberhard im Bart, als Eberhard I. erster Herzog von Württemberg und Teck, Bild von Nicolaus Ochsenbach, 1492.

höhungen führte zum Aufstand des „Armen Konrad". Für die Unterstützung der Landstände willigte er ein, dass kein württembergischer Herr ohne ihre Zustimmung Krieg führen oder Steuern erheben durfte. Damit wurden die Landstände, die sich aus Geistlichkeit, Adel und privilegierten Städten zusammensetzten, zu einer wichtigen Macht im Land.

Dieser Machtverlust hinderte Ulrich nicht daran, sich weiter wie ein souveräner Herrscher zu benehmen. 1515 ermordete er persönlich den Mann seiner Geliebten, Hans von Hutten, und machte sich dadurch nicht nur Ulrich von Hutten, sondern auch seine eigene Frau Sabina von Bayern zu Feinden. Als der Landtag 1515 über eine Absetzung des Herzogs diskutierte, wurde auch beschlossen, dass sie die Regierung übernehmen solle, falls Ulrich abgesetzt würde. Sabina floh aus Angst vor ihrem Mann nach München, und Kaiser Maximilian, der ihr Onkel war, verhängte die Reichsacht über ihn. Ein Jahr später sollte sie in eine auf sechs Jahre befristete Abdankung umgewandelt werden. Aber Ulrich weigerte sich und ließ einige seiner württembergischen Gegner verhaften und hinrichten.

Nach Maximilians Tod wurde Ulrich, als er die Reichsstadt Reutlingen überfiel, von Kaiser Karl V. im Jahr 1519 noch einmal mit dem Bann belegt – diesmal erfolgreich. Erst 1534 gelang Ulrich die Rückkehr in sein Herzogtum, nachdem er als Heerführer der aufständischen Bauern im Bauernkrieg 1525 schon einmal versucht hatte, Stuttgart zurückzuerobern. Sofort führte Ulrich die Reformation in Württemberg ein, von Erhard Schnepf und Ambrosus Blarer ließ er eine neue Kirchenordnung verfassen, die zunächst lutherische und reformierte Ansätze vereinte, bis sich später die lutherischen durchsetzten. Ulrichs Nachfolger Herzog Christoph (1515–1568) führte die „Große Kirchenordnung" von 1559 ein

▲ *Herzog Ulrich von Württemberg, ein souveräner Herrscher.*

und erließ viele juristische Regelwerke und Gesetze. Jetzt war das Land konsolidiert, bis es im Dreißigjährigen Krieg wieder erschüttert wurde.

Die Kurpfalz

1214 ging die spätere Kurpfalz als kaiserliches Lehen an das Geschlecht der Wittelsbacher, Ludwig der Kelheimer war der erste Pfalzgraf bei Rhein – dieses Amt gehörte stets zur Kurpfalz. Bestandteil der Vereinbarung war, dass einige Landesteile zum Kernland gehörten und nicht verkauft oder aufgeteilt werden durften: z.B. Bacharach, Alzey, Heidelberg, Weinheim und Neustadt. Ludwig führte die Regierung für seinen Sohn Otto von Wittelsbach, der 1228 an die Macht kam.

Der nächste wichtige Herrscher war Kurfürst Ruprecht I. (1309–1390). Er kaufte in seiner Regierungszeit zu diesem Stammgebiet Zweibrücken, Mosbach und Simmern dazu und gründete die Universität Heidelberg im Jahr 1386 – sie ist die älteste Universität in Deutschland. Anlass zu dieser Gründung war das „Abendländische Schisma": die Spaltung der katholischen Kirche mit zwei Päpsten, Urban VI. und Clemens VII. Frankreich unterstützte den in Avignon residierenden Clemens VII. Damit war ein Studium für deutsche Theologen an der Sorbonne, der nächstgelegenen Universität, problematisch geworden, denn das deutsche Reich unterstützte den römischen Papst, und die deutschen Studenten sollten nicht die Lehren des konkurrierenden Kirchenoberhaupts lernen. Zudem war die Theologie der damaligen Zeit hoch politisch, die Kleriker waren zugleich die Berater der Herrscher. Und in Prag, neben Wien die andere große Universität nördlich der Alpen, gab es heftige Auseinandersetzungen zwischen Deutschen und Böhmen. Heidelberg bot sich als Alternative an.

Mit vier Fakultäten begann der Lehrbetrieb: Theologie, Jura, Medizin und die „Artistenfakultät", eine Art Vorbereitungsschule auf das „richtige" Studium, in der die „sieben freien Künste" unterrichtet wurden: das „Trivium" Grammatik, Rhetorik und Dialektik, das „Quadrivium" Arithmetik, Geometrie, Musik und Astronomie. Nach dem Abschluss des „Triviums" war man Bakkalaureat, nach dem Quadrivium Magister. Erst mit dem Magistertitel durfte man das eigentliche Studium beginnen, das mit dem Doktortitel abgeschlossen wurde.

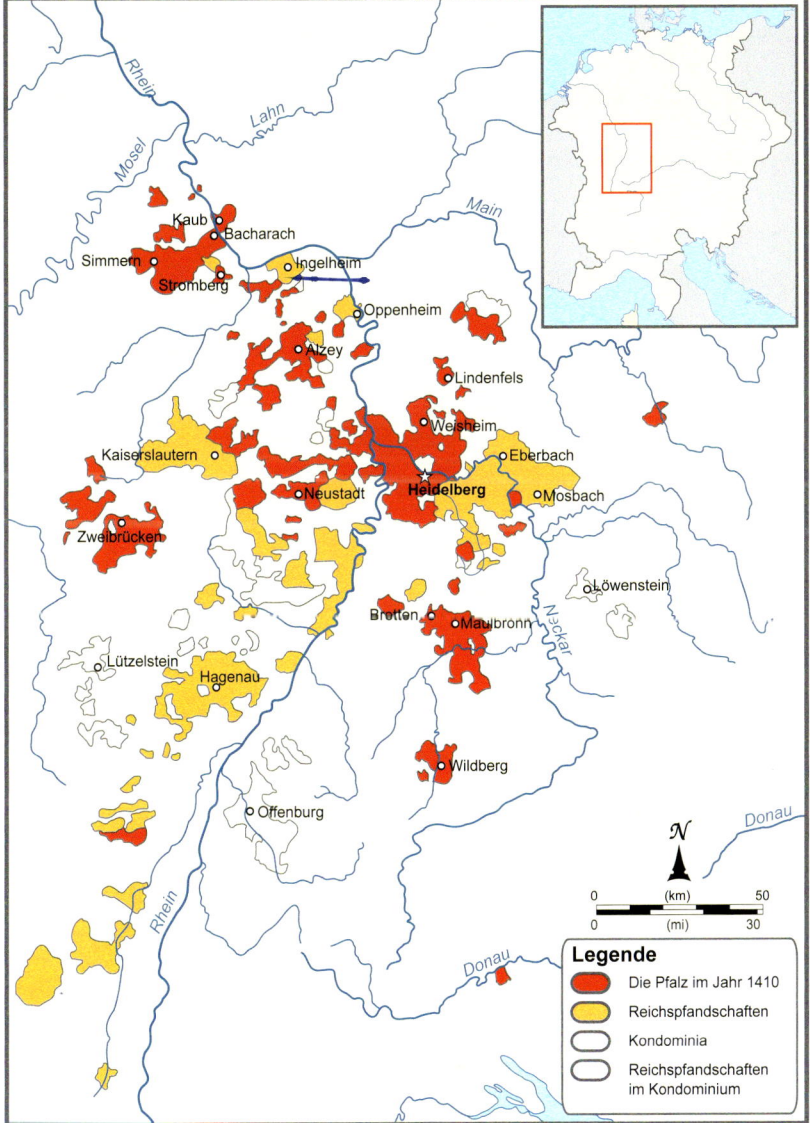

❮ *Karte der Kurpfalz (ohne Oberpfalz) vor der Erbteilung 1410.*

Magister und Doktoren genossen besondere Privilegien. Sie mussten keinen Zoll zahlen und nur wenig Miete für ihre Wohnungen.

Die Universität begann ihren Betrieb mit nur drei Lehrern, Marsilius von Inghen, Heilmann Wunneberg aus Worms und Reginaldus von Alna. Aber wenig später, 1390, waren schon 185 Studenten eingeschrieben: Viele süddeutsche Mönche gingen zum Studium nach Heidelberg.

Friedrich I. der Siegreiche (1425–1476) gewann zwar 1462 die Schlacht bei Seckenheim, nahm Bischof Georg von Metz, Markgraf Karl I. von Ba-

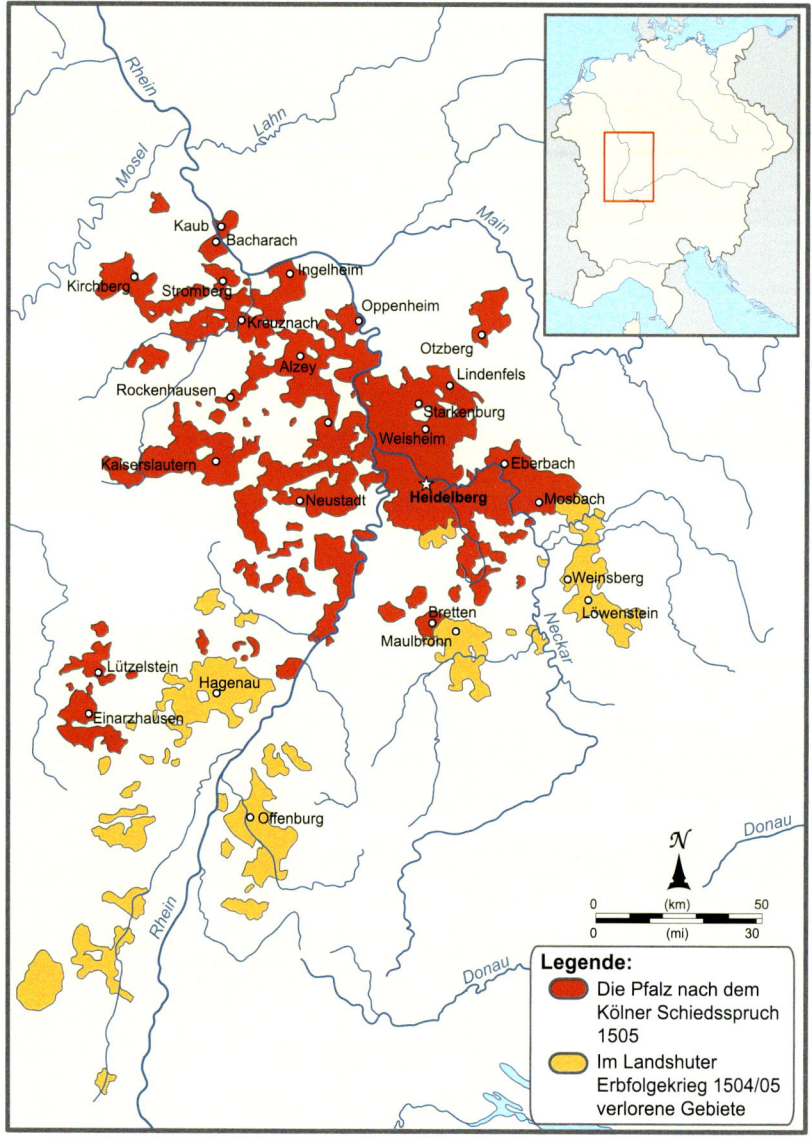

> Karte der rheinischen Gebiete der Kurpfalz (ohne Oberpfalz) mit den Verlusten nach dem Kölner Schiedsspruch von 1505.

den und Graf Ulrich von Württemberg gefangen und erpresste hohe Löse-geldsummen für ihre Freilassung. Im Landshuter Erbfolgekrieg aber un-terlag er und verlor unter anderem die Maulbronner Klostervogtei an Württemberg. Ludwig V. (1508--1544) baute das Heidelberger Schloss zu einer modernen Festung aus, sein Nachfolger Friedrich II. (1544–1556) machte es zu einem Renaissance-Schloss.

Mit Ottheinrich (1502–1559) und seinem Nachfolger Friedrich III. (1515–1576) wurde der Calvinismus in der Kurpfalz durchgesetzt. Poli-tisch gesehen isolierte sich das Land aber damit, denn der Augsburger Religionsfrieden sprach explizit nur von der katholischen und der luthe-rischen Lehre.

Nassau-Saarbrücken

Das Haus Nassau ist ein bedeutendes Adelshaus. Der deutsche König Adolf von Nassau (vor 1250–1298) stammte davon ab, außerdem das niederländische Königshaus und die Großherzöge von Luxemburg – die noch heute regieren. Wilhelm III. von Oranien (1650–1702) war Statt-halter der Niederlande und gleichzeitig König von England, Schottland und Irland. Stammvater des Hauses ist Dudo von Laurenburg, der 1093 in einer Urkunde genannt wird. Seine Burg stand flussaufwärts bei Nas-sau an der Lahn.

Die Grafschaft Saarbrücken wird erst seit 1381, als die Nassauer die Herrschaft übernahmen, als Nassau-Saarbrücken bezeichnet. Der erste Graf im Saargau war Siegbert (1080–1105). Interessanterweise konnten auch die Frauen Titel und Besitz erben, was ab 1271 zu einem jahrelangen Streit zwischen dem Bischof von Metz und Mathilde, Tochter von Graf Simon III., führte. Erst ihr Sohn Simon konnte sich durchsetzen. Und als Johann I. von Nassau-Weilburg 1353 die Erbtochter des vorherigen Gra-fen heiratete, wurde das Gebiet zur Grafschaft Nassau-Saarbrücken.

Es kam in der Folgezeit zu Teilungen und Wiedervereinigungen der Linien Nassau-Weilburg und Nassau-Saarbrücken. Der letzte katholische Graf, Johann IV. (*1411), starb 1574. Die evangelische Linie Nassau-Weil-burg übernahm das Erbe. Hier hatte Graf Philipp III. schon 1526 die Re-formation eingeführt.

Wie wir „aufgeklärt" wurden

Absolutismus, Schlösser, Geld und Kriege

Nach dem Bauernkrieg Anfang des 16. Jahrhunderts beruhigte sich die Lage in Europa – auch im deutschen Südwesten. Die Bevölkerung wuchs, der Wohlstand auch, die politische Lage stabilisierte sich und die beiden christlichen Religionen lebten mehr oder weniger in friedlicher Koexistenz. Dennoch brodelte es immer wieder, der Glaube war und blieb für die gläubigen Menschen ein ständiges Konfliktpotenzial.

Der Dreißigjährige Krieg

Im 17. Jahrhundert fand der Frieden schließlich ein Ende. 1618 begann in Böhmen der Dreißigjährige Krieg, der allerdings nie nur ein Religions- und Bürgerkrieg war, sondern auch immer eine Auseinandersetzung zwischen Staaten und Staatsbündnissen. So kämpfte das katholische Frankreich an der Seite des lutherischen Schweden gegen das katholische Habsburg, das in Deutschland, Spanien und den spanischen Niederlanden regierte. Armand-Jean du Plessis, Premier Duc de Richelieu, kurz Kardinal Richelieu genannt (1585–1642), war der heimliche Herrscher Frankreichs und beeinflusste König Ludwig XIII. als sein erster Minister. Er wollte auf jeden Fall eine Vorherrschaft der Habsburger in Europa verhindern. Und Schwedens Kanzler Axel Oxenstierna kämpfte vor allem gegen die Vormacht des protestantischen Preußen im Norden. Es war also ein Krieg der europäischen Mächte, der vor allem auf deutschem Gebiet ausgetragen wurde.

Am Anfang allerdings war es ein Streit um die Rechte von Glaubensgemeinschaften. Als sich der Habsburger Kaiser Matthias (1557–1619) anschickte, die Religionsfreiheit zu beenden, die sein Bruder und Vorgänger Rudolf II. 1609 in seinem „Majestätsbrief" den überwiegend protestantischen Ständen Böhmens gewährt hatte, griffen die Böhmen zu den Waffen. Und da beide Parteien Freunde in ganz Europa hatten, weitete sich der Aufstand schnell aus.

Der Krieg begann damit, dass zwei Beamte des katholischen Kaisers von Vertretern der protestantischen Stände, einer Art Regierungsrat, aus dem Fenster der Prager Burg geworfen wurden. Es war ein Protest gegen die Versuche des Kaisers, Böhmen wieder katholisch zu machen, um größeren Einfluss ausüben zu können. Die Beamten überlebten den Sturz in den Burggraben schwer verletzt. Die Stände krönten danach den protestantischen Kurfürsten Friedrich V. von der Pfalz zum König von Böhmen. Das war der Beginn des längsten Kriegs, der in Deutschland je tobte. Insbesondere der Feldherr der Katholischen Liga, Johann T'Serclaes von Tilly (1559–1632), war erfolgreich: Er siegte gegen die Böhmen und 1622 in Wimpfen bei Heilbronn gegen die Protestanische Union, wo er in der blutigsten Schlacht des gesamten Krieges Georg Friedrich von Baden-Durlach vernichtend schlug. Ab Sommer 1622 besetzten Truppen der Katholischen Liga auch die rechtsrheinische Pfalz – Ladenburg, Mannheim und Heidelberg waren gefallen. Als politische Folge der Niederlagen verlor Friedrich V. 1623 die Kurwürde an das katholische Bayern, wo sie 1628 erblich wurde. Und Tilly plünderte damals die gesamte Bibliothek

▼ Die Schlacht bei Wimpfen am 6. Mai 1622: Die Kaiserlichen unter Tilly besiegen die Protestanische Union unter Markgraf Georg Friedrich von Baden-Durlach. Stich aus Merians „Theatrum Europaeum", 1662.

der Heidelberger Universität mitsamt ihren kostbaren Handschriften und schenkte sie dem Papst. Die Kurpfalz war ab sofort wieder katholisch.

Nun intervenierte der schwedische König Gustav Adolf, schlug das katholische Heer unter Tilly 1631 in Sachsen und stieß dann nach Süden vor. 1631 feierte er Weihnachten in Mainz, eine Woche später eroberte er Freiburg. Sein General Herzog Bernhard von Sachsen-Weimar besetzte Oberschwaben, Kempten, Wangen, Ravensburg und Bregenz. Wallenstein (eigentlich Albrecht Wenzel Eusebius von Waldstein, 1583–1634), der Feldherr Kaiser Ferdinands II. (1578–1637), der den 1619 gestorbenen Matthias ablöste, zwang die Schweden zum Rückzug aus Süddeutschland, verlor aber 1632 die Schlacht von Lützen. Gustav Adolf starb in dieser Schlacht, sein Kanzler Oxenstierna schloss 1633 ein Bündnis mit den Protestanten aus Schwaben, dem Oberrheingebiet, Kurrhein und Franken – aber die bald darauf folgende Schlacht bei Nördlingen 1634 endete mit seiner totalen Niederlage. Die letzten schwedischen Truppen wurden bei Willstädt (Kehl) und Heidelberg besiegt, Philippsburg wurde zurückerobert und das linksrheinische Speyer: Der Kaiser war wieder Herr in Deutschland.

Nun aber trat das katholische Frankreich in den Krieg ein, erklärte erst dem katholischen Spanien, dann dem katholischen Kaiser den Krieg. Schon zuvor hatte Frankreich deren Gegner finanziell unterstützt. Mit den süddeutschen Protestanten, die sich im Heilbronner Bund zusammengeschlossen hatten, schloss Frankreich jetzt einen Pakt und schickte Truppen ins rechtsrheinische Gebiet. Anfangs allerdings konnten sich die Franzosen nicht halten, linksrheinisch verloren sie 1635 unter anderem die Stadt Trier. Auch Bernhard von Sachsen-Weimar musste sich nach Lothringen und Burgund zurückziehen. Erst später gelang es ihm, sich im Sundgau und im Breisgau festzusetzen. 1638 marschierte Bernhard bis Balingen und Tübingen und sogar bis kurz vor Stuttgart. Im April nahm er Freiburg ein, später auch Breisach. Als er kurz danach starb, übernahm Frankreich seine Truppen und setzte seinen Feldzug fort.

Immer wieder versuchte das französische Heer, durch Schwaben nach Bayern vorzustoßen, um den Feind, vor allem Maximilian von Bayern, einen der Anführer der Katholischen Liga, dort direkt anzugreifen. 1643 marschierten die Truppen von Marschall Guébriant von Heilbronn aus neckaraufwärts, zogen sich dann aber durch das Kinzigtal an den Oberrhein zurück. Später fielen sie in den Hegau ein und kamen bis nach Wangen im Allgäu, zogen sich dann aber wieder zurück – und noch ein drittes Mal. 1644 kam es zu heftigen Kämpfen um Überlingen und den Hohentwiel, später auch um Freiburg, im Norden um Philippsburg,

Mannheim und Speyer. Ende 1644 war das gesamte linke Rheinufer von Mainz bis Koblenz in französischer Hand. Dem französischen Heerführer Vicomte de Turenne gelang es, Pforzheim zu erobern und über Heilbronn bis Rothenburg vorzustoßen. Er wurde dann aber von den kaiserlichen Truppen geschlagen. 1646 schafften die Franzosen dann den Durchbruch nach Bayern, sie eroberten Landsberg. Die oberschwäbischen Städte nördlich des Bodensees wurden allerdings von der schwedischen Armee erobert.

Der Krieg kam langsam zu seinem Ende, als die protestantischen Reichsstände mit Kaiser Ferdinand 1635 einen Sonderfrieden schlossen, um gemeinsam mit ihm gegen die Feinde von außen zu kämpfen. Der Krieg dauerte dennoch noch 13 Jahre, ohne dass eine entscheidende Schlacht geführt wurde. Ab 1643 verhandelten die Parteien in Münster und Osnabrück über einen Frieden, der 1648 dann endlich verkündet wurde: der „Westfälische Frieden". Der Augsburger Religionsfriede wurde erneuert, der Reichstag bekam mehr Rechte, die Reichsstände wurden souverän. Die Franzosen bekamen das bisher habsburgische Oberelsass, und die Befestigungen am Rhein gingen in ihren Besitz über: Das war ein wichtiges Kriegsziel Frankreichs gewesen, weil es dadurch abgesichert war gegen einen Angriff aus dem Osten. Auch Lothringen wurde von Frankreich besetzt, bis 1659, dann erneut 1670 bis 1679. Lothringen war und blieb ein wichtiges Tor für die Franzosen zur Pfalz und ins Saarland.

▲ Westfälischer Friede Münster und Osnabrück: Die spanischen und niederländischen Gesandten beschwören am 15. Mai 1648 im Rathaussaal den Frieden von Münster, Gemälde von Gerard Terborch, 1648.

Kurtzer Begriff
aller deret
Freyheiten/ PRIVILEGIEN,
und
Sonderbahrer Begnadigungen/
Wormit
Der Durchleuchtigste Fürst und Herr/
HERR
CARL,
Marggraff zu Baden und Hochberg/ Land-
Graff zu Sausenberg/ Graff zu Sponheim und E-
berstein/ Herr zu Rötelen/ Badenweiler/ Lahr und Mahl-
berg ꝛc. Der Röm. Kayserl. und Königl. Cathol. Mayest.
wie auch des Löbl. Schwäbischen Craysses bestellter respective
General-Feld-Marschall und General-Feld-Zeugmeister/
auch Obrister über ein Kayserl. Regiment
zu Fuß ꝛc.
Die Jenige/ welche hinkünfftig bey und neben
Dero Neu-Erbauenden Lust-Hauß
Carols Ruhe
Mit Anbauung Neuer Behausungen ꝛc.
Sich niderlassen werden/
anzusehen gedencket.

Gedruckt zu Durlach/ durch Theodor Hechten.

▲ *Der Privilegien-*
brief des Markgra-
fen Karl Wilhelm
von Baden, 1715,
mit dem er neuen
Bürgern politische
und finanzielle
Vorteile versprach.

Während der Dreißigjährige Krieg für die europäische Politik ein Mittel zum Zweck war, war er für den kleinen Mann, vor allem am Oberrhein, eine einzige Katastrophe: Deutsche, schwedische, französische Soldaten waren plündernd, mordend und brennend durch die Pfalz, Schwaben und die beiden badischen Markgrafschaften gezogen. Am Oberrhein waren Straßburg, Endingen, Kenzingen, Freiburg, Offenburg, Lahr, Kehl und Orte im Kinzigtal immer wieder belagert, eingenommen, ausgenommen und manchmal zerstört worden. Im Norden Bühl, Philippsburg, Heidelberg, Mannheim, Schriesheim, in Schwaben Waiblingen, Herrenberg, Calw und Stuttgart. Auch das Saarland musste leiden, auch wenn es hier keine größeren Schlachten gab. Dennoch zogen immer wieder Heere durch die Region, nahmen sich den Proviant, den sie brauchten, und ließen das Land verwüstet zurück. Nur Baden-Baden und Durlach, die beiden Residenzen der beiden Markgrafschaften, kamen vergleichsweise gut weg. Sie wurden zwar besetzt und mussten viel Schutzgeld bezahlen, hatten aber keine gravierenden Kriegsschäden zu verzeichnen.

Am schlimmsten ging es der Landbevölkerung: Viele kleine Dörfer und Höfe waren am Ende des Kriegs zerstört, die Menschen über Jahrzehnte hinweg gequält, vergewaltigt und oft erschlagen worden. Schon während des Kriegs, aber auch danach, war die Hungersnot groß: Es konnte nichts mehr angebaut werden, und viele der Bauern waren tot oder geflüchtet. Nur wenige Gebiete im Südwesten waren verschont geblieben, wie der Schwarzwald mit seinen teils undurchdringlichen Wäldern und abgelegenen Tälern oder manche Rheininseln, auf die sich zum Beispiel die Menschen aus Wyhl mit einigem Vieh gerettet hatten. Zum Hunger kamen die Krankheiten, die die geschwächten Menschen dahinrafften: Typhus, Pest, Ruhr oder Grippe. So hatte Württemberg fast zwei Drittel seiner Bevölkerung verloren, sie ging von 350.000 auf 120.000 zurück. Danach ging es nur langsam wieder aufwärts.

Der Dreißigjährige Krieg hatte noch ein anderes, eher geistiges, aber nicht weniger wichtiges Ergebnis: die Toleranz. Viele, auch viele Herrscher, hatten jetzt eingesehen, dass nur durch ein Akzeptieren eines anderen Glaubens der Friede und damit auch der Wohlstand erhalten bleiben konnten. Im Privilegienbrief der kurz danach neugegründeten Stadt Karlsruhe (1715) und in den Aufrufen zum Wiederaufbau Mannheims schlägt sich diese neue Einstellung unmittelbar nieder: Katholiken, Protestanten und sogar Juden wurde die freie Ausübung ihrer Religion versprochen. Gleichzeitig war der „Westfälische Friede" auch ein Schritt in Richtung eines europäischen Völkerrechts, in dem die Souveränität und Gleichheit aller Staaten gewährleistet sein sollte – ein Novum in der Rechtsgeschichte.

▼ Zerstörungs-gebiete im Pfälzi-schen Erbfolge-krieg: Der franzö-sische General Mélac verschonte keinen Landstrich. Manche Gebiete wurden sogar to-tal zerstört.

Der Pfälzische Erbfolgekrieg

Dennoch kam nach dem Dreißigjährigen der nächste Krieg, und zwar ziemlich schnell. Glücklicherweise traf er nicht ganz Deutschland, nicht einmal den ganzen Südwesten. Ludwig XIV. von Frankreich hatte einen Vorwand gefunden, um seine Macht weiter auszubauen: Als Kurfürst Karl II. von der Pfalz 1685 starb und man den französischen Einfluss beim Konflikt um die Wahl des Kölner Erzbischofs zurückdrängte, sah sich Ludwig XIV. einer fast geschlossenen Allianz von europäischen Gegnern gegenüber. Er behauptete, Ansprüche auf die Pfalz zu haben, weil Karl ohne männlichen Erben gestorben war und seine Schwester Liselotte von der Pfalz mit dem Herzog von Orléans, Ludwigs Bruder, verheiratet war.

1688 griffen französische Truppen ohne Vorwarnung Philippsburg an und besetzten es. Auch Mann-

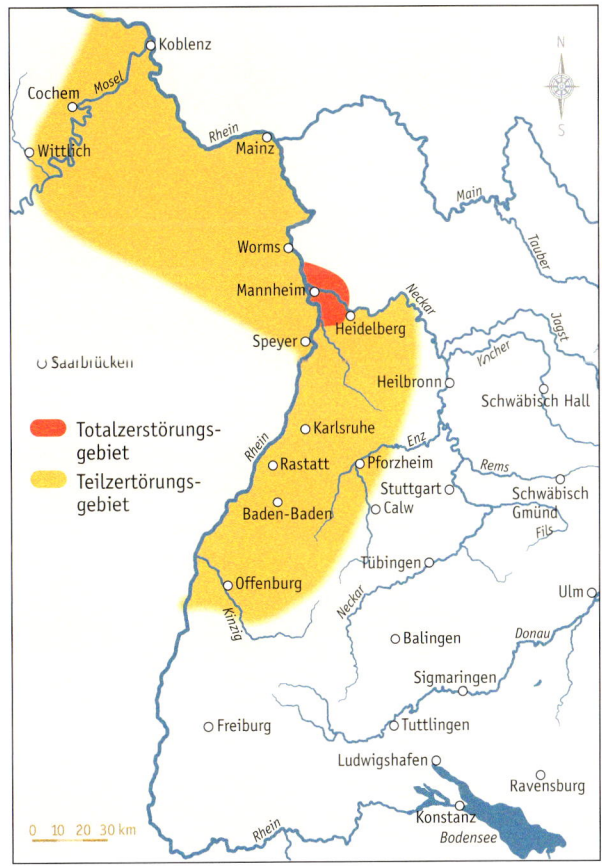

> *Der berüchtigte „Mordbrenner" Ezéchiel du Mas, comte de Mélac, General Ludwigs XIV. Stich eines unbekannten Künstlers.*

Eigentliche Abbildung des Franzœischen Mordbrenners de Melacc etc:

heim, damals nur schwach befestigt, und Frankenthal wurden erobert, dann das gesamte linksrheinische Gebiet von Kaiserslautern bis Mainz, Speyer, Worms und Köln. Da es kaum deutsche Truppen rechts des Rheins gab, stießen die Franzosen zunächst schnell vor und hatten kaum Verluste hinzunehmen – bis die deutschen Truppen sich gesammelt hatten.

Erst 1689 waren die deutschen Truppen bereit, zurückzuschlagen. In einem Bündnis mit Holland, England und Spanien gelang es ihnen nach vier Jahren, die Franzosen wieder zurückzudrängen. Beim Rückzug ließ Ludwigs Kriegsminister François Michel Le Tellier de Louvois systematisch alles zerstören: „Brûlez le Palatinat!" (Verbrennt die Pfalz!) hieß die Parole: Nichts sollte der Feind mehr gebrauchen können, vor allem nicht die Burgen und Festungsanlagen, wie die Burgen Lahneck, Stolzenfels,

Cochem, Dahn und das Hambacher Schloss. Aber auch die Dome in Speyer und Worms wurden zerstört. Sein General Ezéchiel du Mas, comte de Mélac führte den Befehl gründlich aus. Die Truppen verwüsteten Heidelberg, Mannheim, Bingen, Durlach, Pforzheim, Rastatt, Baden-Baden, Bretten, Philippsburg, Kaiserslautern, Landau, Oppenheim und Alzey. Erst 1697 kam es zum Frieden von Rijswijk, der den Pfälzischen Erbfolgekrieg beendete.

Frankreich war durch den Krieg fast bankrott und konnte ihn sich nicht weiter leisten, die deutsche Seite war durch das Ausscheiden Savoyens, eines wichtigen Verbündeten, geneigt, über einen Frieden zu verhandeln. Der Friedensbeschluss bestand aus vier Verträgen, in denen unter anderem festgelegt wurde, dass alle eroberten Gebiete bis auf das Elsass zurückgegeben werden mussten und der König von England durch Frankreich anzuerkennen war: Wilhelm III. von Oranien war seit 1689 Statthalter der Niederlande und König von England.

> ⌄ *Ludwig Wilhelm von Baden, der „Türkenlouis", der gegen die Türken und gegen die Franzosen siegreich blieb.*

Keine kleine Rolle im Krieg gegen die Franzosen spielte Markgraf Ludwig Wilhelm von Baden, der „Türkenlouis" (1655–1707), der zur Landesverteidigung große Befestigungslinien bauen ließ, statt den Franzosen in offener Feldschlacht zu begegnen: die Eppinger, Stollhofener und Ettlinger Linien. Er war einer der wenigen badischen Markgrafen, die eine glanzvolle militärische Karriere hinlegten: In insgesamt 57 Schlachten focht er mit und wurde nie besiegt. Geboren in Paris, wo Ludwig XIV. sein Pate war, wurde er von seinem Vater nach Baden-Baden geholt, seine Mutter, die Französin Louise Christine von Savoyen-Carignan, weigerte sich, in die Provinz zu ziehen. Im Testament seines Vaters konnte man später lesen, er möge immer treu zur katholischen Religion stehen und sich nie mit einer französischen Frau einlassen.

1674 trat Ludwig Wilhelm in die kaiserliche Armee ein und zeichnete sich bei der Eroberung der damals französischen Festung von Philippsburg aus. Der Kaiser ernannte ihn daraufhin zum Obristen. 1678 wurde er Markgraf von Baden-Baden, blieb aber am kaiserlichen Hof und kämpfte bald mit gegen die Türken. Befördert zum General der Kavallerie, 1686 zum Feldmarschall und Oberbefehlshaber der Armee gegen die Osmanen, besiegte er 1691 das türkische Heer bei Slankamen in der Nähe von Belgrad – es war der wichtigste Sieg in diesem Krieg. 1693 kehrte Ludwig Wilhelm, der inzwischen geheiratet hatte, in seine Heimat zurück und verteidigte sie erfolgreich gegen die Franzosen.

L'État, c'est moi: Schlösser und Fürsten

▼ Grundriss von Karlsruhe in Form eines Fächers, Kupferstich von Heinrich Schwarz, 1721.

Die Zerstörung des Landes während des Pfälzischen Erbfolgekriegs nutzten viele Landesherren für einen Wiederaufbau ihrer Städte nach einem neuen, barocken Muster. Dabei wurde der Feind, Ludwig XIV., zum Vorbild: In Versailles, in der Nähe von Paris, hatte er sich ein riesiges Schloss bauen lassen, die größte Anlage Europas. Hier residierte er und machte damit den Bruch mit dem alten System deutlich: Hier war alles nur auf

ihn zugeschnitten, während er in Paris mit den alten Kirchen und Adelshäusern hätte konkurrieren müssen. Als seine Frau Maria Theresia 1683 starb, legte er sogar sein Schlafzimmer ins Zentrum seines Schlosses – deutlicher kann man seinen Machtanspruch wohl nicht zeigen.

Die Idee, sich selbst ins Zentrum zu setzen, die planvolle Anlage des Geländes und auch des barocken Gartens, inspirierte viele Fürsten zu Nachahmungen. Auch sie wollten sich selbst inszenieren, ihre Macht für alle sichtbar demonstrieren und sich auch architektonisch als unumschränkte Herrscher zeigen, die über alles, selbst die Natur, die Kontrolle hatten.

So nutzte der badische Markgraf Karl Wilhelm (1679–1738) die Gelegenheit, das von Mélac zerstörte mittelalterliche Durlach zu verlassen und ein paar Kilometer weiter westlich mitten im Hardtwald eine neue Stadt zu gründen: Karlsruhe. Hier stand der Schlossturm im Zentrum der Anlage, deren 32 Wege und Straßen strahlenförmig auf ihn zuliefen. Karlsruhe wird heute noch „die Fächerstadt" genannt.

Das Schloss war zunächst sparsam und schlicht, aus Holz und Stein gebaut, Nebengebäude und der Galeriengang ganz aus Holz. Eine Schlosskapelle, ein Opernhaus und ein Ballsaal, Marställe, eine Orangerie, Küche, Hofapotheke und ein Wasch- und Gesindehaus kamen dazu. Um Siedler anzulocken, verfasste Karl Wilhelm einen „Privilegienbrief", in dem er einen kostenlosen Bauplatz, Baumaterial und Steuererleichterungen zusicherte. Badener und Fremde, Lutheraner, Reformierte, Katholiken und Juden durften kommen, wenn sie nur genug Geldbesitz nachweisen konnten. Die Stadt sollte mit Musterhäusern bestückt und nach einem übersichtlichen, einheitlichen Plan angelegt werden. Das mittelalterliche Durcheinander von Gassen, Straßen, Plätzen und nach eigenem Geschmack gebauten Häusern wollte Karl Wilhelm nicht mehr.

Die Stadt wuchs langsam, 1718 gab es im östlichen Teil 22 Häuser, im westlichen vier. 1716 wurde schon eine Volksschule gegründet, 1724 zog das „Gymnasium illustre" von Durlach nach Karlsruhe. Ab 1722 gab es eine lutherische und eine reformierte Schule in Karlsruhe, spätestens 1725 auch eine Synagoge. Nur die Katholiken mussten aus politischen Gründen bis 1804 auf eine eigene Kirche warten: Als Katholiken unterstanden sie einem Bischof oder Erzbischof, und der war in der damaligen Zeit oft gleichzeitig ein Landesherr und also potentiell ein Konkurrent des Markgrafen. Beten durften sie, Taufen, Hochzeiten und Beerdigungen wurden aber von einem lutherischen Pfarrer durchgeführt.

Ein wenig weiter südlich, im anderen Teil Badens, entstand das erste Barockschloss: Nachdem die Franzosen 1689 auch Baden-Baden zerstört hatten, ließ der dortige Markgraf Ludwig Wilhelm im kleinen Rastatt ein Schloss bauen und den Ort zur Stadt erheben. Ab 1705 richtete er seine Residenz dort ein, auch damit es seine Frau Sibylla Augusta von Sachsen-Lauenburg bequem hatte. Es ist die älteste Barockresidenz am Oberrhein und war ein enorm teurer Bau, mit dem der „Türkenlouis" seine Mitfürsten zu beeindrucken versuchte.

Auch Mannheim wurde planmäßig angelegt. Anfang des 17. Jahrhunderts wurde die Befestigung Friedrichsburg sternförmig, die Stadt selber schachbrettartig geplant. Nach der totalen Zerstörung im Dreißigjährigen Krieg versuchte Karl Ludwig mit vier Aufrufen zunächst vergeblich, die Bevölkerung zur Rückkehr zu bewegen. Erst, als er Privilegien wie Steuerfreiheit und Prämien versprach, gelang es ihm, Fremde anzulocken, die sich eine neue Existenz aufbauen wollten. Auch Juden und andere religiöse Gruppen kamen, von der versprochenen Toleranz angezogen. Nach der nächsten Zerstörung Mannheims im Pfälzischen Erbfolgekrieg setzte Johann Wilhelm diesen Weg fort, 1697 begann er, die Stadt nach

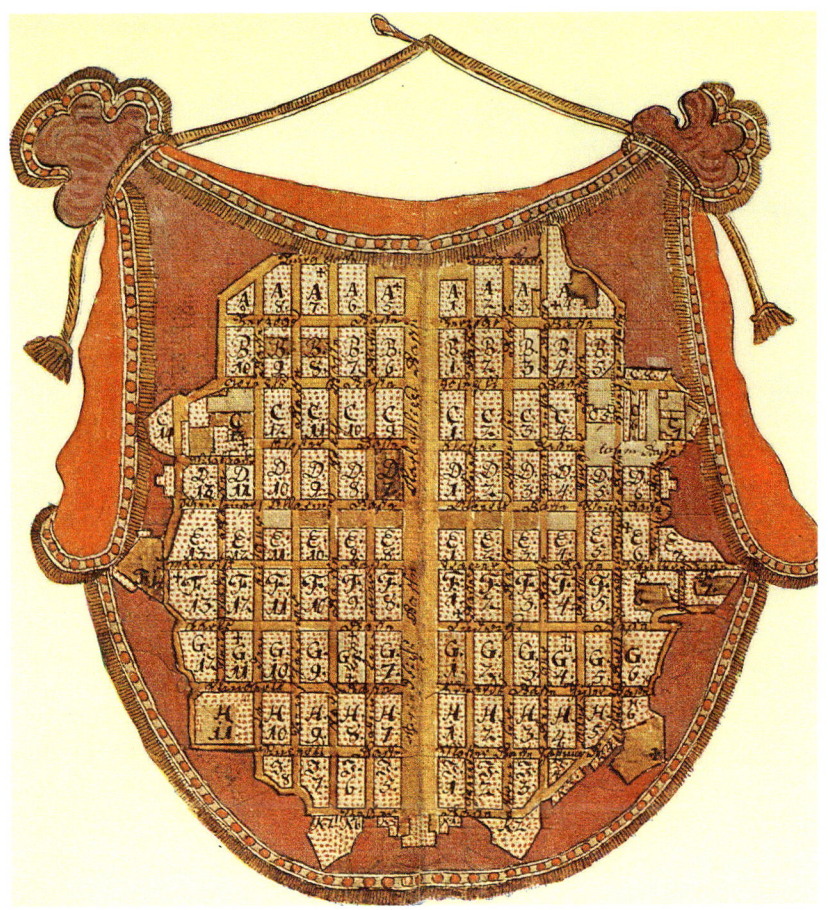

◄ *Quadratischer Grundriss Mannheims aus dem Jahre 1796.*

dem alten Muster neu aufzubauen und ernannte dazu einen neuen Stadt-rat, der aus fünf Reformierten, fünf Katholiken und zwei Lutheranern bestand.

1720 zog Kurfürst Karl Philipp nach Mannheim und erhob es zur Re-sidenz, weil er in Heidelberg mit den Protestanten in einen unerquick-lichen Streit um die Benutzung der Heiliggeistkirche geraten war. Im sel-ben Jahr begann er auch das Schloss zu bauen: auf dem höchsten Punkt der Stadt, wo das Schloss des Kurfürsten Karl Ludwig gestanden hatte. Das Schloss besteht, wie das in Karlsruhe, aus mehreren Flügeln, auch eine Kirche und eine Bibliothek sind in das Gebäude integriert. Aber anders als im eher beschaulichen und kleinen Karlsruhe wollte er etwas Großes bauen, und es wurde die zweitgrößte Barockschlossanlage Euro-pas, nur Versailles war größer: 450 Meter ist die Anlage lang, sechs Hek-tar sind umbaut worden. Schließlich war er als Kurfürst einer der sieben

Großen im Reich. Vierzig Jahre dauerte es, bis der gesamte Bau fertig war, Karl Philipp erlebte es nicht mehr. Sein Nachfolger Karl Theodor (1724–1799) baute weiter, obwohl das ganze Bauvorhaben eigentlich zu teuer war. Das Schloss war nicht nur die Wohnung des Fürsten, sondern gleichzeitig auch Regierungssitz, Oberhofgericht und Akademie der Wissenschaften der Kurpfalz.

1777 erbte Karl Theodor die bayrische Krone und zog schweren Herzens nach München um. In Mannheim hatte er Kunst und Kultur gefördert, sich mit Voltaire angefreundet und Mozart als Lehrer seiner Kinder eingeladen, der hier seine Oper „Idomeneo" uraufführte. Er hatte das weltberühmte Mannheimer Orchester und damit die „Mannheimer Schule" begründet, den bekannten Virtuosen Johann Stamitz eingestellt, ein Opernhaus gebaut und August Wilhelm Iffland als Dramatiker des Theaters engagiert, dem er ein fest engagiertes Ensemble bewilligte. Hier wurde 1782 Friedrich Schillers Drama „Die Räuber" uraufgeführt, und der Dichter floh im gleichen Jahr von Württemberg nach Mannheim, wo er als Theaterdichter angestellt wurde. 1803 ging das Schloss in badischen Besitz über, ab 1819 war es der Alterssitz der Großherzogin Stéphanie von Baden, geborene de Beauharnais.

Das Saarbrücker Schloss wurde bereits 1677 einmal komplett zerstört, 1696 wieder aufgebaut und 1748 gänzlich umgebaut. Das Renaissance-Schlösschen verwandelte sich in ein barockes Gesamtkunstwerk: Der Schlossplatz, der Barockgarten, das Rathaus und das Erbprinzenpalais, die Friedenskirche und die Ludwigskirche – die gesamte Stadtanlage wurde neu geplant. Man leitete sogar die Saar dafür extra um und zwang sie in ein neues Bett. Auch dieses Schloss war dreiflügelig, wie die meisten anderen Barockschlösser, war Wohnsitz der Fürstenfamilie und Verwaltungssitz gleichzeitig.

Für das Haus Württemberg wäre der nächste Schritt die Erlangung der Kurfürstenwürde gewesen – aber die bekam es nicht, trotz aller Anstrengungen und Geheimverhandlungen mit allen beteiligten europäischen Mächten, die Einfluss auf diese Entscheidung des Kaisers hätten nehmen können. Oder sogar die Königswürde. Auch die blieb Württemberg lange verwehrt. Beides kam dann schnell hintereinander, aber erst ein Jahrhundert später: Napoleon forderte 1803 die Säkularisierung der geistlichen Kurfürstentümer, und Württemberg erhielt die Kurwürde von Trier. Und nur drei Jahre später erhielt Württemberg auf Betreiben von Napoleon auch die Königskrone.

Schon vorher hatte der Württemberger Herzog Eberhard Ludwig (1676–1733) den Ausbau seines Jagdschlosses Ludwigsburg zu einem

▲ *Das prächtige Barockschloss Mannheim, eines der größten seiner Zeit.*

Residenz- und Königsschloss geplant. 1705 begann der Bau, 1709 verlegte der Herzog seine Residenz von Stuttgart hierhin, und ab 1709 entstand die zugehörige Stadt Ludwigsburg, die 1718 auch die Stadtrechte bekam. Das Schloss hatte, wie üblich, drei Flügel, und galt als eines der prächtigsten Schlösser Europas, mit seinen Gärten, Wasserfällen und künstlichen Grotten.

Aber ein Schloss war wohl nicht genug für die ehrgeizigen, prachtliebenden und nicht sehr sparsamen Schwaben. Eberhard Ludwigs Nach-Nachfolger, Herzog Karl Eugen (1728–1793), verfiel dem Schlossbauwahn: Solitude (1763–1769), Hohenheim (1772–1793), das Neue Schloss Stuttgart (1746–1807) und ein paar kleinere entstanden in kurzer Folge, Monrepos (1760–1765), Grafeneck auf der Alb (1760–1764), Einsiedel bei Tübingen (1765–1772). In Stuttgart, Ludwigsburg und in allen Sommerschlösschen ließ er zudem Opernhäuser bauen und engagierte für seine Feste die besten (und teuersten) Künstler aus ganz Europa, vor allem aus Frankreich und Italien.

Nun mussten aber die Schlösser, die opulenten Feste und Jagden, die Mätressen und Reisen, die ganze Verschwendung, die die großen und kleinen Fürsten Europas zelebrierten und mit denen sie ihre Machtfülle zeigen wollten, bezahlt werden. Das ging meist über erhöhte Steuern oder neu erfundene Abgaben, die von der Bevölkerung eingetrieben wurden, durch Landverkauf (was selten geschah) oder durch den lukrativen Handel mit Soldaten.

Nachdem es die Ritterheere nicht mehr gab, stellten die Fürsten, wenn sie es sich erlauben konnten, eigene Soldatenheere auf. Seit dem Ende des Mittelalters war es üblich, diese Heere an andere Länder oder Fürsten zu „vermieten", die kein Geld für ein eigenes Heer hatten. Noch einträglicher war es, wenn man nicht schon vorher Soldaten anstellte, sondern erst bei Bedarf in den Dienst „presste" und zwang, dann hatte man kein Geld für ihre Ausbildung, Unterkunft und Verpflegung ausgeben müssen, verdiente aber durch das Verleihen. Erst in der Zeit der Aufklärung regte sich Widerstand gegen diesen Menschenhandel. Erst jetzt begann man sich auf die Menschenrechte zu besinnen, ein Verkauf von Menschen, als wären es Gegenstände, war nicht mehr akzeptabel. Außerdem wurde kritisiert, dass die Soldaten, die nach Amerika verschifft wurden, dort teilweise gegeneinander kämpfen mussten.

Auch die Württemberger Herzöge folgten dieser Praxis der Söldnerheere. Sie gerieten dabei in Konflikt mit den Landständen (der Volksvertretung der Stände), die meinten, dass die eigene Landmiliz zur Verteidigung des Landes ausreiche, dass man kein Söldnerheer brauche. Sie hatten auch das Recht, das zusätzliche Geld zu bewilligen, verweigerten es den Herzögen aber immer wieder. Die saßen am längeren Hebel, manchmal bestachen oder erpressten sie die Abgeordneten auch einfach. Von den Truppen, die zum Beispiel für die Ostindische Kompagnie nach Übersee geschickt wurden, nach Südafrika, Ceylon oder Java, starben die meisten an schweren Tropenkrankheiten, für die sie nicht gerüstet waren. Manche fielen im Kampf, viele desertierten. Im Durchschnitt kam nur ein Drittel der Söldner wieder in die Heimat zurück.

Hoffaktoren in Württemberg

Manchmal beschäftigten die Fürsten auch Finanzexperten, die ihnen beim Eintreiben von Geld halfen. In Württemberg war es der aus Heidelberg stammende jüdische Heereslieferant und Hoffaktor (Kaufmann) Josef Süß Oppenheimer (1698–1738). Er war als Bankier und Geldverleiher für Adlige in der Pfalz reich geworden und sehr effektiv darin, im Auftrag des württembergischen Herzogs Karl Alexander (1684–1737) Monopole für Salz, Leder und Wein, Abgaben, Steuern und neue Ämter zu erfinden, mit denen der Herzog Geld einnehmen konnte. Außerdem gründete er mehrere Manufakturen, die erste Bank Württembergs (unter seiner Leitung) und besteuerte die Gehälter von Beamten. Karl Alexander ernannte ihn daraufhin zum Geheimen Finanzrat.

Kurz bevor der katholische Herzog Karl Alexander 1737 an einem Lungenödem starb, hatte er sich mit dem Fürstbischof von Würzburg, Graf von Schönborn, darüber beraten, wie man den Katholiken in Württemberg die gleichen Rechte wie der protestantischen Mehrheit zukommen lassen und wie man die Landstände entmachten konnte – sie waren dem Herzog, der unbehindert schalten und walten wollte, ein Dorn im Auge. Schönborn ließ ein Gutachten schreiben, in dem „bewiesen" wurde, dass die Landstände überhaupt nur eine beratende, keine beschließende Funktion hätten. Den Tod des Herzogs nutzten die Landstände aber, die von diesen Versuchen, sie zu entmachten, wussten, um aufzuräumen: Sofort ließen sie den Juden Oppenheimer, den führenden General von Remchingen (ein nicht-württembergischer Katholik) und den Oberkanzler Scheffer verhaften. Die Herzoginwitwe und der Fürstbischof von Würzburg wurden entmachtet, die Vormundschaft für die Kinder ihnen entzogen. Man berief einen Landtag ein, der alle Zusagen des Herzogs über die Religionsfreiheit und die Militärsteuern bestätigte, alle anderen Neuerungen seit Eberhard Ludwig, vor allem die Rüstungspläne, aber wieder abschaffte. Ein paar Regimenter vermieteten die Landstände an Preußen oder den Kaiser, damit war die württembergische Armee bis auf ein paar Reste quasi aufgelöst.

Joseph Süß Oppenheimer wurde in einem Schauprozess 1738 zum Tod verurteilt. Die Anklagepunkte: Er hatte die Verfassung missachtet, Hochverrat, Amtsmissbrauch und Ämterhandel betrieben. Das meiste davon war zwar auf Befehl des Herzogs geschehen, aber man wollte einen Sündenbock, den man öffentlich bestrafen konnte – was mit Herzögen nicht zu machen war. Außerdem warf man ihm noch erfundene Verfehlungen vor, antijüdische Erfindungen, wie den sexuellen Umgang mit Christin-

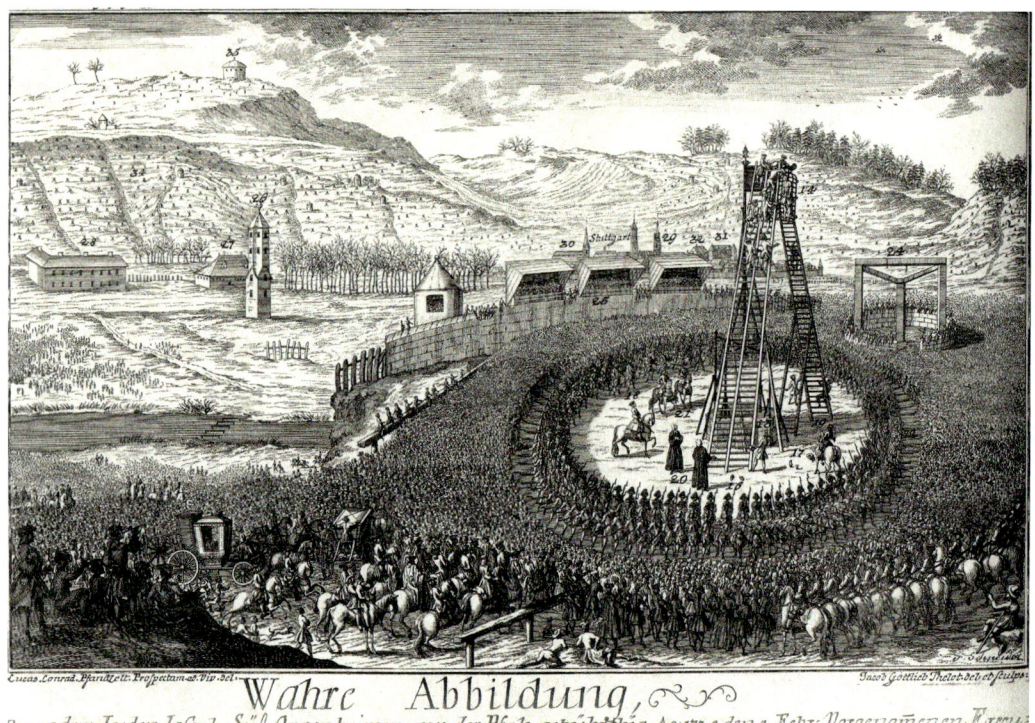

Wahre Abbildung,

Jer an dem Juden Joseph Süß Oppenheimers, aus der Pfalz gebührtig, Ao 1738 e. den 4. Febr: Vorgenommenen Execution, wie solche zum Erolocken der gedruckten Unterthanen ausserhalb Stuttgart Vollzogen, und er an den eisernen Galgen, in einem 6 Schuh hohen eisernen Käffich auffgehenkt worden e.
Romanus Heil: cenvit: Aug: Vind:

Lucas Conrad Pfandtzelt: Prospectum ad Viv: del: *Jacob Gottlieb Thelot: del: et sculps:*

▲ *Die Hinrichtung des Finanzberaters des württembergischen Herzogs Karl Alexander, Joseph Süß Oppenheimer, Kupferstich von Lucas Conrad Pfandzelt und Jacob Gottfried Thelot, 1738.*

nen. Oppenheimers Besitz wurde beschlagnahmt und noch vor seiner Verurteilung öffentlich versteigert. Nach der Exekution durch den Strang wurde sein Leichnam sechs Jahre lang in Stuttgart in einem Käfig zur Schau gestellt. Erst Herzog Karl Eugen (1728–1793), Karl Alexanders Nachfolger, ließ ihn 1744 abhängen und begraben.

Oppenheimers Nachfolgerin (als Finanzberaterin des Herzogs Karl Eugen), Madame Kaulla (1739–1809), wie sie sich später nannte, hatte mehr Glück. Dass eine Frau überhaupt in solch eine Position aufsteigen konnte, ist bis heute ungewöhnlich. Ihr half nicht nur ihre ausgezeichnete Erziehung, sondern auch ihre Intelligenz und die Verbindungen ihres Vaters: Karoline, die eigentlich Chaile Raphael hieß, kam aus einem jüdischen Haus, ihr Vater versah in Regensburg das Amt des Gemeindevorstehers und war außerdem Hoffaktor für das Haus Hohenzollern-Hechingen. In aufgeklärten Familien der Zeit war es üblich, den Kindern möglichst viel Bildung mitzugeben, und auch Chaile bekam Unterricht von einem Hauslehrer. 1757 heiratete sie Akiba Auerbach, der als streng orthodoxer Jude Thora und Talmud studierte. Chaile musste für den Unterhalt sorgen, und sie übernahm die Geschäfte ihrer Familie im Juwelen- und Pferdehandel und wurde damit sehr wohlhabend.

Durch die Beziehungen ihres Vaters gelang es ihr, 1768 Hoffaktorin des Fürsten zu Fürstenberg in Donaueschingen zu werden. Dort wurde sie „Kaulla Raphael" genannt, der Name Auerbach wurde ab diesem Zeitpunkt nicht mehr erwähnt – stattdessen übernahmen auch ihre Brüder den Namen Kaulla.

Ab 1770 arbeitete sie auch für den württembergischen Herzog, der sie auch weiterempfahl. 1790 erhielt sie den ersten großen Auftrag als Heereslieferantin für die Truppen der kaiserlichen Habsburger, die in den Niederlanden standen. 1801 verlieh Kaiser Franz ihrem Bruder Jakob Raphael für die ständigen Dienste den Titel eines kaiserlichen und königlichen Rats. Auch sie selbst wurde mit einer Ehrenkette ausgezeichnet.

Die beiden Geschwister tätigten auch Geldgeschäfte in Millionenhöhe: Jakob war seit 1800 Hofbankier in Stuttgart. Mit anderen zusammen gründeten beide die Königlich Württembergische Hofbank.

Noch vor den Rothschilds in Frankfurt, den Oppenheimers in Bonn und den Seligmanns in Mannheim waren die Mitglieder der Familie Kaulla die reichsten Bankiers Deutschlands. König Friedrich von Württemberg übertrug ihnen als weiterer Dank das Salzmonopol des Königreichs und verlieh ihnen und ihren Nachkommen den Bürgerstatus mit allen Rechten.

▼ *Madame Kaulla, Finanzberaterin, und der württembergische Herzog Karl Eugen. (Nachgestellte Szene vom SWR Fernsehen.)*

Herzog Karl Eugen

Herzog Karl Eugen, dem Madame Kaulla diente, blieb politisch und militärisch äußerst erfolglos. Während des Siebenjährigen Krieges (1756–1763) stellte er ein Heer auf, um Frankreich gegen Preußen beizustehen. Es kam aber zu Massendesertionen, bis Karl Eugen seine Kriegsbeteiligung 1760 für beendet erklärte. Auch mit den Landständen führte er eine konfliktreiche Beziehung: Sie hatten ihm zunächst das Geld für das Neue Schloss in Stuttgart bewilligt, als er zusagte, die Residenz von Ludwigsburg zurückzuverlegen. Aber als er 1759 die Kasse der Landstände plünderte, protestierten diese vehement. Karl Eugen ließ daraufhin den berühmten Staatsrechtler Johann Jakob Moser, Vorstand der Landstände, verhaften und fünf Jahre auf dem Hohentwiel einsperren. Ebenso den Tübinger Oberamtmann Johann Ludwig Huber, der 1764 dagegen protestierte, dass Karl Eugen an den Landständen vorbei eine neue Vermögenssteuer einführen wollte. Für ihn war das ein eindeutiger Verfassungsbruch. Der Herzog ließ ihn für sechs Monate in das Staatsgefängnis Hohenasperg sperren, um seinen Willen zu brechen, was ihm aber nicht gelang.

Damit hatte Karl Eugen den Bogen überspannt. Die Landstände zogen in Wien vor Gericht, Preußen intervenierte gegen ihn. Karl Eugen verstand es jedoch, durch juristische Tricks die Verhandlungen zu blockieren, bis die Kaiserin Maria Theresia höchstselbst einschritt und ihm 1770 einen Vertrag mit den Landständen aufzwang: Die Landstände bekamen in allen Punkten recht, ihre Rechte wurden gestärkt und Karl Eugens Zugriff auf die Finanzen eingeschränkt.

Ein deutliches Zeichen für die absolutistische Haltung Karl Eugens, in dieser Hinsicht wohl einer der extremsten Herrscher seiner Zeit, war die systematische Missachtung dieses Vertrags, der von Kaiser Joseph II. selbst garantiert worden war: Zu seiner Zeit konnte kein Amt mehr angetreten werden ohne eine Zahlung an den Herzog – in keinem deutschen Territorium wurde das so konsequent durchgeführt wie in Württemberg. Und auch den Soldatenhandel weitete er aus und schickte Truppen gegen Geld nach Übersee, manchmal ohne Rücktransport. Nur in Nordamerika wurden sie nicht eingesetzt: Man wollte sie nicht, weil sie zu schlecht ausgerüstet waren.

Ein Opfer deutscher Fürstenwillkür.

Schiller besucht Schubart im Kerker.

◀ *Friedrich Schiller besucht Christian Friedrich Daniel Schubart, der von Herzog Karl Eugen von Württemberg auf der Festung Hohenasperg gefangengehalten wurde. Holzstich eines unbekannten Künstlers.*

▲ *Der Hohenas-*
perg, das gefürch-
tete Staatsgefängnis
der württembergi-
schen Herzöge.

Karl Eugen war ein Geldverschwender großen Stils, der sich zahllose Mätressen hielt und auch mit anderen Frauen Kinder zeugte: Die Zahl soll in die Hunderte gehen. Auch sie mussten versorgt und die Männer seiner Mätressen abgefunden, im Fall seiner Hauptmätresse, der 23-jährigen Franziska von Leutrum, sogar zur Scheidung bewegt werden. Auch das kostete.

Sein absolutistisches Gebaren bekamen natürlich auch seine Kritiker zu spüren. Der berühmteste war wohl der Dichter Christian Daniel Friedrich Schubart (1739–1791). Er war Hauslehrer, dann Organist und satirischer Lyriker in Ludwigsburg, bis er von Karl Eugen des Landes verwiesen wurde. In Augsburg gab der inzwischen berühmte Dichter die Zeitschrift „Teutsche Chronik" heraus, bis der Magistrat sie verbot, später erschien sie in Ulm. Als Schubart Karl Eugens Prunksucht und seine Mätresse Franziska von Leutrum verspottete und den „Verkauf" der Landeskinder als Soldaten mit scharfen Worten verurteilte, ließ ihn der Herzog über die Grenze nach Württemberg locken und verhaften. 1777 kam er in die Festung Hohenasperg, wo er zehn Jahre lang, zum Teil in Isolationshaft, ohne Kontakt, ohne lesen oder schreiben zu können, verbringen musste. 1787 ließ der Herzog ihn wieder frei und ernannte ihn zudem zum Hofdichter und Musik- und Theaterdirektor in Stuttgart, wo er bis zu seinem Tod auch seine Zeitschrift fortführte.

Der berühmteste württembergischer Dichter, dem früh genug die Flucht aus dem Land gelang, ist Friedrich Schiller (1759–1805). Der Herzog befahl 1772, diesen Soldatensohn in die „Hohe Karlsschule" aufzunehmen. Sie war 1771 als Kadettenschule auf der Solitude gegründet worden, später kamen Ausbildungszweige für höhere Beamten und Juristen dazu – am Ende auch Medizin. 1781 erhob sie der Kaiser zur Universität. Schiller studierte Medizin und wurde 1780 Militärarzt. Gleichzeitig begann er auch zu schreiben, 1781 erschien sein Drama „Die Räuber", anonym gedruckt. 1782 kam es in Mannheim zur Uraufführung, Schiller war bei der Premiere persönlich anwesend – er war ohne Genehmigung des Herzogs aus Württemberg angereist. Vier Monate später fuhr er wieder ohne Genehmigung nach Mannheim, und Karl Eugen verdonnerte ihn zu 14 Tagen Arrest. Er verbot ihm strikt jeglichen Kontakt zum kurpfälzischen „Ausland" und das Schreiben von Stücken und Gedichten. Schiller floh daraufhin 1782 endgültig aus Württemberg und war damit, als Militärarzt in den Diensten des Herzogs, offiziell fahnenflüchtig. Er wurde Theaterdichter in Mannheim, nach Württemberg konnte er aber nicht mehr zurück.

▼ *Die Hohe Karlsschule in Stuttgart, 1771 als Kadettenschule auf der Solitude gegründet, später Ausbildungsstätte für höhere Beamten, Juristen und Mediziner.*

Der Fortschritt in Baden

Um möglichst viel Geld einzutreiben, oder aus echtem Interesse, förderten viele Herren der Zeit auch Wirtschaft und Wissenschaft. Der badische Markgraf und spätere Großherzog Karl Friedrich (1728–1811), der ab 1746 den nördlichen Landesteil regierte und ab 1771, als beide Teile vereint wurden, ganz Baden, war ein liberaler Herrscher. Er schaffte 1776 die Folter, 1783 die Leibeigenschaft ab, die Todesstrafe durfte nur noch in Fällen vorsätzlichen Totschlags ausgesprochen werden. Er hielt regelmäßige Audienzen ab, zu denen jeder Zugang hatte, öffnete seine Bibliothek für die Bürger, seine Hofapotheke gab kostenlos Medikamente an Bedürftige aus. Er förderte Wirtschaft und Wissenschaft, die öffentliche Bildung durch Schulen und Universitäten, den Städtebau, Rechtsprechung und Kultur, die Sozialfürsorge und das 1789 eröffnete Spital.

Verheiratet war er mit einer umfassend gebildeten Frau, die ihn in seinen liberalen Ideen unterstützte: Karoline Luise von Hessen-Darmstadt (1723–1783). Mit ihr wurde es bei den europäischen Intellektuellen Mode, auch den Karlsruher Hof zu besuchen, wenn man über den Kontinent tourte. Voltaire, mit dem sie lange korrespondierte, Johann Caspar Lavater, James Boswell, Johann Gottfried von Herder, Johann Wolfgang von Goethe, Friedrich Gottlieb Klopstock, Christoph Willibald Gluck und Christoph Martin Wieland kamen ihretwegen in die Fächerstadt. Sie abonnierte die berühmte (bei manchen Herrschern berüchtigte) Enzyklopädie von Denis Diderot und Jean Baptiste le Rond d'Alembert, ließ sich alle 14 Tage über Neuerscheinungen in Paris informieren, las auch naturwissenschaftliche, landwirtschaftliche oder chemische Fachbücher und hatte ein eigenes Labor.

Mit ihrem Interesse für Theater und Musik (sie spielte selbst virtuos das Cembalo) belebte sie die Hofkapelle und das Schlosstheater. Sie malte und begann 1759 mit großem Geschmack und finanziellem Geschick Kunst in ihrem privaten „Mahlerey-Cabinett" zu sammeln – niederländische Meister wie Rembrandt, vor allem aber französische wie Claude Lorrain und Jean Siméon Chardin. Aus ihrer privaten Sammlung von 200 Kunstwerken entstand die berühmte Kunsthalle Karlsruhe. Ihr starkes Interesse an Naturwissenschaften führte zu einer großen Naturaliensammlung. Sie interessierte sich für Theologie, Bergbau, Medizin, Literatur, Philosophie und Botanik und korrespondierte mit berühmten Wissenschaftlern in aller Welt, unter anderem mit Carl von Linné, der die Glückskastanie nach ihr „Carolinea princeps L." nannte (heute als Zimmerpflanze Pachira aquatica AUBL. bekannt).

◀ Karoline Luise, die spätere Markgräfin von Baden-Durlach, eine der gebildetsten Frauen ihrer Zeit. Gemälde von ihrem Zeichenlehrer Jean Etienne Liotard von 1745.

Karl Friedrich begeisterte sich für wirtschaftsreformerische Versuche und schrieb sogar selbst ein Buch darüber: „Abrégé des principes de l'économie politique". Er ließ eine Pottaschesiederei für die Herstellung von Glas und eine Maulbeerplantage anlegen, Spargel und Artischocken züchten und sogar Ananasstauden in seinem Küchengarten anpflanzen. Er züchtete Schafe und Pferde und holte Handwerker aus Birmingham und Uhrmacher aus Genf an seinen Hof. In Pforzheim förderte er die Tuchmacherei und ließ die Flößer den „Neue-Flößer-Zunft-Verein" gründen, der 1763 zur „Enz-Nagold-Murg-Compagnie" wurde. 1767 erteilte der Markgraf dem Franzosen Jean François Autran und den Schweizern Jean Viala und Amédé Christin das Privileg zur „Errichtung einer Uhren- und feinen Stahl-Fabrik". Dieser neue Wirtschaftszweig war sehr erfolgreich: 1776 gab es schon 13 kleine Betriebe, 1809 bereits sieben Schmuckfabriken – noch heute wirbt die Stadt Pforzheim mit der Bezeichnung „Goldstadt".

Das Porzellan – Weißes Gold

Über 30 Porzellanmanufakturen entstanden im Südwesten im 18. Jahrhundert. Porzellan war schwierig herzustellen und sehr teuer, die Rezepte wurden lange geheim gehalten. Die erste Manufaktur entstand 1750 im heute hessischen, damals kurfürstlich-mainzischen Höchst. In der Kurpfalz vergab Kurfürst Karl Theodor das Privileg für eine Porzellanmanufaktur 1755 an den Straßburger Porzellanfabrikanten Paul Hannong. In einer ehemaligen Dragonerkaserne in Frankenthal begann er im Familienbetrieb mit der Herstellung. Sieben Jahre später kam die Manufaktur unter kurfürstliche Leitung. Allerdings wurde die Produktion bereits 1799 eingestellt. Auch im saarländischen Ottweiler wurde 1763 eine Porzellanmanufaktur gegründet, die sich auf hochwertiges, sehr weißes Porzellan spezialisierte. 1800 stellten die Betreiber auch diese Produktion, die sich mittlerweile auf billiges Steingut verlegt hatte, ein.

Karl Eugen von Württemberg eröffnete 1758 in der damaligen Residenz Ludwigsburg eine Porzellanmanufaktur, nachdem Versuche in Calw und Heilbronn aus Geldmangel und wegen technischer Probleme gescheitert waren. Der zweite Direktor der Manufaktur, Joseph Jakob Ringler (1730–1804), hatte unter anderem in Wien die Herstellung gelernt und war dabei sehr erfolgreich: Er leitete die Manufaktur ab 1759 vierzig Jahre lang, auch wenn die Rohstoffe oft nicht einfach zu bekommen waren und Karl Eugen seine Zuschüsse ab 1771 einschränkte. Erst unter König Friedrich I. (als Herzog seit 1797 Friedrich II., 1754–1816) gab es wieder Zuschüsse, und die Manufaktur erlebte eine neuerliche Blütezeit.

Insgesamt erlebte die Wirtschaft im Südwesten in der zweiten Hälfte des 18. Jahrhunderts einen kräftigen Aufschwung. Zwar gab es beispielsweise in Württemberg kaum Rohstoffe, dafür waren aber die weiterverarbeitenden Gewerbe sehr erfolgreich. Im Textilbereich, der schon einmal durch die Ravensburger Handelsgesellschaft europaweit agiert hatte, kam es zu vielen neuen Fabriken und Manufakturen. Auch in der Kurzpfalz wurden 42 Neugründungen verzeichnet, und sogar im Schwarzwald wurde gewebt: In Zell im Wiesental entstand das bedeutende Zeller Textilgewerbe. In Konstanz wurden ab 1785 große Kattun- und Musselinfab-

▲ Porzellanmale-
rei in der heutigen
Zeit nach alten
Mustern.

riken von Genfer und Lyoner Unternehmern gegründet, 1753 in Lörrach eine Indiennefabrik, die älteste Textilfabrik in Baden.

Nur das Saarland verfügte über Rohstoffe: Eisenerz und Steinkohle. Schon aus der römischen Zeit ist bei St. Ingbert eine ertragreiche Eisenproduktion bekannt, ab dem 16. Jahrhundert gab es die Schmelze im Ostertal bei Wiebelskirchen, die Geislauterner Hütte oder das Dillinger Werk. Im 18. Jahrhundert kamen unter anderem die Sulzbacher Eisenschmelze (1719), die Fischbacher Schmelze (1728) und die St. Ingberter Hütte (1732) dazu. 1754 verbot Wilhelm Heinrich von Nassau-Saarbrücken (1718–1768), der Herrscher des Landes, die Eröffnung von privaten Steinkohlengruben und hatte damit den Bergbau verstaatlicht: Er förderte den Abbau, rationalisierte den Ablauf und verbesserte den Stollenbau auch technisch.

Neben der Wirtschaft ging es auch mit der Wissenschaft aufwärts. Auch sie wurde von den Fürsten unterstützt. Für manche aufgeklärten Herrscher wie Karl Friedrich von Baden war die Wissenschaft ein Selbstzweck, ein Fortschritt der Menschheitsgeschichte, an dem er teilhaben wollte. Er förderte deswegen kräftig die beiden Universitäten des Landes in Heidelberg und Freiburg und ließ die 1807 in Karlsruhe eröffnete Ingenieurschule zu einer technischen Hochschule ausbauen, dem heutigen Karlsruher Institut für Technologie (KIT), um die Ausbildung der beamteten Techniker und Offiziere auf ein höheres Niveau zu bringen.

Wie wir um unsere Freiheit rangen

Französische Revolution 1789, Napoleon und die Revolution von 1848

Auf die Zeit des Absolutismus mit der ausufernden Macht-fülle der kleinen Landesherren folgte ein abruptes Ende: Die Französische Revolution, nach den Bauernaufständen 1525 die zweite große Massenerhebung in Europa, fegte die Bour-bonen vom Thron und machte den Bürgern im Südwesten Mut und den Fürsten Angst.

Die Französische Revolution

Am 14. Juli 1789 begann das Ende der französischen Könige: Mit dem Sturm auf die Bastille, das französische Staatsgefängnis, machten sich Wut und Verzweiflung des Volks Luft. Das Ancien Régime, wie es danach genannt wurde, wurde hinweggefegt. Ausgelöst wurde diese Revolution vor allem durch große soziale und finanzielle Probleme in Frankreich: hohe Staatsschulden, durch Kriege und den großen Luxus der Oberschicht verursacht, die Weigerung, Reformen anzustoßen oder durchzusetzen, Missernten und Hunger, hohe Steuern und horrende Lebensmittelpreise für das Volk. Nur wenige Herrscher waren klug, weitsichtig oder mensch-lich genug, solche Entwicklungen zu vermeiden, wie etwa der badische Markgraf Karl Friedrich: Er war nicht nur relativ sparsam, sondern schaffte 1767 auch die Folter und 1783 die Leibeigenschaft in seinem Herrschaftsgebiet ab. Er sprach auch nicht von „Untertanen", sondern von „Menschen". Die Grafschaft Saarbrücken-Nassau folgte in der Ab-schaffung der Leibeigenschaft 1808, Württemberg erst 1817.

In der Nacht vom 4. August beschloss die französische Nationalver-sammlung, das Feudalsystem zu beseitigen – die Steuerprivilegien des Adels und die persönliche Gutsuntertänigkeit. Außerdem die grundherr-liche Gerichtsbarkeit, die Sonderrechte des Adels zum Jagen und Fischen und die Kirchensteuer. Eine Woche später wurde das Gesetz dazu verab-

schiedet, es begann mit den Worten: „Die Nationalversammlung zerstört das Feudalregime vollständig." Am 26. August verabschiedete die Nationalversammlung die „Erklärung der Menschen- und Bürgerrechte" nach dem Vorbild der amerikanischen Grundrechtserklärung: Marquis de Lafayette, einer der Abgeordneten, hatte in Amerika für die Unabhängigkeit gekämpft, einer seiner Mitarbeiter bei der Abfassung der „Erklärung der Menschen- und Bürgerrechte" war der Botschafter der Vereinigten Staaten, Thomas Jefferson, ein einflussreicher politischer Theoretiker, Hauptverfasser der amerikanischen Unabhängigkeitserklärung und Erstunterzeichner der amerikanischen Menschenrechtserklärung.

Die Signale wurden in ganz Europa gehört und von der Bevölkerung begeistert aufgenommen. Zum ersten Mal waren alle Menschen vor dem Gesetz gleich, es gab nur wenige Ausnahmen wie die Juden, die erst 1791 dieselben Rechte zugesichert bekamen, und die Sklaven in den französischen Besitzungen auf den Antillen, die 1794 gleichgestellt wurden. Der französische König blieb zwar in seinem Amt, aber er hatte nur noch das Recht auf ein „aufschiebendes Veto". Als er sich allerdings weigerte, die Abschaffung des Feudalregimes zu unterzeichnen, verschärfte sich die Situation. Er wurde gezwungen, von Versailles nach Paris zu ziehen, wo die Nationalgarde ihn in seinem Schloss festhielt und bewachte. Als ihm 1791

▲ 1804 krönt sich Napoleon Bonaparte zum Kaiser der Franzosen. Bild von Jacques Louis David, 1805–1807.

fast die Flucht ins Ausland gelang, man ihn aber in Varennes gefangennahm, wurden auch die ersten Rufe nach der endgültigen Abschaffung der Monarchie laut. Die europäischen Herrscher merkten jetzt, wie brenzlig die Lage war, und erklärten sich bereit, Ludwig XVI. auch militärisch zu unterstützen und die Revolution mit Waffengewalt zu unterdrücken. Schließlich hatten sie auch Angst, dass die Umsturzgedanken sich ausbreiteten. Die neue französische Legislative stellte jetzt ein Revolutionsheer auf, das sich schnell gegen die ausländischen Truppen durchsetzte.

1792 wurde der König abgesetzt, 1793 hingerichtet, und es begann der Terror Robespierres, der 1794 selbst unter der Guillotine starb. Ein Direktorium übernahm die Macht, es war gemäßigter, aber auch nicht geneigt, die Monarchie wieder einzuführen: Frankreich sollte eine Republik bleiben. Die Kämpfe gegen die Österreicher und Preußen wurden gewonnen, ein bürgerlicher General namens Napoleon Bonaparte spielte dabei keine geringe Rolle. 1799 ernannte ihn die Nationalversammlung zum Konsul, 1804 krönte er sich selbst zum Kaiser.

Die Mainzer Republik

Die Nachricht von der Revolution ging rasend schnell durch ganz Europa. In vielen deutschen Städten gab es Sympathiekundgebungen, die Demokraten hofften, dass sich die Staatsform jetzt auch bei ihnen ändern würde, hofften auf demokratische Reformen, mehr Rechte und mehr Freiheit. In vielen Städten gründeten sich „Jakobinerklubs" (so genannt nach dem ursprünglichen Versammlungsort der französischen Radikalen im Jakobinerkloster St. Honoré in Paris). In Mainz, das von den französischen Revolutionstruppen unter General Adam-Philippe de Custine 1792 kampflos besetzt wurde und ab diesem Zeitpunkt zur Ersten Französischen Republik gehörte, kam es sogar zur Ausrufung der Republik. Auch in Worms und Speyer gründeten sich solche Vereine. Friedrich Karl Joseph Reichsfreiherr von Erthal (1719–1802), Erzbischof von Mainz und Fürstbischof von Worms, war schon geflohen.

Die „Gesellschaft der Freunde der Freiheit", so der Gründungsname des Mainzer Jakobinerklubs, dem der berühmte Schriftsteller, Weltreisende und Naturforscher Georg Forster und etwa 500 andere Männer angehörten, verwaltete den ersten demokratischen Freistaat Deutschlands auf dem linksrheinischen Gebiet von Kurmainz mit Mainz als Hauptstadt. Der französische General Adam-Philippe de Custine hatte die „Allgemeine Administration" an die Spitze des neuen Staats gesetzt, führende Mit-

glieder des Mainzer Jakobinerklubs wie Georg Forster, der populäre Polizeikommissar Franz Konrad Macké und Anton Joseph Dorsch gehörten ihr an. Dorsch, bis 1791 Philosophieprofessor in Mainz, wurde Präsident. Geschützt von den französischen Truppen begann die neue „Regierung" mit der Aufklärung und Propaganda durch Flugschriften, mit denen die Bürger auf der rechten Seite des Rheins zur Revolution aufgerufen wurden. Durch freie Wahlen wollte sie im ganzen Land die Zustimmung zur Demokratie sichern: Jeder Ort sollte Delegierte nach Mainz schicken. Als ein weithin sichtbares Symbol stellten sie die sogenannten „Freiheitsbäume" auf, in der Tradition der pfälzischen Kirchweihbäume.

Da das Gebiet zwischen Bingen und Landau aber von den preußischen und österreichischen Truppen bedroht und 1793 auch erobert wurde, blieb nicht genügend Zeit, um die Reformen und demokratischen Wahlen auch wirklich durchzuführen. Nur 130 Orte konnten frei gewählte Abgeordnete nach Mainz schicken. Dennoch war es die erste demokratische Wahl zu einem Nationalkonvent in Deutschland, dem Rheinisch-Deut-

▲ „Französische Republikaner am linken Rheinufer" (Tanz um den Freiheitsbaum). Friedrich Hottenroth feiert in seinem Holzstich von 1877 die Mainzer Republik von 1792/93.

schen Nationalkonvent. Präsident war Anton Joseph Hofmann, sein Stellvertreter Georg Forster. Es wurde die Bildung eines „Rheinisch-Deutschen Freistaats" von Landau bis Bingen beschlossen, „alle bisherigen angemaßten willkührlichen Gewalten" wurden abgeschafft. Ein paar Tage später allerdings schickte man Forster mit zwei anderen Abgeordneten nach Paris und stellte den Antrag, Teil Frankreichs zu werden. Der Nationalkonvent war begeistert. Ende März aber hatte die Armee des deutschen Kaisers Franz II. (1768–1835) bereits die Schlacht bei Neerwinden gewonnen, Mainz eingeschlossen und Ende Juli erobert. Das war das Ende der Mainzer Republik, die „Clubisten" wurden verfolgt, zur Emigration gezwungen oder hingerichtet.

Pfalz, Saarland, Württemberg und Baden

Auch in Mannheim bildete sich 1792 eine „Gesellschaft von Freunden der Menschenrechte". Karl Theodor, der Herrscher der hoch verschuldeten Kurpfalz, hielt lange an seiner Neutralitätspolitik fest, auch aus Angst vor einem Angriff der Franzosen auf das rechtsrheinische Gebiet. 1793 aber ging er doch mit dem deutschen Kaiser Franz II. eine Koalition gegen

Frankreich ein. Aber die Siegeswelle der Franzosen überrollte ihre Gegner an allen Fronten: Sie eroberten auch Mannheim, kampflos, besetzten die Gebiete links des Rheins und schlossen sie 1798 an Frankreich an.

Auch Preußen und Österreich wurden 1795 und 1797 durch Niederlagen zu einem Frieden mit dem revolutionären Frankreich gezwungen, 1800 auch Bayern – der deutsche Kaiser gestand die völlige Niederlage ein. Der Friede von Lunéville 1801 legte fest, dass die linksrheinischen Fürsten ihre Gebiete verloren und irgendwo anders in Deutschland dafür entschädigt wurden. Der französische Regierungskommissar François Joseph Rudler teilte die linksrheinischen Territorien in vier französische Départements auf: Es entstanden das Département de la Sarre mit der Hauptstadt Trier, das Département Mont-Tonnerre (Donnersberg) mit der Hauptstadt Mainz, das Département Rhin-et-Moselle mit Koblenz als Hauptstadt und im Norden das Département de la Roer mit Aachen.

1803 kam es zum Reichsdeputationshauptschluss („Hauptschluss" heißt „Abschlussbericht"): Weltliche, ehemals linksrheinische Fürsten bekamen kirchlichen Besitz, der enteignet wurde, die Reichsstädte wurden den nächstgelegenen großen Fürstentümern zugeschlagen. Württemberg, Baden und Hessen-Kassel erhielten die Kurwürde, die vorher Kurköln, Kurmainz und Kurtrier innehatten. Außerdem wurden jetzt alle rechtsrheinischen Gebiete neu geordnet: Heidelberg, Mannheim, Bretten und Ladenburg gingen an den Markgrafen von Baden, der zum Kurfürsten ernannt wurde, Maximilian Joseph von Pfalz-Zweibrücken bekam dafür Besitztümer in Bayern. Das war das Ende der Kurpfalz.

Im Saarland hatten die Franzosen ihre Herrschaft längst gefestigt, auch wenn Ludwig von Nassau-Saarbrücken (1745–1794) noch auf dem Thron saß. Er erlaubte den überlegenen Franzosen den Durchmarsch ihrer Truppen und versorgte sie mit Proviant. Anders als in anderen Landstrichen oder Städten wie Mainz, wo Beamte und Intellektuelle die Revolution feierten, war im Saarland auch die Landbevölkerung begeistert. Die revolutionären Proteste gegen den Fürsten blieben im Großen und Ganzen friedlich. Nur einmal, 1793, brannten Schlösser wie das Homburger Schloss Karlsberg und ein großer Teil des Saarbrücker Schlosses ab und wurden teilweise geplündert. Saarlouis wurde sogar Distrikthauptstadt, feierte den 14. Juli (den französischen Nationalfeiertag) und das „Fest des Höchsten Wesens", ein ziviles Kultfest aus der Revolutionszeit, mit dem die Vernunft zelebriert wurde und das die Franzosen statt eines Gottesdiensts eingeführt hatten. Das saarländische Ensheim stellte schon 1792 den Antrag, zur Französischen Republik gehören zu dürfen, über 30 Gemeinden folgten diesem Beispiel und wurden 1793 „reuniert".

Das Reich nach dem
Reichsdeputationshauptschluss
vom 25.2.1803

Legende:
- Gebiet des Kaisers
- Habsburgische Sekundogenituren
- Reichsstädte
- Preußen
- Reichsgrenze 1803

◄ *Deutsch-
land 1803.*

Die Städte Saarbrücken und St. Johann legten einen offiziellen Beschwerdebrief bei der französischen Regierung gegen die manchmal etwas eigenmächtigen Besatzer vor und forderten eine Reduzierung der Steuern und Abgaben und die Kontrolle über die Staatsfinanzen. 1797 schließlich verzichtete Kaiser Franz II. im Friedensvertrag von Campo Formio auf die linksrheinischen Gebiete – damit war auch das Gebiet des heutigen Saarlands französisch geworden. Trier wurde die Hauptstadt des Département de la Sarre.

In Württemberg wirkte sich die Französische Revolution zunächst nicht aus. Viele württembergische Intellektuelle begrüßten die Revolution, das Volk interessierte sie nicht sehr, es kam nicht einmal zur Bildung von revolutionären Klubs. Erst ab 1796, als die Franzosen Krieg gegen Österreich führten, wurde das Land zum Schauplatz von Kriegshandlungen. Die französischen Truppen stießen bis nach Franken und Bayern vor, Württemberg schloss mit ihnen einen Waffenstillstand. Dann gelang es den Österreichern, bis zum Rhein zu marschieren, aber als Napoleon, damals noch General, dem kaiserlichen Heer 1797 in Italien eine empfindliche Niederlage zufügte, kam es ab 1797 zu Friedensverhandlungen in Campo Formio.

▲ *Baden 1801–1819.*

In Baden hat es diese revolutionären Jakobinerklubs dagegen gegeben, es wurden die revolutionären Schriften gelesen, die das Grenzland zu Frankreich überschwemmten. Im Schwarzwald und in der Ortenau (damals noch österreichisch) erhoben sich sogar die Bauern. Allerdings war Karl Friedrich ein aufgeklärter, liberaler Herrscher, der es verstand, zwischen den Fronten zu lavieren. Das musste er auch, denn mit weniger als 2000 Soldaten war er für einen Krieg nicht gerüstet. 1795 ließ Karl Friedrich durch seinen Pariser Gesandten Sigismund von Reitzenstein

(1766–1847) einen Waffenstillstand aushandeln.

In Rastatt begannen Verhandlungen über die Säkularisation von Klöstern und geistlichen Territorien, mit denen deutsche Fürsten für den Verlust von linksrheinischen Gebieten entschädigt werden sollten. Vor Abschluss der Verhandlungen des Rastatter Kongresses brach allerdings der Zweite Koalitionskrieg aus. Baden blieb zu seinem Glück neutral, denn Napoleon, der inzwischen zum Ersten Konsul ernannt worden war, gewann auch diesen Krieg.

Napoleon, der „Code civil" und die neuen Verfassungen

Napoleon schlug für Europa ein neues Kapitel auf: Im Südwesten formte er eine Reihe von Staaten völlig neu, vor allem wollte er mit Baden, Württemberg und Bayern einen Puffer zwischen Frankreich und Österreich bzw. Preußen schaffen. Ab 1806 bildeten über 36 Länder (vom Herzogtum Anhalt-Bernburg bis zum Großherzogtum Würzburg) den „Rheinbund" und traten formell aus dem Heiligen Römischen Reich Deutscher Nation aus, das damit faktisch zu existieren aufhörte. Die rechtsrheinischen Gebiete der Pfalz und Gebiete Bayerns oder Vorderösterreichs, sechs Reichsstädte, Teile der Bistümer Konstanz und Speyer und vieles andere schlug Napoleon zu Baden, dessen Gebiet sich damit verfünffachte. Und endlich hatte Baden jetzt auch zwei Universitäten: eine in Heidelberg (ehemals in der Kurpfalz), eine in Freiburg (ehemals vorderösterreichisch).

Außerdem verlieh Napoleon manchen Herrschern auch einen neuen Titel: Der württembergische Herzog bekam 1803 endlich den lange ersehnten Königstitel, der badische Markgraf wurde zuerst Kurfürst und nach Ende des Reichs 1806 Großherzog.

Um die Beziehungen zwischen den Staaten zu festigen, verheiratete Napoleon seine Adoptivtochter Stéphanie de Beauharnais (1789–1860) mit dem badischen Erbprinzen, der dafür auf die bayerische Prinzessin Auguste verzichten musste, die Napoleons Schwager Eugène Beauharnais ehelichte. Mit der engeren Verbindung wurden aber auch die Abhängigkeiten größer: Für den Russlandfeldzug musste Großherzog Karl Friedrich 7000 badische Soldaten stellen, die fast alle umkamen. Erst 1813, nach seinem Tod und der absehbaren Niederlage Napoleons, wechselte Baden die Fronten und kämpfte gegen Frankreich.

Was Napoleon mit der Neuordnung Deutschlands gelang, war auch ein Schritt in Richtung eines einheitlichen Deutschlands, was der Deutsche Bund nach dem Wiener Kongress 1815 weiterverfolgte: Denn jetzt fielen viele Binnenzölle weg, es gab gleiche Steuern, Maße und Gewichte und ein einheitliches Schulwesen. Aber am wichtigsten und folgenreichsten war wohl die Einführung des „Code civil", auch „Code Napoléon" genannt: ein bürgerliches Gesetzbuch, das 1804 die vielen bestehenden, verschiedenen Rechtssysteme ablöste, die noch aus der Feudalzeit stammten. Zeitweise galten damals in Frankreich nebeneinander das niedergeschriebene Recht, das alte römische Recht und das Gewohnheitsrecht, dazu kam eine Art Übergangsrecht der Französischen Revolution. Damit machte Napoleon Schluss. Das neue Gesetzbuch stellte sicher, dass alle vor dem Gesetz gleich, dass Individuum und Eigentum gesetzlich geschützt und dass Kirche und Staat ein für allemal getrennt waren. Dazu kam, dass jeder auch ohne Zunftzugehörigkeit seine Verträge frei aushandeln konnte und wohnen durfte, wo er wollte. Benachteiligt waren nur die Frauen, sowohl in der Wirtschaft als auch im Familien- und Scheidungsrecht.

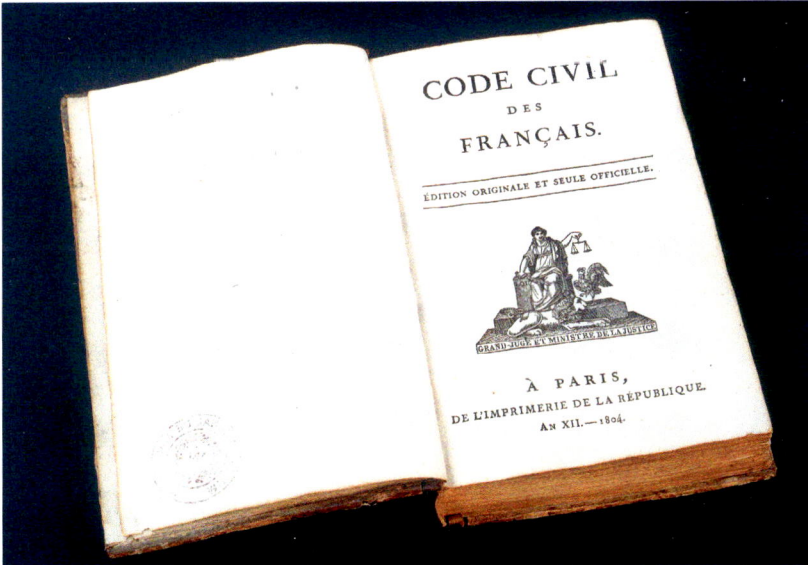

◀ Titelblatt der Erstausgabe des „Code civil" („Code Napoléon") von 1804. Es war das erste bürgerliche Gesetzbuch.

Natürlich führte Napoleon den „Code civil" auch im von ihm besetzten Europa ein. Die pfälzischen und saarländischen Gebiete links des Rheins, die zu Frankreich gehörten, übernahmen ihn ohne Änderung; er galt bis zur Einführung des Bürgerlichen Gesetzbuchs am 1. Januar 1900. Damit bekamen auch die Juden die gleichen bürgerlichen Rechte wie ihre Mitbürger. Andere Länder passten das Gesetzeswerk an, wie Baden: Mehr als 500 Zusätze und Einschränkungen veränderten ihn dort.

Dieses neue, bürgerliche Gesetzbuch schien so eindeutig besser als die alten, dass viele Länder es auch ohne Zwang einführten. In Baden galt es ab 1806 auch für die neu hinzugekommenen Gebiete, ab 1810 der von badischen Juristen überarbeitete „Code civil", das „Badische Landrecht", überwacht erst vom Badischen Oberhofgericht in Mannheim, dann in Karlsruhe. Vor allem sicherte das neue Gesetzbuch den Bürgern der neuen bestimmenden politischen Klasse, die Sicherheit ihrer Person und ihres Eigentums, ihre Eigenständigkeit und die juristische Durchsetzung ihrer (vor allem wirtschaftlichen) Interessen.

▼ Schematische Darstellung der badischen Verfassung von 1818 mit den Aufgaben und Rechten der beiden Kammern.

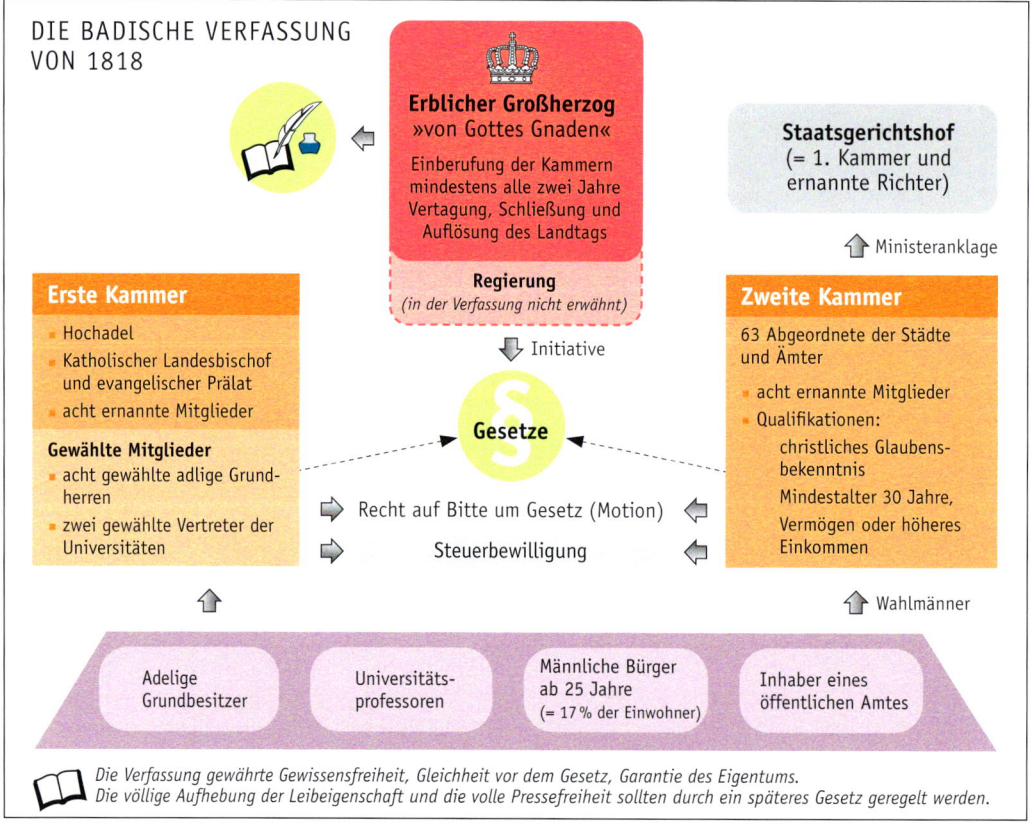

DIE BADISCHE VERFASSUNG VON 1818

Erblicher Großherzog
»von Gottes Gnaden«
Einberufung der Kammern mindestens alle zwei Jahre Vertagung, Schließung und Auflösung des Landtags

Staatsgerichtshof
(= 1. Kammer und ernannte Richter)

Ministeranklage

Regierung
(in der Verfassung nicht erwähnt)

Initiative

Erste Kammer
- Hochadel
- Katholischer Landesbischof und evangelischer Prälat
- acht ernannte Mitglieder

Gewählte Mitglieder
- acht gewählte adlige Grundherren
- zwei gewählte Vertreter der Universitäten

Zweite Kammer
63 Abgeordnete der Städte und Ämter
- acht ernannte Mitglieder
- Qualifikationen:
    christliches Glaubensbekenntnis
    Mindestalter 30 Jahre, Vermögen oder höheres Einkommen

Gesetze

Recht auf Bitte um Gesetz (Motion)

Steuerbewilligung

Wahlmänner

Adelige Grundbesitzer

Universitätsprofessoren

Männliche Bürger ab 25 Jahre
(= 17 % der Einwohner)

Inhaber eines öffentlichen Amtes

*Die Verfassung gewährte Gewissensfreiheit, Gleichheit vor dem Gesetz, Garantie des Eigentums.
Die völlige Aufhebung der Leibeigenschaft und die volle Pressefreiheit sollten durch ein späteres Gesetz geregelt werden.*

Folgen sollte in den neuen Ländern auch eine neue Verfassung. In Baden dauerte es allerdings, bis sie in Kraft trat. Erst Großherzog Karl (1786–1818) unterschrieb sie am Ende seiner nur siebenjährigen Amtszeit, quasi auf dem Totenbett. Es war die liberalste Verfassung, die es in Deutschland bis dahin gab. Sie schrieb eine konstitutionelle Monarchie fest, in der es eine Volksvertretung in zwei Kammern gab, die allerdings nur mitwirkende Funktion hatten. Im ersten deutschen Parlamentsgebäude, dem Karlsruher „Ständehaus", trafen sich die Landstände ab 1822 – und hier wurden demokratische Forderungen erhoben und diskutiert, die von großer Bedeutung für die weitere Entwicklung der Demokratie in Deutschland waren. Auch für die 1848er-Revolution, in der eine Demokratie und ein deutsches Parlament gefordert wurden. In der badischen Verfassung wurde zudem der Vorrang des Staats vor der Kirche festgelegt, was zum Kulturkampf zwischen Staat und Kirche in den 1850er- und 1860er-Jahren führte.

Schon 1814 versuchte der württembergische König Friedrich I. (1754–1816), dem Volk eine neue Verfassung zu geben, weil er nach der Vergrößerung des Landes die Protestanten mit den in einer Minderheit befindlichen Katholiken, meist aus den neuen Gebieten, zusammenführen wollte. Sein Ziel war überdies ein einheitlicher und zentral von Stuttgart aus regierter Staat. Mit harten Mitteln gelang ihm das, indem er die Verwaltung vereinfachte und straffte, Justiz und Verwaltung trennte und ein zuständiges Staatsministerium schuf, das in Ressorts aufgeteilt war. Außerdem hob er die Privilegien für den Adel auf und richtete ein Polizeiministerium und eine geheime Polizei nach französischem Vorbild ein. Katholischer und evangelischer Glaube wurden gleichberechtigt.

Der neuen Verfassung setzten aber die sogenannten Altwürttemberger soviel Widerstand entgegen, dass der König mit der Einführung scheiterte. Erst fünf Jahre später gelang es seinem Sohn Wilhelm I. (1781–1864), auch für Württemberg eine Verfassung zu unterzeichnen. Sie sah vor, dass die Landstände die Steuern bewilligen und an der Legislative mitwirken durften. Vor dem Gesetz waren alle gleich, Vorrechte des Adels waren abgeschafft, das Eigentum der Bürger wurde garantiert, Gewissens- und Denkfreiheit ebenso.

▼ Das 1822 erbaute Ständehaus in Karlsruhe. Es war der erste Parlamentsneubau Deutschlands.

Ansicht des Ständehauses in Carlsruhe.

Lith. v. C.F. Müller in Carlsruhe.

Sofort nach Übernahme der Königswürde hatte Wilhelm I. Minister ausgetauscht und die Regierung zum Teil mit liberalen Mitgliedern besetzt. 1817 erließ er ein freiheitlicheres Pressegesetz und hob die Leibeigenschaft auf. Er förderte die Universität Tübingen und verordnete allen jüngeren Beamten der unteren Laufbahn, die neue Fakultät der „Staatswirtschaften" zu besuchen. Und er führte in der Verwaltung des Landes weitere Reformen durch.

Wichtig war ihm auch die Förderung des Agrarsektors im immer noch landwirtschaftlich geprägten Württemberg. 1816 wurde das „Jahr ohne Sommer" genannt: In Indonesien war ein Jahr vorher der Vulkan Tambora ausgebrochen und hatte die Sonne auch in Europa für Monate verdunkelt.

Gegen die darauf folgenden Hungersnöte in Württemberg hatte Wilhelm I. Reformen eingeführt, Höchstpreise für Getreide verordnet, Lebensmittel aus dem Ausland importieren lassen und die Ausfuhr von Lebensmitteln erst erschwert, dann verboten. Außerdem gründete er eine landwirtschaftliche Schule, aus der die Universität Hohenheim hervorging. An seinem 37. Geburtstag ließ Wilhelm I. in Cannstatt ein landwirtschaftliches „Hauptfest" feiern, auf dem die Bauern ihre Erzeugnisse vorstellen und verkaufen sollten, das noch heute bestehende Volksfest auf dem „Cannstatter Wasen".

Der Liberalismus und die Reaktion

Aber dieser Liberalismus war noch nicht fest genug in den Köpfen verankert, nicht nur der württembergische König wurde konservativ, als er älter wurde. Der Wiener Kongress von 1815, in dem sich Vertreter aus 200 europäischen Staaten, Städten und Herrschaften trafen, um Europa nach Napoleons Niederlage neu zu ordnen, verordnete zwar allen Ländern in Deutschland eine neue Verfassung, aber nur wenige setzten diesen Beschluss auch um.

1817 trafen sich deshalb auf der Wartburg in Thüringen etwa 500 Studenten und forderten Presse- und Meinungsfreiheit, Gleichheit vor dem Gesetz, freie Lehre, eine allgemeine Wehrpflicht und ein einiges Deutschland mit einer konstitutionellen Monarchie, in der die Minister vom Volk gewählt werden sollten. Bei der dabei durchgeführten Bücherverbrennung waren allerdings auch antijüdische Parolen zu hören. Einer der Teilnehmer war Karl Sand, der zwei Jahre später den konservativen Schriftsteller und russischen Generalkonsul August von Kotzebue in Mannheim ermor-

dete, weil er ihn für einen „Verräter des Vaterlands" hielt. Auch Kotzebues Schriften waren auf der Wartburg verbrannt worden. Sand wurde verhaftet und zum Tode verurteilt. Der Richter war übrigens der Vater des Erfinders Karl von Drais, beide sahen sich deswegen immer wieder Anfeindungen von progressiver Seite ausgesetzt. Die Ermordung Kotzebues, aber auch die „Hep-Hep-Unruhen" von 1818, führten zu den „Karlsbader Beschlüssen" der geheimen Ministerialkonferenzen im selben Jahr, an denen die einflussreichsten Staaten des Deutschen Bunds teilnahmen.

Die „Karlsbader Beschlüsse", in einem Eilverfahren vom Frankfurter Bundestag ein Jahr später einstimmig beschlossen, schränkten die Presse- und Meinungsfreiheit vehement ein, forderten Berufsverbote für liberale und national gesinnte Professoren und verboten die Burschenschaften: Liberale Ideen galten als Aufruf zur Revolution, Liberale wurden als „Demagogen" denunziert und vor allem in Preußen verfolgt.

Die „Hep-Hep-Unruhen" waren antijüdische Ausschreitungen in ganz Deutschland, die größten seit den mittelalterlichen Pogromen. Wahrscheinlich aus Konkurrenzneid griffen Kleinbürger und Studenten jüdische Bürger an, zerstörten ihre Synagogen, Wohnungen und Geschäfte. Was dieses „Hep-Hep" bedeutet, ist nicht ganz geklärt: Zum einen war es ein Hetzruf, zum anderen deutete es auf die alte Kreuzfahrerparole „Hierosolyma est perdita" (Jerusalem ist verloren) hin.

Die Unruhen begannen im August 1819 in Würzburg und griffen dann über auf Bamburg, Bayreuth, Regensburg, danach auf Hessen, die Oberpfalz, Baden und das Rheinland – und danach auf fast ganz Deutschland. Vor allem in Baden kam es zu heftigen Ausschreitungen, in Mannheim, Heidelberg und Karlsruhe wurden sie erst durch den Einsatz von berittenen Soldaten eingedämmt. In Württemberg und der Pfalz ließ man die Juden in Ruhe – vielleicht auch, weil dort weniger lebten und sie keine wirtschaftliche Bedrohung für die christliche Bevölkerung darstellten.

1830 war ein explosives Jahr in Europa: die Franzosen kämpften in der Julirevolution ein weiteres Mal um Demokratie, die Polen und Belgier um ihre Unabhängigkeit. In dieser Situation übernahm der schon vierzigjährige Großherzog Leopold (1790–1852) den badischen Thron. Er hatte wenig Interesse am Militär, so dass er nicht, wie sein Vorgänger, mit dem Landtag aneinander geraten würde, der sich einige Male schon geweigert hatte, den hohen Militäretat zu genehmigen. Zudem berief Leopold den Liberalen Ludwig von Winter (1778–1838) zum Innenminister, und bei der nächsten Wahl 1831 gewannen die Liberalen eine Mehrheit. Einer ihrer wichtigsten Vertreter war Adam von Itzstein (1775–1855). Itzstein hatte es 1823 durchgesetzt, dass die Zweite Kammer ihre Zustimmung zum Budget des Großherzogs verweigerte (und er nahm dann später auch am Hambacher Fest teil). Immerhin gelang es dem Landtag ab 1831, eine Reihe von demokratischen Reformen zu initiieren. So waren in Gemeinden ab 3000 Einwohnern alle Männer wahlberechtigt, davor begünstigte das Wahlrecht die Wohlhabenden. Auch ein liberaleres Pressegesetz setzte von Itzstein durch – auch das gegen den allerdings eher schwachen Widerstand Leopolds, der nachgab, als man ihm damit drohte, ihm das Budget zu verweigern.

⌄ *Johann Adam von Itzstein und Friedrich Hecker im Gespräch. (Nachgestellte Szene vom SWR Fernsehen.)*

1832 trafen sich in der Nähe von Neustadt in der Pfalz, auf dem Hambacher Schloss, mehrere tausend Freiheitsliebende zu einem Fest – politische Versammlungen waren zu jener Zeit verboten, Feste „in geschlossener Gesellschaft" nicht. Die beginnende Industrialisierung und die im Vergleich zu anderen Ländern sehr hohen Steuern und Zölle gerade auf Wein und Tabak, die beiden wichtigsten Exportgüter der Pfalz, hatten zu einer Verarmung der Region geführt, Missernten trieben die Getreidepreise in die Höhe. Über politische Missstände hatte nicht berichtet werden dürfen, kritischen Verlegern und Publizisten wie dem aus Lahr stammenden Philipp Jakob Siebenpfeiffer (1789–1845) oder dem in der heutigen Pfalz lebenden Johann Georg August Wirth (1798–1848) war die Arbeit verboten worden.

Schon kurz vor dem „Hambacher Fest" hatte es in Zweibrücken ein „Fest" gegeben, auf dem unter anderem die Volkssouveränität gefeiert und der „Deutsche Preß- und Vaterlandsverein" gegründet wurde. Die Regierung reagierte mit einem Verbot aller Vereine und auch der Zeitungen. Wirth wurde verhaftet, aber vom Gericht in Zweibrücken in einem spektakulären Prozess freigesprochen (er wurde auch später immer wieder verhaftet).

Zum Hambacher Fest, auf dem auch der berühmte Publizist Ludwig Börne sprach, kamen etwa 20.000 bis 30.000 Teilnehmer. Es war die größte Versammlung in Deutschland, auf der der Wille, den konservativen und restaurativen Tendenzen Widerstand zu leisten, deutlich ausgesprochen und die Forderungen nach Freiheit, Demokratie und nationaler Einheit wieder einmal erhoben wurden. Siebenpfeiffer sagte: „Seit das Joch abgeschüttelt des fremden Eroberers, erwartete das deutsche Volk, lammfromm, von seinen Fürsten die verheißene Wiedergeburt; es sieht sich getäuscht, darum schüttelt es zürnend die Locken und drohet dem Meineid. Die Natur der Herrschenden ist Unterdrückung, der Völker Streben ist Freiheit. Das deutsche Volk, wenn die Fürsten nicht ihren Wolkenthron verlassen und Bürger werden, wird in einem Moment erhabener Begeisterung allein vollenden das Werk, wovor der siechkranke Dünkel erschrickt, wovor die auszehrende Selbstsucht erbebt, und wogegen die hinsterbende Gewalt vergebens die Streiche des Wahnsinns in die Luft führt; das deutsche Volk wird vollbringen das heilige Werk durch einen jener allmächtigen Entschlüsse, wodurch die Völker, wenn die Fürsten sie an den Abgrund geführt, sich einzig zu retten vermögen." Und Wirth beendete seine Rede mit dem Appell: „Darum, deutsche Patrioten, wollen wir die Männer wählen, die durch Geist, Feuereifer und Charakter berufen sind, das große Werk der deutschen Reform zu beginnen und zu leiten;

wir werden sie leicht finden und dann auch durch unsere Bitten bewegen, den heiligen Bund sofort zu schließen und ihre bedeutungsvolle Wirksamkeit sofort zu eröffnen. Dieser schöne Bund möge dann das Schicksal unseres Volkes leiten; er möge unter dem Schirme der Gesetze den Kampf für unsere höchsten Güter beginnen, er möge unser Volk erwecken, um von innen heraus, ohne äußere Einmischung, die Kraft zu Deutschlands Wiedergeburt zu erzeugen."

Viele Teilnehmer des Festes sprachen sich auch für ein gewaltsames Vorgehen aus, in St. Wendel im Saarland gab es sogar einen Aufstand. Aber die für eine friedliche Lösung waren, blieben in der Mehrheit. Manche Kritiker des Festes, wie Heinrich Heine, bedauerten das, weil sie damit eine Chance auf eine wirkliche Umwälzung vertan sahen, er schrieb: „Jene Hambacher Tage waren der letzte Termin, den die Göttin der Frei-

▲ *Auf dem Hambacher Fest wurden demokratische Rechte gefordert. Federzeichnung von Erhard Joseph Brenzinger, 1832.*

heit uns gewährt." Die Regierungen ließen die Organisatoren anklagen und verschärften noch einmal die Karlsbader Beschlüsse. Siebenpfeiffer und Wirth flohen in die Schweiz, einige emigrierten in die USA. Erst 1848, kaum 16 Jahre später, kam es wieder zu Massenversammlungen und sogar zu einem Versuch, die Regierungen mit Waffengewalt zu stürzen. Manche der Teilnehmer am Hambacher Fest kamen dazu sogar aus der Emigration zurück.

In Baden wurde auf Drängen des Deutschen Bundes 1815 die Pressezensur wieder eingeführt. Und auch in Württemberg wurden die Zeitungen zensiert und sogar die Professoren und Studenten in Tübingen jetzt wieder scharf überwacht. Dennoch oder gerade deswegen gewannen auch hier die Liberalen in den Wahlen 1831 die Mehrheit der Stimmen. Der württembergische König aber verschleppte die Zusammenarbeit, indem er den Landtag einfach nicht einberief, wie es seine Aufgabe gewesen wäre, und als er es dann tat, ein Jahr später, hatte das „Hambacher Fest" schon seine revolutionären Schatten auch auf sein Land geworfen. Als der Abgeordnete Paul von Pfizer öffentlich dafür plädierte, dass Preußen die Führung in Deutschland übernehmen solle, damit es mit dem einigen Vaterland vorangehe, empfand der König das als Hochverrat. Er löste schließlich den Landtag auf, und nach den nächsten Neuwahlen stellten die Konservativen die Mehrheit, mit ihnen konnten Regierung und König gut zusammenarbeiten. Gemeinsam führten sie einen vorsichtigen Reformkurs durch, von dem unter anderem das Bildungswesen, aber auch die Wirtschaft, stark profitierte.

Die Revolution 1848/49

Aber dann änderte sich wieder alles. Die Julirevolution 1830 in Frankreich hatte den Bürgern gezeigt, dass man auch mit Waffengewalt zur Demokratie kommen konnte. Die Erfahrungen mit den Obrigkeiten hatten, auch nach dem Hambacher Fest 1832, demonstriert, dass vielen Herrschern jeder Vorwand recht war, um die Freiheitsrechte wieder einzuschränken. Die öffentliche Diskussion um die Einheit Deutschlands und die individuellen Freiheitsrechte war nicht mehr aufzuhalten. Philosophen wie der württembergische Georg Wilhelm Friedrich Hegel, der die französische Revolution begrüßt und mit seiner „Phänomenologie des Geistes" von 1803 das dialektische Denken neu begründet hatte, oder der Trierer Karl Marx, der ab 1844 diese Philosophie weiterentwickelte, sahen in den Revolten und Revolutionen eine neue Ära aufkommen. Auch in der Schweiz,

Die Forderungen des Volkes.

Unsere Versammlung von entschiedenen Freunden der Verfassung hat stattgefunden. Niemand kann derselben beigewohnt haben, ohne auf das Tiefste ergriffen und angeregt worden zu sein. Es war ein Fest männlicher Entschlossenheit, eine Versammlung, welche zu Resultaten führen muß. Jedes Wort, was gesprochen wurde, enthält den Vorsatz und die Aufforderung zu thatkräftigem Handeln. Wir nennen keine Namen und keine Zahlen. Diese thun wenig zur Sache. Genug, die Versammlung, welche den weiten Festsaal füllte, eignete sich einstimmig die in folgenden Worten zusammengefaßten Besprechungen des Tages an:

Die Forderungen des Volkes in Baden:
I. Wiederherstellung unserer verletzten Verfassung.

Art. 1. Wir verlangen, daß sich unsere Staatsregierung lossage von den Karlsbader Beschlüssen vom Jahr 1819, von den Frankfurter Beschlüssen von 1831 und 1832 und von den Wiener Beschlüssen von 1834. Diese Beschlüsse verletzen gleichmäßig unsere unveräußerlichen Menschenrechte wie die deutsche Bundesakte und unsere Landesverfassung.

Art. 2. Wir verlangen Preßfreiheit; das unveräußerliche Recht des menschlichen Geistes, seine Gedanken unverstümmelt mitzutheilen, darf uns nicht länger vorenthalten werden.

Art. 3. Wir verlangen Gewissens- und Lehrfreiheit. Die Beziehungen des Menschen zu seinem Gotte gehören seinem innersten Wesen an, und keine äußere Gewalt darf sich anmaßen, sie nach ihrem Gutdünken zu bestimmen. Jedes Glaubensbekenntniß hat daher Anspruch auf gleiche Berechtigung im Staate.

Keine Gewalt dränge sich mehr zwischen Lehrer und Lernende. Den Unterricht scheide keine Confession.

Art. 4. Wir verlangen Beeidigung des Militärs auf die Verfassung.

Der Bürger, welchem der Staat die Waffen in die Hand gibt, bekräftige gleich den übrigen Bürgern durch einen Eid seine Verfassungstreue.

Art. 5. Wir verlangen persönliche Freiheit.

Die Polizei höre auf, den Bürger zu bevormunden und zu quälen. Das Vereinsrecht, ein frisches Gemeindeleben, das Recht des Volkes sich zu versammeln und zu reden, das Recht des Einzelnen sich zu ernähren, sich zu bewegen und auf dem Boden des deutschen Vaterlandes frei zu verkehren — seien hinfüro ungestört.

II. Entwickelung unserer Verfassung.

Art. 6. Wir verlangen Vertretung des Volks beim deutschen Bunde.

Dem Deutschen werde ein Vaterland und eine Stimme in dessen Angelegenheiten. Gerechtigkeit und Freiheit im Innern, eine feste Stellung dem Auslande gegenüber gebühren uns als Nation.

Art. 7. Wir verlangen eine volksthümliche Wehrverfassung. Der waffengeübte und bewaffnete Bürger kann allein den Staat schützen.

Man gebe dem Volke Waffen und nehme von ihm die unerschwingliche Last, welche die stehenden Heere ihm auferlegen.

Art. 8. Wir verlangen eine gerechte Besteuerung.

Jeder trage zu den Lasten des Staats nach Kräften bei. An die Stelle der bisherigen Besteuerung trete eine progressive Einkommensteuer.

Art. 9. Wir verlangen, daß die Bildung durch Unterricht allen gleich zugänglich werde.

Die Mittel dazu hat die Gesammtheit in gerechter Vertheilung aufzubringen.

Art. 10. Wir verlangen Ausgleichung des Mißverhältnisses zwischen Arbeit und Capital.

Die Gesellschaft ist schuldig die Arbeit zu heben und zu schützen.

Art. 11. Wir verlangen Gesetze, welche freier Bürger würdig sind und deren Anwendung durch Geschwornengerichte.

Der Bürger werde von dem Bürger gerichtet. Die Gerechtigkeitspflege sei Sache des Volkes.

Art. 12. Wir verlangen eine volksthümliche Staatsverwaltung.

Das frische Leben eines Volkes bedarf freier Organe. Nicht aus der Schreibstube lassen sich seine Kräfte regeln und bestimmen. An die Stelle der Vielregierung der Beamten trete die Selbstregierung des Volkes.

Art. 13. Wir verlangen Abschaffung aller Vorrechte.

Jedem sei die Achtung freier Mitbürger einziger Vorzug und Lohn.

Offenburg, 12. September 1847.

◄ *„Die Forderungen des Volkes" auf einem Flugblatt von 1847: u. a. bürgerliche Freiheiten, Aufhebung der Zensur, ein vereintes Deutschland.*

Piemont-Sardinien, dem Vatikanstaat, der Toskana und Sizilien, in Ungarn und sogar in Preußen gärte es. Die nächste Revolte folgte bald – 1848. Auch jetzt ging, wie 1830, ein polnischer Freiheitskampf voraus, ein Aufstandsversuch, der kläglich scheiterte. Wie die Revolution 1848/49 auch.

Friedrich Hecker.
Nach einer photogr. Aufnahme gelegentlich seines letzten Aufenthalts in Deutschland.

▲ *Friedrich Hecker ist der bekannteste Revolutionär der gescheiterten demokratischen Revolution 1848/49. Stich nach einer Fotografie von 1849.*

In Württemberg gab König Wilhelm einigen Forderungen der Revolutionäre nach und ernannte ein liberales Kabinett aus Mitgliedern der Opposition: Der frühere Oppositionsführer Friedrich Römer, der den konservativen Joseph von Linden ablöste, wurde Justizminister, Adolf Goppelt Finanzminister und Paul Pfizer Minister für Kirchen und Schulwesen. Dieses sogenannte „Märzministerium" leitete einige vorsichtige Reformen ein. Im Mai gab es Neuwahlen für den Landtag, aus denen die Liberalen als Sieger hervorgingen. Dennoch gab es einige Erhebungen im Land: Im fränkischen Unterland revoltierten die Bauern gegen den Adel, in Heilbronn meuterte ein Infanterieregiment – beides war aber keine wirkliche Bedrohung für das Land.

1849 stimmte der König zu, die Grundrechte der Deutschen und die Reichsverfassung anzuerkennen, wie es im Frankfurter Parlament beschlossen worden war – er war der einzige der großen deutschen Fürsten, der das tat. Das Märzministerium trat im Oktober zurück, aus Protest gegen die Übermacht der Preußen, deren König man zum deutschen Kaiser machen wollte. Sowohl Friedrich Römer als auch der württembergische König misstrauten ihm.

In Baden war die Revolution gewalttätiger. Dort hatten sich die Liberalen in zwei Lager gespalten, die einen (im Sprachgebrauch der damaligen Zeit die „Ganzen") wollten eine reine Demokratie, die anderen (die „Halben") eine Vereinbarung zwischen Fürst und Volk, eine konstitutionelle Monarchie. 1846 lockerte der neue Innenminister, der Liberale Johann Baptist Bekk, die Pressegesetze in Baden: Vor allem die „Seeblätter" von Joseph Fickler aus Konstanz und die beiden Mannheimer Blätter „Deutsche Zeitung" und „Mannheimer Journal" von Gustav Struve profitierten sehr davon. Hungersnöte und eine Bankenkrise verschärften die wirtschaftliche Situation der Arbeiter und Bauern. In Mannheim kam es sogar zu „Brotaufständen": Es gärte im Volk.

Im September 1847 hatten sich in Offenburg radikale Demokraten um den Mannheimer Rechtsanwalt Friedrich Hecker und den Publizisten Gustav Struve versammelt und ihre Forderungen aufgestellt: völlige Pressefreiheit, freie Wahlen zu einem deutschen Parlament, eine volkstümliche Wehrverfassung und eine progressive Einkommensteuer. Einen Monat später trafen sich die „Halben" aus Baden, Württemberg und Kurhessen in Heppenheim (kurioserweise im „Gasthof zum Halben Mond") und stellten ihre Forderungen auf: Ausbau des Deutschen Zollvereins, an den sich der Deutsche Bund anschließen sollte, um so schrittweise ein einiges Deutschland zu schaffen, und natürlich allgemeine Versammlungs- und Pressefreiheit.

Als die Franzosen 1848 in der „Februarrevolution" ihre Julimonarchie stürzten und die Zweite Französische Republik ausriefen (die erste existierte nach der Revolution von 1789), war das ein Signal für ganz Europa. Bereits am 27. Februar verfassten Demokraten und Liberale auf einer Versammlung in Mannheim eine Petition an die badische Regierung, in der sie Pressefreiheit, unabhängige Schwurgerichte, Repräsentativverfassungen in allen deutschen Staaten und ein deutsches Parlament forderten. Einen Tag später stellte Heinrich von Gagern im Landtag von Hessen-Darmstadt den Antrag auf Einberufung einer Nationalrepräsentation und Ernennung eines deutschen Regierungschefs. Am 1. März 1848 kam es zu einer großen Demonstration vor dem Karlsruher Ständehaus, da hatte der Großherzog schon Reformen zugesagt – kurz danach entließ er tatsächlich einige konservative Minister. Am 19. März trafen sich radikale Demokraten in Offenburg, unter ihnen wieder Friedrich Hecker und Gustav Struve. 13 Forderungen stellten sie auf, u. a. wieder eine Volksvertretung beim Deutschen Bund und Presse- und Versammlungsfreiheit. Die Proteste wurden gewaltsam: Jetzt brach eine Bauernrevolte in ganz Baden

▲ *Der Revolutionär Gustav Struve, Redakteur in Mannheim, Anführer der in Lörrach ausgerufenen Republik.*

*△ Einzug der
Freischärler unter
der Führung von
Gustav Struve
in Lörrach am
20. April 1848.*

aus, gespeist vor allem aus den Hungererfahrungen und der Wut auf Standesherren und jüdische Kreditgeber.

Es begannen jetzt auch die Vorwahlen für das Frankfurter Parlament, allerdings wurden Hecker und Struve nicht in den Fünfzigerausschuss gewählt, in das Gremium also, das alles weitere vorbereiten sollte. Sie fühlten sich abgedrängt und schritten zur Tat: Am 13. April 1848 startete Hecker in Konstanz einen Marsch durch Baden. Der Trupp von anfangs 50 Männern wuchs schnell auf fast tausend an, der sogenannte „Hecker-Zug". Bei Kandern in der Nähe von Lörrach gab es am 20. April ein Gefecht zwischen den Hecker-Truppen und den hessischen Truppen unter Friedrich von Gagern, der die Schlacht zwar gewann, aber dabei starb. Hecker floh nach dieser Niederlage in die Schweiz. Am 27. April wurde in Dossenheim bei Heidelberg auch die „Deutsche Legion" des Dichters Georg Herwegh geschlagen.

In Freiburg hatten schon 1832 Demokraten wie Professor Karl von Rotteck und Karl Theodor Welcker die deutsche Einheit und bürgerliche Rechte verlangt. 1848 riefen sie eine freie Republik aus. Die Stadt wurde aber bald von Regierungstruppen eingeschlossen, und ihre Truppen konnten sich mit dem etwa 3000 Mann starken Heer von Franz Sigel (1824–1902), das in der Nähe stand, nicht vereinigen. Sigel stammte aus Sinsheim und war Leutnant in einem Infanterieregiment in Mannheim, aus dem er nach einem Duell ausschied.

Es kam in Freiburg zu Barrikadenkämpfen, die nur wenige Tage, bis zum 24. April, dauerten und mit der Niederlage der Demokraten endeten. Auch Franz Sigels Truppe wurde schnell aufgerieben. Sigel kämpfte weiter, und als Großherzog Leopold floh, wurde er Kriegsminister in der republikanischen Regierung, bis er in die Schweiz fliehen musste.

Auch der zweite Versuch, die deutsche Republik mit Waffengewalt zu erzwingen, scheiterte: Am 21. September 1848 rief Struve in Lörrach die Republik aus. Drei Tage später wurde er in der Schlacht von Staufen von badischen Soldaten vernichtend geschlagen. Er und seine Frau, die Frauenrechtlerin und Revolutionärin Amalie Struve, wurden beim Versuch, über den Rhein zu fliehen, gefangen genommen. Und auch das deutsche Parlament, das sich in dieser Zeit bilden sollte, scheiterte: Die Frankfurter Nationalversammlung, die die deutsche Einheit vorbereiten sollte, wollte den preußischen König Friedrich Wilhelm IV. zum deutschen Kaiser ernennen. Im April 1849 aber weigerte er sich, die Kaiserkrone aus den Händen dieses für ihn revolutionären Parlaments anzunehmen. Er sah

▼ *Sitzung der Frankfurter Nationalversammlung, es spricht Robert Blum. Gemälde von Ludwig von Elliott, 1848.*

▲ *Plan der Festung Rastatt von 1849.*

sich immer noch von Gottes Gnaden eingesetzt und nicht von einem bürgerlichen Parlament.

Also ging der Kampf weiter: Im Rheinland und in Westfalen meuterte das Militär, in Dresden loderten Barrikadenkämpfe auf, an denen unter anderem der Anarchist Michail Bakunin und der Komponist Richard Wagner teilnahmen. In der Pfalz kam es zu einer Erhebung gegen die Bayern, denen die linksrheinische Pfalz gehörte, seit der Wiener Kongress ihnen das Land als Entschädigung für Enteignungen in Österreich zugeschlagen hatte. Und in Baden gab es den dritten Aufstand dieser Revolution: Er begann am 11. Mai 1849 mit einer Revolte in der größten Garnison des Landes, in Rastatt. Die Truppen in Karlsruhe, Bruchsal, Lörrach und anderen Orten solidarisierten sich daraufhin: Statt gegen die Aufständischen zu kämpfen, schloss sich der Großteil des regulären Heers dem Aufstand an. Im Mai wurde die Lage in der badischen Hauptstadt so brenzlig, dass der Großherzog über das Elsass nach Mainz floh. Die Soldaten zogen in Karlsruhe ein, eine „Exekutiv-Commission" erklärte Lorenz Brentano (1813–1891) zum Präsidenten: Damit war Baden ab dem 1. Juni 1849 eine Republik – für zwei Monate.

Auf einer Versammlung in Offenburg warf man den deutschen Fürsten jetzt „Hochverrath an Volk und Vaterland" vor und reklamierte für sich die Notwehr gegen sie. Großherzog Leopold rief am 9. Juni das preußische Heer zur Hilfe, das mit seiner großen Übermacht leichtes Spiel hatte: Am 23. Juli kapitulierten die Badener, die letzten in der Festung Rastatt. Dort wurden danach viele der Kämpfer eingesperrt, manche hingerichtet, die meisten zu langen Haftstrafen verurteilt. Es galt jetzt im Land das preußische Kriegsrecht: Alle demokratischen Vereine und der Druck von Flugschriften waren verboten, die Demokraten wurden wie Terroristen oder eine feindliche Armee behandelt. Das Tragen von roten Federn oder Kokarden und natürlich des „Heckerhuts" war verboten (ein spitz zulaufender Filzhut aus Süditalien, den Hecker getragen und populär gemacht hat), ebenso das Singen des „Heckerlieds". Erst Jahre später, 1852, wurde das Kriegsrecht wieder aufgehoben. Aber erst unter Leopolds Nachfolger

Friedrich, der 1856 Großherzog wurde, besserte sich das Verhältnis zwischen Regierung und Volk wieder. 1862 verkündete der Großherzog sogar eine Amnestie für die Demokraten.

Viele Verfolgte flohen damals in die Schweiz oder sogar nach Amerika. Franz Sigel, Peter Joseph Osterhaus aus Koblenz, Gustav Struve und Friedrich Hecker, Ludwig Blenker aus Worms – sie alle flohen in die USA. Lorenz Brentano wurde Verleger, Gesandter in Skandinavien und später amerikanischer Konsul in Dresden. Einige der Flüchtlinge sind in Abraham Lincolns Nordstaatenarmee eingetreten, Blenker rettete als General die Hauptstadt Washington sogar vor der Einnahme durch die Konföderierten. Der berühmteste war wohl Carl Schurz: Er konnte gerade noch aus der Festung Rastatt fliehen, bevor sie von den Preußen eingenommen wurde. Schurz arbeitete in den USA als Publizist und Rechtsanwalt und trat 1856 der neugegründeten Partei der Republikaner von Abraham Lincoln bei. 1861 wurde er amerikanischer Botschafter in Spanien, ein Jahr später Brigadegeneral in der Nordstaatenarmee, danach Senator im US-Kongress und ab 1877 sogar „Secretary of the Interior", eine Art Innenminister.

Mit der beginnenden Restauration, der Zurücknahme der Freiheiten, schon gar nach der blutig verlorenen Revolution zogen sich viele Bürger in eine Innerlichkeit zurück, für die es bald schon einen Begriff gab: Biedermeier. Die beiden Badener, der Oberamtsrichter und Dichter Ludwig Eichrodt (1827–1892) und der Arzt und Hochschullehrer Adolf Kußmaul (1822–1902) erfanden den schwäbischen, behäbigen „Herrn Biedermeier" (anfangs auch „Biedermaier"), einen Mann, dem, wie sie schrieben, „seine kleine Stube, sein enger Garten, sein unansehnlicher Flecken und das dürftige Los eines verachteten Dorfschulmeisters zu irdischer Glückseligkeit verhelfen". In Satiren für die Münchener „Fliegenden Blätter" beschrieben sie diesen Typus des biederen Menschen, der mit Politik nichts zu tun haben, sondern sich in seine private Idylle zurückziehen will.

Wie die Arbeit unser Leben veränderte

Industrialisierung und Arbeiterbewegung

Neben der Auseinandersetzung um Recht und Ordnung, Religion und Staat gab es im 19. Jahrhundert noch eine weitere Geschichte: die Erfolgsgeschichte der südwestdeutschen Industrie und Wissenschaft. Sie ist auch eine Geschichte der Erfindungen und Entdeckungen: Auto und Fahrrad, Zeppelin und die elektromagnetischen Wellen. Und der vielen anderen kleinen Dinge, die in dieser Zeit im Südwesten erfunden wurden: Dauerwelle, Fliegenfänger, Motorsäge, Büstenhalter, Weckglas, Märklinbahn, Teddybär und Mundharmonika. Auch ein guter Sekt kommt übrigens aus dieser Region: Georg Christian Kessler war Prokurist bei Veuve Clicquot in Reims, bis er 1826 im schwäbischen Esslingen anfing, seinen eigenen Schaumwein herzustellen, damals eine absolute Novität in Deutschland. Gleichzeitig erzählt die Wirtschaftsgeschichte auch von den armen Menschen, den Auswanderern aus Not und Armut, und den Versuchen der Arbeiterschaft, am Wohlstand teilzuhaben und für ihre Rechte zu kämpfen.

Rohstoffe

Rohstoffe hat es im deutschen Südwesten nur wenige gegeben: Württemberg war hauptsächlich von der Landwirtschaft geprägt, im Schwarzwald gab es vor allem Holz, das zu Möbeln, Uhren und Holzkohle weiterverarbeitet wurde, in der Pfalz neben der Landwirtschaft vor allem den Weinanbau. Kleinbetriebe, Handel, weiterverarbeitendes Gewerbe und Dienstleistungen waren für das Auskommen wichtiger gewesen, zum Beispiel der Handel mit Stoffen aus Ravensburg und vom Bodensee, die in ganz Europa verkauft wurden. Zwar existierten im Schwarzwald, etwa im Kinzigtal und im Wiesental, erfolgreiche kleinere Bergwerke, aber sie blieben nur so lange konkurrenzfähig, bis die Eisenbahn auch im Fernverkehr Güter günstig transportieren konnte: Vor allem britisches Eisen war eine große Konkurrenz etwa für die Eisenwerke im badischen Hausen, die großenteils in die Schweiz lieferten.

Besonders im Saarland wurden Erz und Kohle abgebaut, schon seit langer Zeit: Bereits 1572 entstand in Geislautern, heute ein Teil von Völklingen, eine große Eisenschmelze, 1621 begann dort auch der Abbau von Steinkohle. 1730 wurden zwei Hochöfen in Betrieb genommen, und als die Fürsten Wilhelm Heinrich von Nassau-Saarbrücken (1718–1768) und sein Sohn und Nachfolger Ludwig (1745–1794) den Bergbau verstaatlichten und weitere Eisenbetriebe ansiedelten, war der Aufschwung der Völklinger Hütte nicht mehr aufzuhalten.

1807, als das Saarland französisch geworden war und es schon über 20 Gruben gab, wurde eine staatliche Minenschule (École pratique des mines) eingerichtet: eine angesehene Ausbildungsstätte für Mineningenieure, eine von zweien, die es in ganz Frankreich gab. Die Franzosen sorgten auch dafür, dass die Eisenindustrie privatisiert wurde. Das Eisenwerk in St. Ingbert wurde von der Familie Krämer gekauft, Halberg und Fischbach gingen an die Elsässer Gebrüder Coulaux, das Werk Goffontaine wurde von den Gouvys erworben, und die Dillinger Hütte 1808 sogar zu

▼ *Die Völklinger Hütte. Schon 1572 entstand in Geislautern, heute ein Teil von Völklingen, eine große Eisenschmelze; 1621 begann dort auch der Abbau von Steinkohle.*

einer der ersten Aktiengesellschaften auf (später) deutschem Boden. Die Gouvys stammten aus Belgien und wanderten ins französische Saarlouis aus, wo Pierre Joseph Gouvy bald Bürgermeister wurde und 1751 ein Stahlwerk im Scheidtertal baute, das vor allem für den französischen Markt produzierte. Auch die Familie Stumm wurde an der Saar reich und einflussreich: Friedrich Philipp Stumm kam 1806 aus dem Hunsrück, kaufte das Eisenwerk in Neunkirchen, drei Jahre später dann die Hütten in Fischbach und am Halberg und besaß 1827 die Mehrheit der Aktien der Dillinger Hütte.

Ab 1840, mit der Errichtung des ersten Kokshochofens, konnte die industrielle Massenproduktion begonnen werden. Wegweisend war später die Arbeit von Carl Röchling, der 1881 die Völklinger Eisenhütte übernahm und in kurzer Zeit die ganze Region zu einem der größten Stahlzentren Deutschlands machte.

Glas, Schmuck und Textil

Ein anderes wichtiges Produkt aus dem Saarland war Glas. Vor allem die calvinistischen Hugenotten, die Anfang des 17. Jahrhunderts aus Metz flohen und von Ludwig II. von Nassau-Saarbrücken in Ludwigsweiler (das sich später zu Ludweiler verkürzte) angesiedelt wurden, brachten ihre Kenntnisse mit und errichteten eine erste Glashütte. Die Glasbläserei war bald nach Kohle und Stahl die drittwichtigste Industrie des Saarlands, mit Hütten in Sulzbach und dem Sulzbachtal, in Quierschied, Friedrichsthal und Schnappach. Die vierte war die Keramikindustrie, bekannt sind noch heute die beiden Unternehmen Villeroy und Boch, die 1836 fusionierten.

Während die Schmuckindustrie in Schwäbisch Gmünd im Zunftgeist und in Kleinbetrieben steckenblieb, war sie im badischen Pforzheim eine Erfolgsgeschichte – noch heute nennt sich Pforzheim „die Goldstadt". 1767 erlaubte Markgraf Karl Friedrich dem Franzosen Jean François Autran und den Schweizern Jean Viala und Amédé Christin, eine „Uhren- und feine Stahl-Fabrike", wie es im Patent heißt, aufzubauen. Die drei trennten sich wenig später, Autran stellte Stahlwaren her, Christin und Viala Uhren und Juwelen. Sie holten sich Fachpersonal aus der Schweiz, und bald machten sich auch einige ihrer Arbeiter selbständig, als sie sahen, wie lukrativ das Geschäft war. Und da der Markgraf bestimmte, dass sie sich nicht der Zunftordnung unterwerfen mussten, waren sie freie Unternehmer, die ihre Regeln selber festlegen und den Lohn für ihre Arbeiter bestimmen konnten. 1809 gab es sieben Schmuckfabriken mit jeweils mehr als 20 Angestellten, 1838 bereits 54 Betriebe. Ihr Absatzgebiet reichte sogar bis nach Amerika und Indien. Als Viala 1774 starb, übernahm seine Frau, Auguste Viala, die Schwester von Amédé Christin, mit der Erlaubnis der markgräflichen Verwaltung Vialas Fabrik und wurde damit die erste Unternehmerin Badens. 1808 verkaufte sie die Fabrik.

Auch die Textilindustrie prosperierte, aber erst richtig, nachdem es dem württembergischen Kaufmann Carl Bockshammer 1810 gelungen war, sich eine englische Spinnmaschine zu beschaffen, deren Ausfuhr aus England (wie auch die der Pläne) seit 1774 strengstens verboten war, damit die englische Spinnereiindustrie einen Vorteil vor dem Ausland hatte. Natürlich wurde das Verbot unterlaufen – es wurde spioniert und geschmuggelt. 1805 gründete sich in Zürich die Spinnerei Escher, Wyss &

▲ *Ein griechisch-hellenistischer Schlangenarmreif aus dem Schmuckmuseum Pforzheim.*

Cie. und baute eigene Maschinen nach den englischen Modellen. Im Elsass gab es ab 1818 eine Maschinenbauwerkstatt der Gebrüder Risler. Und in Stuttgart-Berg gründete eben Bockshammer die erste wassergetriebene, mechanische Baumwollspinnerei Württembergs, indem er die englischen Maschinen mehrfach kopierte. 1811 beschäftigte er bereits 190 Arbeiter.

1809 hatte der Schweizer Mechaniker Johann Georg Bodmer (1786–1864) die erste Maschinenfabrik Deutschlands gegründet, in St. Blasien im Südschwarzwald, in einem Kloster, das nach der Säkularisierung von 1803 leer stand und langsam verfiel. Die Genehmigung des badischen Großherzogs bekam Bodmer allerdings erst, als sich der Karlsruher Hofbankier David Seligmann (später nobilitiert: David von Eichthal) an dem Unternehmen beteiligte und für das nötige Kapital sorgte. St. Blasien war deswegen ein guter Standort, weil die Löhne hier sehr niedrig waren und

man mit der Alb auch die nötige Wasserkraft hatte, die man zum Antrieb der Maschinen benötigte: Sieben Turbinen lieferten die Energie. Die Fabrik sollte zunächst allerdings eher ein Vorführprojekt sein, um potentielle Käufer von den Spinnmaschinen zu überzeugen, als eine Fabrik, die auf Expansion, Verkauf und Export setzte. 1812 beschäftigte die Maschinenfabrik 200 Arbeiter, die mechanische Spinnerei vierzig. Profitabler war die 1809 vom Schweizer Mechaniker Henry Duggli ebenfalls in St. Blasien begonnene Badische Gewehrfabrik, die 1810 von Bodmer übernommen wurde. Moderne Infanteriegewehre und Pistolen wurden in Serie hergestellt, ihr Absatz vom badischen Kriegsministerium garantiert. Außerdem wurden moderne Münzprägemaschinen für die Münze in Mannheim gefertigt. 1816 arbeiteten in den Fabriken bereits über 800 Arbeiter.

Als Bodmer sich nach Auseinandersetzungen mit von Eichthal 1822 aus dem Geschäft zurückzog, wurde dieser Alleinbesitzer der drei Fabriken und blieb sehr erfolgreich. Nach der Bankenkrise und der Badischen Revolution 1848/49 war das Geschäft zwar bankrott, aber kurz danach, ab 1853, konnte es wieder aufgebaut werden. Wieder war es erfolgreich, bis zur Weltwirtschaftskrise im 20. Jahrhundert: 1931 musste auch der neue Besitzer aufgeben.

Auch in Ettlingen, einem kleinen Ort südlich von Karlsruhe, Alterssitz der Markgräfin Sibylla Augusta, wurde 1836 eine große Spinnerei und Weberei gegründet. Sie war die erste Aktiengesellschaft in Baden und bis in die 1880er-Jahre die größte Fabrik des Großherzogtums: die „Badische

Gesellschaft für Spinnerei und Weberei". Die Aktionäre waren allerdings keine Bürger, sondern die Großherzogin Stéphanie von Baden (1789–1860) und zwei Söhne des Großherzogs Karl Friedrich aus zweiter Ehe: Wilhelm Prinz von Baden (1792–1859) und Maximilian von Baden (1796–1882). Ihre Einlage betrug 1.000 Gulden, die in vier Raten fällig war.

◄ *Pistolen aus der frühen Waffenproduktion in St. Blasien.*

Die Maschinen der Gesellschaft stammten aus der AKC-Maschinenfabrik (André Koechlin & Cie.) aus dem Elsass. Die Ettlinger Papierfabrikanten Franz und Florian Buhl, die schon Bodmers Kunden in St. Blasien gewesen waren, konnten die Karlsruher Bank Haber & Söhne überzeugen, die Finanzierung in Ettlingen zu garantieren. Und als sie 1843 in eine Krise gerieten, half zum ersten Mal in der deutschen Geschichte eine Regierung einer Bank zu überleben. 1850 betrieb Ettlingen mehr als die Hälfte aller Webstühle in ganz Baden und beschäftigte 28 Prozent aller badischen Arbeiter.

▼ *Die „Gesellschaft für Spinnerei und Weberei" in Ettlingen, zeitgenössischer Stich aus dem 19. Jahrhundert.*

SPINNEREI UND WEBEREI IN ETTLINGEN.

Wein, Bier und Tabak

Einer der wichtigsten Landwirtschaftszweige im gesamten Südwesten, in der Pfalz, in Baden und in Württemberg, war immer schon der Wein. Zwar gab es bereits in vorgeschichtlicher Zeit Weinreben in Deutschland, aber erst mit den Kelten und dann den Römern kam das Weintrinken in Mode. Schon um 371 n. Chr. wurden Weinberge an der Mosel erwähnt, und Funde von Kelterhäusern auf dem Weilberg bei Ungstein und in Weyher belegen den Weinanbau auch in der Pfalz. Auch im Mittelalter wurde Wein angebaut, nachgewiesen sind zum Beispiel die Weinberge, die König Dagobert im 7. Jahrhundert dem Petersstift in Worms und dem Bischofsstift in Speyer schenkte. Die erste deutsche Rebsortenverordnung erließ 1584 Kurfürst Johann Casimir von der Pfalz für die Gänsfüßerweinberge in Neustadt, eine damals berühmte Rebsorte, die es heute nicht mehr gibt.

Im 19. Jahrhundert begannen die Winzer, sich auch der neuen chemischen Methoden zu bedienen. Chemischer Rohrzucker machte den Wein billiger, und eine gewisse Qualität konnte jetzt garantiert werden, was den Weinanbau wirtschaftlich rentabler machte. Mit Schwefel bekämpften die Winzer die Reblaus und Pflanzenkrankheiten, die zum Teil aus Amerika eingeschleppt wurden, mit einer Mischung aus Kupfervitriol und Kalk ging man gegen die Pilzkrankheit Mehltau vor, die seit 1885 auch die Pfalz heimsuchte.

Dennoch ging die Anbaufläche stetig zurück, die Anforderungen und Probleme waren zu groß und die Rentabilität blieb zu niedrig. Auch die Bildung von Winzergenossenschaften und die Verbesserung der Ausbildung zum Beispiel durch die Weinbauschule im württembergischen Weinsberg (1868 gegründet) konnten dem nicht grundlegend abhelfen. Die erste Winzergenossenschaft wurde im selben Jahr in Mayschoß-Altenahr am Rand der Eifel gegründet, die erste badische 1881 vom katholischen Pfarrer, Schriftsteller und Politiker Heinrich Hansjakob in Hagnau am Bodensee, wo Hansjakob seit 1869 Pfarrer war.

1884 zog Meersburg nach, dann Immenstaad, Bühlertal, Schliengen und Affental. In Württemberg begann man erst 1899, Genossenschaften einzurichten, zuerst in Markelsheim und Ingelfingen. Vorher hatte man in kleinen Vereinen versucht, sich zusammenzuschließen, bereits 1854 in Asperg, 1855 in Neckarsulm und drei Jahre später in Fellbach. 1872 wurden in Baden vier Weinmärkte eingerichtet, zur Förderung des Verkaufs, unter anderem in Müllheim und Offenburg.

Die größte Konkurrenz für den Wein war immer schon das Bier gewesen. Während Wein noch im Mittelalter recht teuer war, wurde Bier häufig

getrunken, arme Bauern etwa nahmen es regelmäßig als Biersuppe zum Frühstück zu sich. Das änderte sich im weiteren Verlauf der Jahrhunderte nicht. Das lag auch daran, dass Bier, aus Hopfen und Malz hergestellt, wesentlich einfacher zu produzieren war als der arbeitsintensive und weniger lukrative Wein. So bildeten sich schnell Brauereien. Ihr größtes Problem war, wie man das Bier für längere Zeit kühlen konnte, denn Bier verdarb schneller als Wein. Die meisten Brauereien benutzten kühle Lagerkeller, die manchmal bei hohem Grundwasserstand und starken Regenfällen voll Wasser liefen. Viele, die es sich leisten konnten, verlegten sich auf Eiskeller – sie bekamen das Eis aus den Alpen und legten über der Eisschicht ein großes Wasserreservoir an, um es lange kühl halten zu können.

1871 entwickelte der Münchener Ingenieur Carl von Linde eine erste Kältemaschine, die mit Methyläther arbeitete, 1873 eine Kühlanlage, die beim Bierbrauen die Temperatur bei der Gärung konstant hielt, eine wesentliche Vereinfachung für die Brauer. 1874 erfand er eine erste Kühlmaschine, 1876 die erste, die mit Ammoniak betrieben wurde.

Der milde Winter 1883/84, in dem Natureis knapp wurde, überzeugte auch die letzten Brauer vom „Kunsteis". Damit und mit weiteren technischen Neuerungen und wissenschaftlichen Erkenntnissen bei der Mälzerei und der Gärung war jetzt der Grundstock für große Brauereien gelegt. Da sich viele kleine Brauereien die teuren Geräte nicht mehr leisten konnten, wurden sie nach und nach von den großen Firmen und den Aktiengesellschaften übernommen: In Württemberg sank die Zahl der Brauereien um zwei Drittel auf 912, auch in Baden mussten viele Betriebe schließen. Allein im trinkfreudigen Karlsruhe ging die Zahl von 27 Brauereien 1850 auf 11 im Jahr 1913 zurück.

Sehr erfolgreich war vor allem die Pfalz mit einer Pflanze, die man hier kaum vermuten würde: dem Tabak. In Amerika beheimatet, soll er einer Urkunde zufolge schon gut achtzig Jahre nach der Entdeckung des neuen Kontinents, 1573, im Pfarrgarten von Hatzenbühl in der Nähe von Speyer angebaut worden sein, wahrscheinlich aus medizinischen Erwägungen und Forschungen: Kloster- und Pfarrgärten waren auch immer mit Heilkräutern bestückt. Pfalzgraf Friedrich IV. förderte ab 1598 den Tabakanbau. Aus Holland, wo seit 1561 Tabak angepflanzt wurde, kamen Tabakbauern nach Mannheim. Etwas später brachten die in die Pfalz und nach Baden geflüchteten Hugenotten Tabaksamen in ihre neue Heimat mit. Im kurpfälzischen Seckenheim, in Oftersheim und in Friedrichsfeld haben sie Tabak angepflanzt. Zu dieser Zeit war sowohl das Rauchen als auch das Schnupfen von Tabak längst eine Modeerscheinung geworden. Es wurde immer wieder verboten, aber die Verbote wurden auch immer wieder aufgehoben. Sie ließen sich nicht durchsetzen, und die wirtschaftlichen Vorteile überwogen immer.

Während in Wittlich schon seit Mitte des 18. Jahrhunderts Tabak kultiviert wurde, begann es in Herxheim erst ein Jahrhundert später: 1879

▼ Bild der Privatbrauerei Hoepfner, der sogenannten „Hoepfner-Burg" in Karlsruhe aus dem Jahre 1900.

wurde die erste Herxheimer Tabakfabrik gegründet. Zu dieser Zeit gab es in der Pfalz schon über 200.000 Tabakbauern.

Auch in Baden hat der Tabakanbau eine lange Tradition, vor allem um Mannheim, Heidelberg (ehemals Kurpfalz), Karlsruhe, in der Ortenau und im Markgräflerland an der Schweizer Grenze. Wichtig war der Tabak für Lahr, wo 1774 Carl Ludwig Lotzbeck eine Schnupftabakfabrik gegründet hat, ebenso in Rust. In Heidelsheim bei Bruchsal wurde 1737 sogar das Schnupfen oder Rauchen von fremdem Tabak verboten, um die heimische Tabakindustrie zu unterstützen.

1882 wurden in der Rheinebene zwischen Mainz und Straßburg zwei Fünftel des gesamten deutschen Tabaks angebaut. Eine starke Lobby sorgte für Schutzzölle auf ausländischen Tabak. Erst mit dem Zweiten Weltkrieg ging der unaufhaltsame Aufstieg der heimischen Tabakindustrie zu Ende.

Die Eisenbahn

Die Eisenbahn veränderte sowohl die Wirtschaft und das Land als auch den Umgang der Bürger mit Entfernungen und Geschwindigkeiten vollständig: Die Eisenbahn verkürzte die Zeit, in der Menschen und Produkte transportiert werden konnten – sie sorgte für schnelleren Austausch von Ideen und Waren.

Schon 1828 hatte der württembergische Wirtschaftstheoretiker Friedrich List (1789–1846) in Broschüren vom Beginn des Eisenbahnwesens in den USA berichtet und es auch für Deutschland empfohlen. List war ein schillernder Charakter und überragender Wissenschaftler und Unternehmer. 1825 war er nach Amerika emigriert, um einer längeren Haftstrafe unter anderem wegen Beleidigung des württembergischen Königs zu entgehen.

Schon 1819 war List Abgeordneter im württembergischen Landtag. Die Wahl war aber ungültig, weil er noch keine 30 war – das gesetzliche Mindestalter für das passive Wahlrecht. Ein Jahr später wurde er wieder gewählt und setzte sich für freien Handel und Demokratie ein. Gegen die „Bürokratie" setzte er auf kommunale Selbstverwaltung, Gerichtsbarkeit und freie Wahlen. Die Polizei beschlagnahmte seine Schrift, in der er das propagierte, das Mandat wurde ihm entzogen und 1822 wurde er zu Festungshaft verurteilt. Er floh, kam aber 1824 zurück, weil er im Ausland nichts verdienen konnte. Seine Haft in der Festung Hohenasperg wurde verkürzt, als er 1825 einverstanden war, in die USA zu emigrieren.

Dort wurde er Redakteur der deutschsprachigen Zeitung „Reading Adler" in Reading, Pennsylvania, entdeckte ein Kohlevorkommen, gründete 1827 ein Kohlebergwerk und baute eine eigene Eisenbahnlinie zum Werk, die die Kohle abtransportierte: Hier sammelte er erste Erfahrungen mit dem Güterverkehr, der so viel schneller und damit billiger war als der Transport mit Pferdewagen.

Nachdem er Andrew Jackson bei seiner Präsidentschaftskandidatur unterstützt hatte, ernannte ihn dieser 1833 zum amerikanischen Konsul im Großherzogtum Baden – mit amerikanischer Staatsbürgerschaft und diplomatischer Immunität.

Eisenbahnwesen und Ökonomie aber interessierten ihn mehr. 1828 hatte er Pläne für ein länderübergreifendes Bahnsystem entworfen. Im „Staats-Lexikon – Encyklopädie der sämmtlichen Staatswissenschaften für alle Stände", das List ab 1834 mit Karl von Rotteck und Carl Theodor Welcker zusammen herausgab, hat er mehrere Artikel über die Eisenbahn und Dampfschifffahrt, über Arbeiter und Arbeitslohn geschrieben. In Leipzig gelang es ihm auch, zum Teil mit der Hilfe seiner Broschüre „Ueber ein sächsisches Eisenbahnsystem als Grundlage eines allgemeinen deutschen Eisenbahnsystems und insbesondere über die Anlegung einer Eisenbahn von Leipzig nach Dresden", die er 1833 in hoher Auflage umsonst verteilen ließ, die sächsische Regierung vom Nutzen der Eisenbahn zu überzeugen.

Die südwestdeutschen Staaten ließen sich aber noch ein bisschen Zeit. Zwar hatte 1833 auch schon der Mannheimer Unternehmer Ludwig Newhouse eine Bahn von Mannheim nach Basel vorgeschlagen. Aber erst als im Elsass 1837 eine Eisenbahnstrecke von Norden nach Süden lief, bekam man Angst, dass der Güterverkehr aus Baden abwandern würde, und machte sich an die Planung.

Die Pläne in Baden bezogen sich zunächst auf das Rheintal, es war eben und einfach zu bebauen: 1840 wurde die erste Strecke von Mannheim nach Heidelberg eröffnet, 1843 eine von Heidelberg nach Karlsruhe. Der Lokführer der ersten Bahn war übrigens Hans Georg Benz, der Adoptivvater des späteren Automobilerfinders Carl Benz. Und die ersten Loks, die mit einer Spitzengeschwindigkeit von 37 Kilometern pro Stunde durch das Land schnauften, hatten sogar Namen: „Greif", „Löwe" oder „Heidelberg". Die erste Eisenbahn, die 1845 von Karlsruhe nach Freiburg fuhr, wurde „Zähringen" genannt, nach dem alten südbadischen Adelsgeschlecht. Die schwarzen Kessel verkleidete man liebevoll mit Mahagonilatten, Rahmen und Tender waren grün gestrichen: Sie sollte ja wenigstens auf der Jungfernfahrt prächtig sein.

Der Mannheimer Bahnhof war ein Kopfbahnhof, man merkte dann schnell, wie unpraktisch das war. Offensichtlich aber hatte man in Nordbaden nur nach Süden geplant, nicht aber über die Landesgrenze nach Hessen. 1867 fuhr die Eisenbahn über den Rhein und in Richtung Mainz. Neben dem Bahnhof in Heidelberg, auch er ein Kopfbahnhof, wurde 1846 ein zweiter für die Züge Richtung Frankfurt gebaut. Bald wurde die Residenzstadt Karlsruhe zu einem Eisenbahnknotenpunkt. Von hier ging 1859/60 die Strecke nach Pforzheim, später in die andere Richtung nach Wörth in der Pfalz, nach Baden-Baden und Kehl und Richtung Elsass. Basel, Konstanz und Würzburg waren die nächsten Ziele, die bis 1866 erreicht wurden.

Württemberg folgte kurz danach – nicht ohne Probleme. Viele Kritiker meinten, das schwäbische Hügelland vertrage keine Eisenbahnen. Dennoch musste der Schritt gegangen werden: Nur mit einem weitverzweigten Transportsystem konnte die württembergische Wirtschaft konkurrenzfähig bleiben. Nicht umsonst haben in den Planungsausschüssen ab 1832 vor allem Kaufmänner aus Stuttgart und Cannstatt Eisenbahnlinien zwischen Stuttgart, Cannstatt und Friedrichshafen vorgeschlagen.

Aber es dauerte doch länger: Erst 1843 wurde die „Königlich Württembergische Staats-Eisenbahn" gegründet, 1845 die erste Strecke zwischen

▲ Ein Zug passiert bei der Ausfahrt aus dem alten Bahnhof Heidelberg die Tortürme. Zeitgenössische Lithografie von 1840.

Cannstatt und Untertürkheim eröffnet, zwei Jahre später ging es von Cannstatt nach Heilbronn, 1850 von Ulm nach Friedrichshafen und 1853 bis ins badische Bruchsal. Erst 1857 baute man weitere Strecken. In der Hauptstadt Stuttgart wollte man anfangs nicht starten, da die Kessellage der Stadt einen Eisenbahnbau sehr erschwert hätte. Auch die Höhenunterschiede auf der Schwäbischen Alb waren ein großes Hindernis.

In der (damals bayerischen) Pfalz gab es die erste Eisenbahn ab 1847, als nach und nach die „Pfälzische Ludwigsbahn" von Ludwigshafen nach Bexbach und eine andere Bahn von Schifferstadt nach Speyer fuhr, 1850 dann ins preußische Neunkirchen und 1852 nach Saarbrücken. Auch dieses Netz wurde langsam ausgebaut, nach Zweibrücken und St. Ingbert, Dürkheim, Bingen und Mainz. Und die „Pfälzische Maximiliansbahn" eröffnete 1855 die Strecke von Neustadt an der Haardt ins französische Wissembourg an der elsässischen Nordgrenze.

Die steilen Berge und tiefen Schluchten des Schwarzwalds waren lange ein unüberwindbares Problem. Erst ab den 1860er-Jahren gelang es dem Ingenieur Robert Gerwig (1820–1885) mit einer technischen Meisterleistung, größere Höhenunterschiede zu überwinden und die Bahn auch quer durch den Schwarzwald zu führen: Die Höllentalbahn zwischen Freiburg und Donaueschingen muss auf der kurzen Strecke zwischen Himmelreich und Hinterzarten einen Höhenunterschied von 441 Metern überwinden. Das war die steilste Strecke, die es damals in Deutschland gab. Gerwig baute dafür neun Tunnel und zahlreiche Viadukte, unter anderem den Ravenna-Viadukt mit 222 Metern Länge und 42 Metern Höhe. Sowohl nach oben als auch abwärts musste die Bahn mit einem Zahnradgetriebe fahren und hatte damit zwei Antriebssysteme. Erst 1901 wurden die Bremsen für die schweren Maschinen stark genug, dass man auf das Zahnrad verzichten konnte. 1887 weihte der badische Großherzog Friedrich I. höchstpersönlich die Strecke von Freiburg nach Neustadt ein. Und neben den normalen Personenwagen fuhren auch zwei Aussichtswagen mit, damit man die spektakuläre Landschaft auch richtig bewundern konnte.

Als Nächstes wurde zwischen 1863 und 1873 die Schwarzwaldbahn von Offenburg nach Singen gebaut, 150 Kilometer lang, mit 39 Tunneln und 600 Metern Höhenunterschied. Die Streckenführung wurde damals etwas komplizierter geplant, als es heute notwendig wäre, denn auf geradem Weg hätte die Bahn die Grenze zwischen den beiden Ländern Baden und Württemberg mehrfach überqueren müssen. Da die beiden Staaten unabhängig waren, hätte es wahrscheinlich langwieriger Verhandlungen bedurft, um zu einer Einigung zu kommen. Man wollte das ebenso wenig wie den Württembergern die Kontrolle über die Bahn auf ihrem Gebiet

überlassen. Und die badische Regierung war auch nicht geneigt, die Bahn über das württembergische Schramberg fahren zu lassen und der dortigen, für die Badener „ausländischen" Uhrenindustrie einen Verkehrsvorteil zu verschaffen. Deswegen wurde die Strecke so gelegt, dass zum Teil große Schleifen zustande kamen. Für die Handwerksbetriebe und Industrieanlagen im Schwarzwald waren die Eisenbahnen überlebenswichtig. Die vielen kleinen Orte waren vorher oft nur mit Kutschen erreichbar gewesen, jetzt hatten St. Georgen, Hornberg, Villingen, Donaueschingen und Furtwangen einen direkteren, schnelleren und billigeren Anschluss an ihre Absatzgebiete.

Und nicht nur die Eisenbahn, sondern auch der Verkehr auf den Flüssen und dem Bodensee entwickelte sich im 19. Jahrhundert. 1809 ließ sich der Amerikaner Robert Fulton ein Dampfschiff patentieren, und bald fuhren auf dem Mississippi die ersten Raddampfer. Natürlich wurden in Baden und Württemberg die ersten Liniendampfer nach den jeweiligen Herrschern benannt: Ab 1824 verkehrte das Dampfschiff „Wilhelm", noch mit einer englischen Dampfmaschine ausgestattet, vier Mal pro Wo-

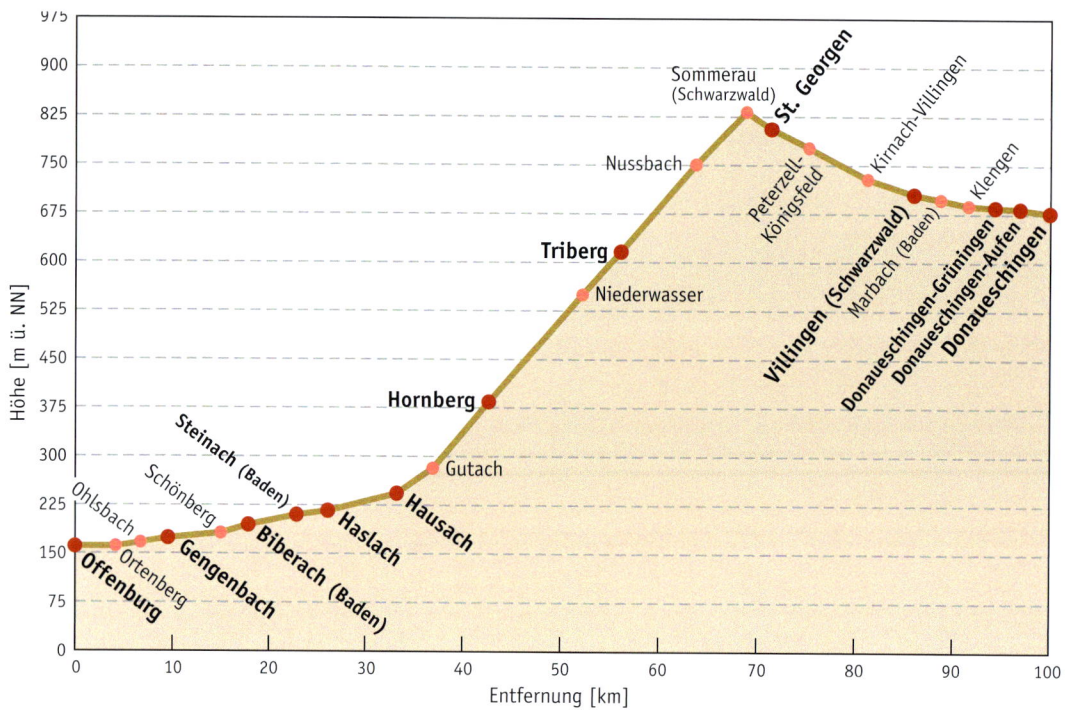

975
900
825
750
675
600
525
450
375
300
225
150
75
0

Höhe [m ü. NN]

Sommerau (Schwarzwald)
St. Georgen
Kirnach-Villingen
Nussbach
Klengen
Peterzell-Königsfeld
Triberg
Villingen (Schwarzwald)
Marbach (Baden)
Niederwasser
Donaueschingen-Grüningen
Donaueschingen-Aufen
Donaueschingen
Hornberg
Gutach
Steinach (Baden)
Schönberg
Hausach
Haslach
Ohlsbach
Biberach (Baden)
Gengenbach
Ortenberg
Offenburg

0   10   20   30   40   50   60   70   80   90   100

Entfernung [km]

▲ Karte mit dem Höhenprofil der Eisenbahnstrecke zwischen Offenburg und Donaueschingen.

che auf dem Bodensee, zwischen Friedrichshafen und Rorschach in der Schweiz, später auch nach Lindau. 1827 fuhr der Dampfer „Ludwig" den Oberrhein hinunter, bis zum bei Karlsruhe gelegenen Hafen Schröck, das heute Leopoldshafen heißt.

Auch auf dem Neckar begann 1841 die Dampfschifffahrt. Schon seit dem Spätmittelalter war der Fluss eine bedeutende Handelsstraße. Alle Grafen und Herzöge Württembergs hatten großen Wert darauf gelegt, dass er schiffbar gemacht wurde. Herzog Christoph begann ab 1553, auch den Oberlauf für die Schiffe befahrbar zu machen. Herzog Eberhard Ludwig führte 1712 Kanalisationsarbeiten durch – von Heilbronn bis Cannstatt und Vaihingen an der Enz lief dann der Kanal. Die Esslinger verweigerten sich dem Weiterbau bis in ihre Stadt durch „allerhand rationes und obstacula", wie es in den Akten heißt.

Mannheim nutzte die neu aufkommende Technik und seine günstige Lage und baute 1840 den bereits 1828 angelegten Hafen um und aus. 1845 fuhr auch die Eisenbahn bis in den Hafen, sodass die Waren schnell umgeladen werden konnten. Von Mannheim ging es regelmäßig nach Rotterdam und Amsterdam – der Anschluss an die Weltmeere war erreicht.

Uhren

Auch die für den Schwarzwald berühmte Kuckucksuhr profitierte vom schnelleren Verkehr. Sie wurde zwar nicht im Schwarzwald erfunden (den genauen Ursprung kennt man nicht, es gibt nur Legenden), dort avancierte sie aber spätestens ab Anfang des 18. Jahrhunderts zu einer wichtigen Einkommensquelle (neben der Flößerei, Köhlerei und dem Schnitzen von Holzlöffeln und -zubern). Da die billigen Gehäuse aus Holz gut in (winterlicher) Heimarbeit gebaut werden konnten und das Rohmaterial im Schwarzwald quasi vor der Haustür wuchs, gab es in den ärmeren Gegenden einen wahren Kuckucksuhrboom.

◄ *Eine frühe Kuckucksuhr mit einfachem Design, um 1800. Später wurden diese Uhren teilweise sehr üppig geschmückt.*

Später konnten auch Metallräder in die Werke eingebaut werden, die die Holzräder ersetzten.

Schon gegen Ende des 18. Jahrhunderts fertigten kleinere Manufakturen im Schwarzwald, in denen die Arbeit aufgeteilt wurde, die Uhren: Die Lack- oder Holzschilder bearbeiteten andere Handwerker als die Uhrkette oder die Glocken. Um 1840 existierten bereits an die 1000 Werkstätten mit bis zu 5000 Beschäftigten. Die meisten bauten allerdings einfache Uhren, ohne den heute so typischen Kuckucksruf und ohne sich öffnende Tür – diese Mechanik war vergleichsweise teuer. Die Produktion der einfachen Modelle war aber so groß und der Preis so niedrig, dass sich auch viele ärmere Familien solche Uhren leisten konnten.

Natürlich gab es auch Konkurrenz, vor allem von Firmen aus Amerika, die den Markt mit Billiguhren zu überschwemmen drohten. 1850 gründete deshalb der badische Großherzog Leopold in Furtwangen die erste eigenständige Uhrmacherschule der Welt, um mit einer besseren Qualität die Uhren konkurrenzfähig zu machen (die Uhrmacherausbildung in Pforzheim erfolgte in der Goldschmiedeschule). Direktor der Schule wurde der Ingenieur Robert Gerwig, der die Höllentalbahn gebaut hatte. Er gründete an der Schule die Zeitschrift „Gewerbeblatt für den Schwarzwald" und ließ darin Baupläne für Uhrwerke abbilden: zum Nachbauen freigegeben. In seinem ersten Amtsjahr veranstaltete er auch einen landesweiten Wettbewerb für eine zeitgemäße, moderne Schwarzwalduhr. Den ersten Preis gewann kein Schwarzwälder Uhrenhersteller, sondern ein Freund von Gerwig, der Karlsruher Architekt Friedrich Eisenlohr. Er hatte sich für das Design der Wanduhr von der Fassade eines Bahnwärterhäuschens inspirieren lassen und die Uhr schlicht und streng gestaltet. Dieses Modell fand sofort Nachahmer. Es wurde populär, aber auch mit allerlei Schmuck und Ornamenten versehen, die Eisenlohr bewusst weggelassen hatte. Dafür wurde dann auch wieder der berühmte Kuckuck eingesetzt, den Eisenlohr gar nicht vorgesehen hatte.

Einer der Konkurrenten für die badische Uhrenfabrikation saß im württembergischen Schramberg: 1860 gründeten Erhard Junghans und sein Schwager Jakob Zeller-Tobler eine Firma, in der Gehäuseteile für Uhren gebaut wurden, später Uhrwerke, ab 1866 auch komplette Uhren. Viele Zulieferfirmen siedelten sich in Schramberg und Umgebung an, der Betrieb wurde der wichtigste Arbeitgeber der Gegend. Nach Junghans' Tod 1870 übernahm die Witwe die Leitung, fünf Jahre später verkaufte sie die Firma an ihre Söhne Arthur und Erhard. Arthur hatte, wie schon sein Onkel Xaver, einige Zeit in amerikanischen Uhrenfabriken gearbeitet und übernahm einige der Neuerungen, die er dort gelernt hatte.

Unter anderem stieß er die Produktion von Weckern an, wie es sie in den USA gab. Diese Neuerung wurde zuerst als Spielzeug verlacht, bis man merkte, wie erfolgreich Junghans war: Auch die traditionsreiche Wehrle-Uhrenfabrik in Schönwald, die seit 1815 produzierte, stieg 1890 auf Wecker um. Um 1900 kamen dann Taschenuhren in die Produktpalette von Junghans, dessen Betrieb bald zur größten Uhrenfabrik der Welt wurde. Ab 1906 baute Junghans wie viele andere feinmechanische Fabriken dann Munitionszünder. Die von den amerikanischen Firmen übernommene Arbeitsweise, die stärkere Spezialisierung und Konzentration einzelner Arbeiter auf nur einen Arbeitsgang, machte Schule. Viele Unternehmen folgten dem Beispiel, manche gründeten sich in Rottweil, Triberg, St. Georgen, Villingen oder Schwenningen neu. Und wo Uhrenfabriken erfolgreich waren, wuchsen auch die Zulieferfirmen.

Die Industrialisierung im Südwesten

Natürlich wollte man auch in Baden und Württemberg eigene Lokomotiven bauen, damit man sie nicht teuer einführen musste. 1841 kam die erste badische Lok auf die Schienen: Die „Badenia" kam aus der Maschinenfabrik von Emil Keßler und Theodor Martiensen in Karlsruhe. Während sie 1847 noch mit knapp 900 Arbeitern über 100 Loks gebaut hatten, mussten sie nach dem großen Bankenkrach in Baden 1851 das Geschäft aufgeben.

MASCHINEN FABRIK VON KESSLER UND MARTIENSEN

▲ *Die Maschinenfabrik Keßler in Karlsruhe. 1841 bauten Emil Keßler und Theodor Martiensen die erste badische Lok, die „Badenia".*

Die badische Regierung kaufte die Fabrik und gründete sie als Aktiengesellschaft neu, versehen und abgesichert mit ständigen Aufträgen für die badische Staatsbahn. Die Württemberger zogen auch hier nach: 1846 wurde erst in Stuttgart, dann in Esslingen eine Maschinenfabrik gegründet, von Emil Keßler, der in Karlsruhe bereits eine Fabrik aufgebaut hatte. 1847 war die erste Lokomotive fertig. Auch die ersten Bodenseedampfer, „Wilhelm" und „Olga", und zwei Neckardampfer wurden hier zwischen 1851 und 1858 fabriziert. Nach der Errichtung der Keßler'schen „Maschinenfabrik Esslingen" siedelten sich in der kleinen Stadt weitere Industrieunternehmen an, Maschinen-, Werkzeug- sowie Metallwarenfabriken – die erste hatte es schon Anfang des 19. Jahrhunderts gegeben. 1842 beherbergte Esslingen 18 Fabriken mit 1500 beschäftigten Arbeitern.

Weitere Großbetriebe im Maschinenbau siedelten sich in Württemberg an: in Stuttgart (Getreidemühlen), Neuenbürg, Friedrichstal (Sensen), Triberg (Löffelschmiede), Ulm (Messing) und Heilbronn (Papiermaschinen). Und Industriefabriken für Metallkurzwaren kamen hinzu, wie die Blechwarenfabrik von C. G. Rau in Göppingen oder Carl Deffner in Esslingen. Rock & Graner produzierten in Biberach Blechspielzeug, das es mit viel Erfolg bis auf die Londoner Weltausstellung 1851 schaffte.

Auch andere Gewerbe florierten in der zweiten Hälfte des 19. Jahrhunderts, viele Handwerksbetriebe wurden zu Fabriken umgebaut, oft mit ausländischen Maschinen, wie die Trikotagenfabrik Benger aus Stuttgart, die mit einem sehr modernen sogenannten „Zirkularwirkstuhl" aus Frankreich in die Massenfabrikation einstieg: Mit ihm konnten erstmals elastische Gewebe hergestellt werden, Stretch-Stoffe. Trikotagen sind gewirkte oder gestrickte Kleider, Röcke oder Unterwäsche.

1856 fing Benger mit fünf Maschinen an und wurde bald einer der größten Trikotagenhersteller Deutschlands mit 1500 Angestellten um die Jahrhundertwende. Ab 1855 hatte die Firma Filialen in Bregenz, Wien, Berlin und New York. Überflügelt wurde Benger nur von Vollmoeller in Vaihingen, dem größten Hersteller in ganz Europa. Die Strickwarenindustrie war im Reutlinger Raum ansässig, Wilhelm Bleyle aus Feldkirch beherrschte bis zum Ersten Weltkrieg den Markt. Bis heute bekannt ist dagegen die Firma Schiesser, die 1875 vom Schweizer Fabrikanten Jacques Schiesser in Radolfzell gegründet wurde. Die erste Produktion stellte er mit seiner Frau Malwine im Tanzsaal des Gasthauses „Schwert" her, ein Jahr später zog er in eine richtige Fabrik um, vier Jahre später beschäftigte er 280 Mitarbeiter. Auch er bediente sich des Zirkularwirkstuhls. Mit Filialen in Stockach (1890), Bukarest (1894) und Engen (1896) wurde Schiesser sehr erfolgreich. Auf der Pariser Weltausstellung 1901 gewann er den Großen Preis für vier seiner Erzeugnisse.

Silberbestecke wurden in Heilbronn von Bruckmann gefertigt und von Erhard in Gmünd. Eine württembergische Besonderheit sind die Blechwaren aus Esslingen, Reutlingen und Göppingen. Noch heute spielen junge und ältere Menschen mit Produkten der Firma Märklin, die von Theodor Friedrich Wilhelm Märklin 1859 in Göppingen gegründet wurde: Puppenküchen, Schiffsmodelle, Kreisel und andere Spielzeuge wurden hier hergestellt. 1891 kamen die erste Modelleisenbahn und die dazugehörigen Schienen auf den Markt.

◄ *Der Triberger
Wasserfall um
1900 – ein Ener-
gielieferant erster
Güte.*

Wasserkraft und Elektrifizierung

Wichtig war für viele Fabriken, aber auch für kleinere Betriebe und Städte die Versorgung mit Energie. Der Schwarzwald war dafür sehr geeignet,
denn viele Flüsse durchzogen ihn, mit teils sehr großem Gefälle, die schon
lange für die Energieerzeugung benutzt wurden, zuerst mit Mühlen, später durch angeschlossene Turbinen, die kleinere Werkstätten und Betriebe
versorgten. Ende des 19. Jahrhunderts kam die Versorgung der Industrieanlagen und Städte durch Elektrizität dazu.

1884 stellte die Stadt Triberg in der Nähe von Freiburg als erste Stadt
Deutschlands ihre gesamte Straßenbeleuchtung auf elektrisches Licht
um. Sie gewann den Strom aus dem 136 Meter hohen Wasserfall der Gutach. Ein Jahr später sorgten das Wasserkraftwerk in Rheinfelden, nahe der
Schweizer Grenze, und das Flusskraftwerk Stallegg, in der Wutachschlucht

unterhalb von Göschweiler, für Strom, und 1909 wurde das Kraftwerk in Laufenburg spektakulär quer über den Rhein gebaut. Das Kraftwerk Stallegg ließ übrigens Karl Egon zu Fürstenberg bauen, um sein Schloss in Donaueschingen zu beleuchten und Strom für seine Brauerei zu gewinnen. Erst neun Jahre später bekamen auch die Straßen und Wohnungen in Donaueschingen elektrischen Strom und elektrisches Licht.

Nach dem Ersten Weltkrieg wurden für die Sicherstellung der Energiegewinnung zunehmend große Talsperren und Stauseen gebaut, unter anderem ab 1928 am Schluchsee , ab 1914 die Murgtalsperre, die Schwarzenbachtalsperre bei Forbach 1926, die Linachtalsperre 1922 und das Zweribachwerk 1923. Damit war Baden in Deutschland führend im Bau von Wasserkraftwerken und großen Stromanlagen.

Rheinbegradigung

Aber die Flüsse waren nicht nur hilfreich, indem sie Energie lieferten oder Dinge und Personen transportierten. Manchmal gefährdeten sie Menschen, Überflutungen haben manches Dorf zerstört. Schon immer versuchte man deswegen, Flüsse zu zähmen. Ein gigantisches Großprojekt ab 1817 veränderte einen der größten Ströme Europas, den Rhein. Um 81 Kilometer, ungefähr ein Viertel, wurde er verkürzt.

Auch diese Idee war nicht ganz neu: Schon lange hatte man versucht, auch den Überschwemmungen des Rheins, den sich verändernden Flussläufen Einhalt zu gebieten, hatte Dämme gebaut und sie mit Bepflanzungen befestigt. Im Forst- und Waldgesetz von 1580 für die Kurpfalz ist festgeschrieben worden, wie der Dammbau und die Uferbefestigung auszusehen hatten und welche Pflanzen man setzen durfte. Wie auch bei der südbadischen Dreisam, die nach den Schneeschmelzen immer wieder über die Ufer getreten war: Die „Wuhrordnung" von 1588 legte Dämme und Wuhren (Wehren) fest. Anfang des 19. Jahrhunderts wurde die Dreisam begradigt, ab Riegel lief sie jetzt über den „Leopoldskanal".

Das Domestizieren des Rheins dagegen war eine beispiellose Aufgabe, die lange geplant wurde. Es brauchte aber erst das zerstörerische Hochwasser im Jahr 1816, das vor allem der pfälzischen Gemeinde Wörth sehr geschadet hatte, damit die badische und die bayerische Regierung die Aufgabe gemeinsam finanzierten: Die Pfalz gehörte damals zu Bayern. 1817 gelang bei Knielingen in der Nähe von Karlsruhe der erste Durchstich. Als weiterer Rhein-Anrainer begann sich ein Jahr später auch die französische Regierung zu beteiligen.

Charte des alten Flußlaufes im Ober-Rhein-Thal.

Dem Ingenieur Johann Gottfried Tulla (1770–1828) gelang es, den mäandernden Strom auf vielen Kilometern zu begradigen. Er und seine Nachfolger machten den Rhein zwischen 1817 und 1876 uneingeschränkt schiffbar, minimierten die Überschwemmungen und sicherten das Land rechts und links des Flusses für die Landwirtschaft.

Schon 1804 hatte der badische Großherzog Tulla beauftragt, Maßnahmen gegen das Hochwasser des Rheins zu erarbeiten. 1817 wurde er Leiter der Oberdirektion des Wasser- und Straßenbaus. Nachdem er erfolgreich die Dreisam in ein neues Bett umgeleitet hatte, präsentierte er

▲ *Historische Landkarte alter Flussläufe von Rhein und Neckar vom 6. Jahrhundert bis 1850, von Speyer und Heidelberg bis Worms.*

1812 seine Pläne für die Begradigung des Rheins. Er war der Ansicht, es sollten „in kultivierten Ländern die Bäche, Flüsse und Ströme Kanäle sein und die Leitung der Gewässer in der Gewalt der Bewohner stehen". Der Schutz der Menschen war sein Hauptanliegen, auch die Gewinnung von Land und die Sicherheit der Grenzen: Denn durch die großen Veränderungen des Rheins lagen beispielsweise bei Karlsruhe die „Daxlander Au" und die „Daxlander Wiesen" manchmal auf der rechten, manchmal auf der linken Seite des Rheins, waren also manchmal badisch, manchmal pfälzisch. Hörte der Rhein auf zu mäandern, war er auch als Grenzfluss fixiert.

Tulla trennte die Kurven des Rheins mit geraden Schnitten und Durchstichen, befestigte den Fluss, der damit zu einem Kanal wurde, und die Dämme mit Steinmauern; und er baute dahinter noch weitere Dämme, die das Hinterland ein zweites Mal schützen sollten. Die alten Schlingen wurden abgetrennt, sie wurden zu „Altrheinarmen", die es noch heute gibt. Allerdings floss jetzt, nach der Begradigung des Rheins, der Fluss viel schneller und grub sich damit auch tiefer in das Kanalbett hinein. Staustufen wurden nötig, um die Fließgeschwindigkeit wieder zu verringern. 1824 gab es eine große Überschwemmung rheinabwärts, weil bei Hochwasser der Fluss schneller floss als früher: 1826 forderten Preußen und die Niederlande einen Baustopp am Rhein, aus Angst vor weiteren Überschwemmungen.

Bis 1876 dauerten die Arbeiten, bis der gesamte Oberrhein begradigt war und auch die nördlichen Länder davon profitierten. Tullas Nachfolger Max Honsell hatte noch quer verlaufende Buhnen in den Rhein gebaut, mit denen bei Niedrigstand möglichst viel Wasser in die Fahrtrinne geleitet wurde. Der Effekt war eindeutig: bedeutend weniger Überschwemmungen, und es war Land gewonnen worden, das als Industrie- oder Ackerland genutzt werden konnte. Der Nachteil war, dass der Fischfang schwieriger geworden war, weil der Fluss schneller floss und viele Fische abwanderten oder weggeschwemmt wurden. Und dass der Grundwasserspiegel jetzt sank, was dem bäuerlichen Umland schadete.

Das Glücksspiel

Zwei weitere Möglichkeiten, Geld zu verdienen, machten die kleine Stadt Baden-Baden reich: der Bäderbetrieb und das Glücksspiel. Die heißen Quellen in Baden-Baden waren schon seit der Zeit der Römer berühmt. Sie nannten den Ort schlicht Aquae („Wasser") und statteten ihn mit lu-

xuriösen Badetempeln aus, bauten prachtvolle Häuser und legten einen Friedhof an. Im 16. Jahrhundert bauten die Hotels eigene Bäder, und ab 1800, nach den verheerenden Kriegen der Revolutionszeit, wurde das Kurbad wieder populär. Vor allem, nachdem die preußische Königin Friederike Luise 1804 den Sommer hier verbrachte. Jetzt kamen auch der badische Großherzog Karl Friedrich und Stéphanie von Beauharnais. Dampfhalle und Trinkhalle wurden ab 1819 von Friedrich Weinbrenner gebaut, ein Luxushotel entstand im Auftrag des Stuttgarter Verlegers Johann Friedrich Cotta.

1767 war in Baden das Glücksspiel verboten worden. Nur in Baden-Baden während der Kursaison blieb es erlaubt, damit die Kurgäste etwas zu ihrem Amüsement hatten. Langsam stiegen die Einsätze, die Banken beteiligten sich am lukrativen Geschäft und mussten für die Spielkonzessionen viel bezahlen. 1802 versprach der Bankier Joseph Payen, weitere Belustigungen in der Stadt zu organisieren: Live-Musik und ein Karussell, 1807 war er der einzige Spielbankchef in Baden-Baden. 1824 war das Geschäft so groß geworden, dass Weinbrenner ein neues Kurhaus baute, in dem auch die Spielbank untergebracht war. Als 1837 das Glücksspiel in Frankreich verboten worden war, strömten die Franzosen nach Baden-Baden; der Pächter der Pariser Spielbank, Jacques Bénazet (1778–1848),

▲ *Das Kurhaus und das Spielcasino der Stadt Baden-Baden, eine der Haupteinnahmequellen der Stadt. Erbaut von Friedrich Weinbrenner.*

wurde Direktor der Baden-Badener Spielbank. Engagierte internationale Künstler, unter ihnen Franz Liszt und Gioacchino Rossini, dessen „Stabat Mater" 1842 hier uraufgeführt wurde. Und sein Sohn erfand in Iffezheim die noch heute berühmten Pferderennen. 1872 erst wurde das Glücksspiel wieder verboten und blieb es bis 1933.

Universitäten

▼ Das Eingangs-portal der Universität Karlsruhe. Heute befindet sich hier das Karlsruher Institut für Technologie (KIT).

Bei allem Fortschritt merkte man auch früh, dass man die Arbeiter und Ingenieure gut ausbilden musste, um auf dem nationalen und internationalen Markt konkurrenzfähig zu bleiben. Eine einfache Lehre reichte bald nicht mehr aus. So wurde schon 1768 die „Goldschmiedeschule mit Uhrmacherschule" in Pforzheim gegründet, die älteste Gewerbeschule der Welt, noch heute bildet sie aus. In Furtwangen gab es ab 1850 die Uhrmacherschule, die heutige Hochschule Furtwangen (HFU).

In Hohenheim, in der Nähe von Stuttgart, entstand 1818 die spätere Universität, nachdem die Hohe Karlsschule 1794 geschlossen worden war. Sie begann als landwirtschaftliche Musteranstalt mit einem Gut und ab 1842 mit einer Gartenbauschule. Passend zum eher landwirtschaftlich geprägten Württemberg blieb Hohenheim auch lange Zeit eine „Landwirtschaftliche Akademie", wie sie ab 1847 hieß, mit Lehrstühlen für Land- und Forstwirtschaft und eher naturwissenschaftlich geprägt.

Nach dem Vorbild der École Polytechnique in Paris und aufbauend auf die 1807 in Karlsruhe gegründete Ingenieurschule von Johann Gottfried Tulla (1770–1828) wurde hier 1825 die spätere Technische Hochschule eröffnet. Großherzog Ludwig wollte den Bürgern den Zugang zu Mathematik und Naturwissenschaften ermöglichen, explizit zu dem Zweck, die „Gewerbsthätigkeit" zu fördern und durch die angewandte Wissenschaft „Vorzüglichkeit der Erzeugnisse in Form und Stoff" hervorzubringen. Für die Geistes- und Verwaltungswissenschaften gab es schon die Universitäten in Heidelberg und Freiburg. Beide lagen in Gebieten, die erst nach dem Reichsdeputationshauptschluss 1803 Baden zugeschlagen worden waren – davor gab es in Baden keine Universität. Ingenieurwesen, Bauwesen, Höheres Gewerbe, Forstwesen und Handel waren in Karlsruhe ab 1832 die Fachrichtungen, 1841 kamen Maschinenbau und Chemie dazu.

Durch die großzügige Förderung dieser neuen, technisch und naturwissenschaftlich geprägten Hochschule wurden schnell die Besten ihres Fachs angezogen. Außerdem wurden auch bald internationale Kongresse organisiert, auf denen Fachwissenschaftler neue Erkenntnisse diskutierten: 1858 ein erster großer Ärztekongress, an dem auch Liebig, Virchow und Helmholtz teilnahmen, die Elite der deutschen Ärzteschaft. 1860 trafen sich dann die Chemiker zum ersten Kongress Deutschlands mit internationaler Beteiligung, auf dem auch eine neue Nomenklatur für das Fach festgelegt wurde. 1886 gelang es Heinrich Hertz in Karlsruhe in einem Experiment, zum ersten Mal elektromagnetische Wellen gezielt von einem Sender zu einem Empfänger zu schicken.

Diese Tradition der Avantgarde in Forschung und Lehre setzt sich bis heute fort: 1984 ging die erste überseeische E-Mail aus den USA nach Karlsruhe, wo es an der Universität die erste Fakultät für Informatik Deutschlands gab. Sie war einen Tag vorher (!) von Cambridge/Massachusetts abgeschickt worden, an Werner Zorn, den Leiter der Fakultät, und seinen Mitarbeiter Michael Rotert, mit dem Betreff: „Wilkommen in CSNET!" Sie beginnt mit den Worten: „Michael, This is your official welcome to CSNET."

Die Erfindung des Individualverkehrs: Fahrrad und Auto

Zu den vielen Erfindungen, die gerade im Südwesten Deutschlands gemacht wurden, gehört wohl an erster Stelle auch eine, die unser Leben heute noch prägt wie kaum eine andere: der Individualverkehr. Vor allem drei Persönlichkeiten sind dafür verantwortlich: Karl Drais (1785–1851), Carl Benz (1844–1929) und Gottlieb Daimler (1834–1900), zwei Badener und ein Württemberger.

Benz und Daimler waren Ingenieure, die sich einem Ziel widmeten und so lange darauf hinarbeiteten, bis sie erfolgreich waren. Karl Drais da-

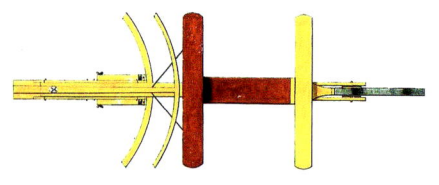

gegen war ein Erfinder, der sich mit vielem beschäftigte, ein Tüftler. Er entwarf: eine Schreibmaschine, ein neues Rechensystem, einen Klavierrekorder, einen Herd mit energiesparender Kochkiste, einen Ofen mit Röhrenabzug, ein Periskop, eine Tabakspfeife mit Kühlung, ein binäres Zahlensystem und ein Fahrzeug, das auf Schienen fährt und noch heute ihm zu Ehren Draisine heißt – seine Interessen waren wirklich weit gespannt.

Geboren wurde er als Karl Friedrich Christian Ludwig Freiherr Drais von Sauerbronn in Karlsruhe. Sein Vater war Oberhofrichter, Markgraf Karl Friedrich sein Taufpate. Drais studierte in Heidelberg Baukunst, Landwirtschaft und Physik, wurde Forstlehrer in Schwetzingen, dann badischer Forstmeister. Aber da ihn diese Aufgabe nicht ausfüllte, ließ er sich 1811 freistellen, 1818 pensionieren. Großherzog Karl ernannte ihn zum Professor für Mechanik, und sein Gehalt als Förster bekam er weiter, als eine Art Stipendium.

1813 führte er dem russischen Zaren in Karlsruhe sein „Fahrrad" vor, 1815 sogar den Teilnehmern des Wiener Kongresses. 1817 fuhr er zum ersten Mal eine längere Strecke damit: Von Mannheim-Rheinau nach Schwetzingen zum Relaishaus, das sind 14 Kilometer, für die er mit einer Durchschnittsgeschwindigkeit von etwa 15 km/h eine knappe Stunde brauchte – die Postkutsche benötigte dafür vier Stunden. Seine zweite PR-Fahrt unternahm er im selben Jahr von Gernsbach über den steilen Schwarzwaldpass nach Baden-Baden, wo er nach einer Stunde (statt zwei, die die Kutsche brauchte) den reichen und berühmten Sommerfrischlern sein Laufrad demonstrieren konnte. Die „Karlsruher Zeitung" schrieb am 1. August: „Der Forstmeister Freiherr Karl von Drais, welcher nach glaubwürdigen Zeugnissen mit der neuesten Gattung seiner von ihm erfundenen Fahrmaschinen ohne Pferd von Mannheim bis an das Schwetzinger Relaishaus und wieder zurück gefahren ist, hat mit der nämlichen Maschine den steilen, zwei Stunden betragenden Gebirgsweg von Gernsbach nach Baden in ungefähr einer Stunde zurück gelegt, und auch hier mehrere Kunstliebhaber von der großen Schnelligkeit dieser sehr interessanten Fahrmaschine überzeugt."

Dieser Vorläufer unseres heutigen Fahrrads wog stolze 22 Kilogramm, der Rahmen war aus Holz, die Räder waren nicht gefedert und nicht mit Luft gefüllt, und es hatte auch keine Pedalen: Der Fahrer musste sich mit den Füßen abstoßen. 1817 erhielt Drais für Baden ein Privileg des Großherzogs als alleiniger Hersteller und Verkäufer seiner Maschinen, Patente gab es damals noch nicht, schon gar nicht europaweit. Wagenbauer Frey in Mannheim bekam den Auftrag, das Rad zu bauen. Andere Wagenmacher bauten es aber bald illegal nach. Es kam sogar kurzzeitig zu einer Fahrradmode. Jeder Mann von Welt wollte ein Fahrrad haben, ein „Draisinenreiter" sein, wie sie bald genannt wurden. Allerdings kam es auch zu so vielen Unfällen, dass das Fahrradfahren auch wieder verboten wurde.

1821 musste Drais nach Brasilien auswandern: Sein Vater war Oberhofrichter am höchsten Gerichtshof Badens in Mannheim und hatte 1820 den radikalen Burschenschafter Karl Ludwig Sand, den Mörder des antinapoleonischen Schriftstellers August von Kotzebue, zum Tode verurteilt. Er und sein Sohn wurden daraufhin bedroht. 1827 kam Drais dann wieder zurück und engagierte sich in der Demokratiebewegung. 1849, nach der Revolution, verzichtete Drais auf seinen Adelstitel. Zwei Jahre später starb er in Karlsruhe.

Bis zum Auto dauerte es noch 70 Jahre, und es begann mit einer abenteuerlichen Fahrt: Im Januar 1886 hatte sich Carl Benz einen noch dreirädrigen Wagen patentieren lassen, nachdem der auf einer kleineren Strecke getestet worden war. Im August 1888 aber wollte seine Frau Bertha, die seine Versuche stets finanziert und unterstützt hatte, es wissen: Von Mannheim, wo Benz' Werkstatt war, fuhr sie nach Pforzheim zu Verwandten, um aller Welt zu zeigen, wie einfach das Automobil zu bedienen war. Übrigens wusste ihr Mann nichts von ihrer Fahrt, die sie frühmorgens mit ihren beiden Söhnen antrat. Es gab mehrere Pannen, die sie mit einfachen Mitteln behoben – mit einer Hutnadel wurde die verstopfte Benzinleitung freigestochen, mit einem Strumpfband ein Kabel neu isoliert. In einer Apotheke kauften sie das Waschbenzin Ligroin, mit dem sie das Auto auftankten: Es gab ja noch keine Tankstellen. Die Bremsklötze ließen sie mit neuem

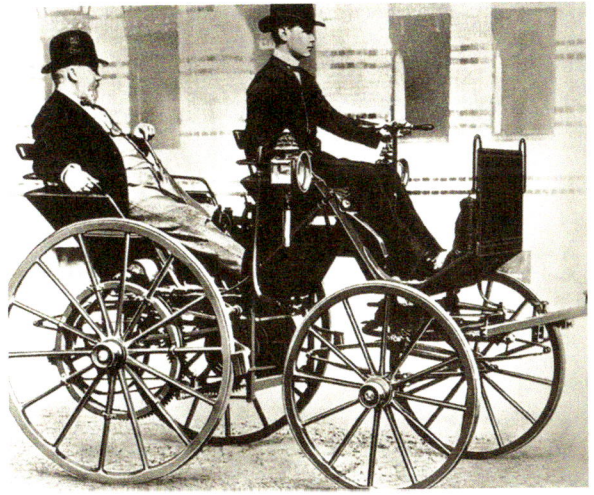

▼ Gottlieb Daimler, der schwäbische Erfinder des Autos. Er erfand neben Motorrädern und Motorbooten das erste vierrädrige Auto, einen LKW und einen Rennwagen.

Leder beschlagen, und ein Schmied musste die Antriebskette reparieren. Fast 13 Stunden dauerte die 104 Kilometer lange Fahrt quer übers Land nach Pforzheim – auf Landstraßen ohne Wegweiser, die Berge hoch mussten sie mit der Hilfe von Passanten den Wagen auch schon mal schieben. Mit dieser Test- und Demonstrationsfahrt und mit mehreren Auszeichnungen, unter anderem mit der Goldmedaille auf der Münchener „Kraft- und Arbeitsmaschinenausstellung" 1888, wurde Benz berühmt und verkaufte vor allem ins Ausland. 1899 beschäftigte er schon 430 Arbeiter bei Benz & Cie.

Benz' größter Konkurrent war der in Schorndorf geborene Gottlieb Daimler, der an der Polytechnischen Schule in Stuttgart Maschinenbau studiert hatte. Mit seinem Freund Wilhelm Maybach, mit dem er in Karlsruhe und Deutz zusammengearbeitet hatte, konstruierte auch er Automobile. Drei Jahre vor Benz hatte er seinen Einzylinder-Viertaktmotor patentieren lassen, 1885 ein Motorrad und ein Motorboot, 1886 das erste vierrädrige Auto, danach auch einen LKW, und 1888 stattete er das erste Luftschiff mit einem seiner Motoren aus. 1899 baute er sogar einen Rennwagen für den österreichischen Generalkonsul Emil Jellinek, nach dessen Tochter Mercedes das Auto benannt wurde: den Mercedes-Simplex. 1926 wurden die beiden Firmen, Benz & Cie. und die Daimler-Motoren-Gesellschaft zur Daimler-Benz AG vereinigt.

Maybach machte sich 1909 mit seinem Sohn Karl selbständig, gründete in Bissingen/Enz die Maybach-Motorenbau GmbH, die Motoren für die Zeppeline in Friedrichshafen herstellte und später Luxusautos.

Die Automobil- und die Flugzeugindustrie

Und natürlich waren gerade diese Industriezweige äußerst erfolgreich. 1890 wurde die Daimler-Motoren-Gesellschaft gegründet, eine Aktiengesellschaft, an der Daimler selbst beteiligt war, außerdem der Karlsruher und Ettlinger Fabrikant Wilhelm Lorenz, der Rottweiler Pulverfabrikant Max Duttenhofer und Kilian Steiner von der Württembergischen Vereinsbank. Andere Firmen zogen nach: die NSU Motorenwerke, die 1880 in Neckarsulm mit dem Bau von Fahrrädern angefangen hatten, bauten ab 1901 qualitativ hochwertige Motorräder, Dunlop entwickelte die Luftreifen dafür, 1906 kam Gottlieb Kaelbe in Backnang mit einer Zugmaschine auf den Markt, 1910 Albert Eberhardt in Ulm mit dem ersten Traktorpflug und die Firma Kässbohrer 1907 mit einem Lastwagen. Während Daimler zunächst ein kleines Unternehmen blieb, baute Benz in Mann-

heim seine Firma aus. 1910 kaufte er die Süddeutsche Automobilfabrik in Gaggenau. Erst nach Daimlers Tod expandierte unter der Leitung des Karlsruher Fabrikanten Lorenz auch die württembergische Gesellschaft und wurde zu einem der größten Arbeitgeber des Landes.

Wichtig für die Entwicklung des Autos war die Erfindung der Hochspannungs-Magnetzündung in der Firma von Robert Bosch (1861–1942), der 1886 eine feinmechanische Werkstatt in Stuttgart eröffnet hatte. Damit war das Problem der Zündung im Otto-Motor für viele Jahre gelöst. Der Erfolg war so überwältigend, dass Bosch 1913 über 4500 Angestellte beschäftigte.

Für eine relativ kurze Zeit wurden sogar Flugzeuge in Württemberg hergestellt: Ab 1912 gab es in Friedrichshafen am Bodensee ein Werk des Grafen Ferdinand von Zeppelin, der dort seine lenkbaren Luftschiffe mit Motoren von Wilhelm Maybach ausstattete, dem ehemaligen Geschäftspartner Daimlers. 1922/23 gingen daraus die Dornier-Werke hervor, ein Tochterunternehmen davon war die Zahnradfabrik ZF Friedrichshafen. 1909 gründeten Johann Schütte und Karl Lanz (der auch den legendären Ackerschlepper Lanz Bulldog herstellte) ein Luftschiffwerk in der Nähe von Mannheim – so erfolgreich wie Zeppelin und Dornier waren sie aber nicht. Vergessen ist auch, dass Zeppelin einen regelrechten Linienverkehr in Deutschland einrichtete, auch zum Beispiel von Frankfurt oder Düsseldorf nach Baden-Baden: 1910 musste es unbedingt zum wohl wichtigsten Kur- und Casinoort Deutschlands gehen. 1937 explodierte dann die

*▲ Das Raketen-
flugzeug RAK1,
das von Julius
Hatry zum ersten
Mal geflogen
wurde.*

„Hindenburg" in Lakehurst, New Jersey (USA) – das war das Aus für die
Zeppeline.

Vergessen werden soll auch nicht die Pionierleistung des Mannheimer
Piloten Julius „Uss" Hatry (1906–2000), der ein Raketenflugzeug konst-
ruierte und es als erster Mensch 1929 auch erfolgreich flog. Begonnen
hatte es für Hatry mit der Segelflieger-Prüfung (als erster Badener). Nach
dem Studium des Ingenieurwesens war er Fluglehrer in Ostpreußen und
fing an, Flugzeugmodelle zu bauen. 1929 konstruierte er das bemannte
Raketenflugzeug „RAK 1", einen Hochdecker mit doppeltem Leitwerk.
Der Bau wurde vom Industriellensohn Fritz von Opel finanziert. Und die
Zeitung schrieb: „Ein dröhnender Knall. Feuersprühend und in weißen
Dampf gehüllt rast der Katapult nach vorn. Für eine Sekunde steht das
Herz still und der Atem stockt. Wird es gelingen? Ein noch halb beklom-
mener Freudenschrei aus allen Herzen – das Flugzeug steigt wirklich frei
in die Luft, feuerspeiend wie ein Komet." Da ihm die Nationalsozialisten
das Forschen verboten hatten, wurde Hatry 1935 Kameramann, Dreh-
buchautor und Regisseur für Unterhaltungsfilme. Nach dem Krieg war er
Film- und Theaterregisseur (unter anderen in Baden-Baden), Übersetzer
aus dem Französischen und ab 1953 Immobilienverkäufer. Dass sich sein
Traum vom bemannten Raumflug erfüllte, erlebte der gebürtige Mannheimer noch, als Juri Gagarin 1961 die Erde umkreiste und Neil Armstrong
1969 als erster Mensch den Mond betrat. Hatry tat den ersten Schritt.

Chemische Industrie

Für die Pfalz war Ludwigshafen eine Ausnahme: Es war eine richtige In-
dustriestadt. Friedrich Engelhorn gründete 1865 die Badische Anilin- und
Sodafabrik (BASF) in Mannheim – aber schon eine Woche später zog er
nach Ludwigshafen um, weil der bayerische König, dem die Pfalz gehörte,
Fabrikgründungen mit enormen Subventionen förderte.

Schon 1836/37 hatte die Firma Maggi-Graselli-Giulini, die auf dem
Grohof bei Mannheim künstlichen Dünger herstellte, mit der Fabrikation
von Schwefelsäure und Soda begonnen. Mit anderen zusammen gründete
sie 1854 den Verein „Chemische Fabriken". Obwohl Soda in den 1870er-
Jahren durch ein billigeres Verfahren sehr preisgünstig wurde, blieb es
für die Seifenproduktion dennoch ein begehrter Grundstoff. 1907 gab es
in Württemberg 171 Betriebe mit knapp 900 Arbeitern, unter anderem in
Heilbronn und Esslingen; in Baden gab es 77 Betriebe mit über 500 Beschäftigten. Mannheim blieb die Stadt mit den meisten Fabriken, auch
Christian Friedrich Boehringer, der 1859 in Stuttgart begann, verlegte seine Fabrik C. F. Boehringer & Soehne GmbH 1872 dorthin, weil Stuttgart
verkehrstechnisch einfach ungünstig lag. Sein Zweigwerk in Mannheim-
Waldhof wurde zur größten Chininfabrik der Welt. Die größte Seifenfab-
rik Deutschlands wurde allerdings 1899 in Rheinau gegründet: Sunlicht,
mit dem ersten Markenartikel des deutschen Konsums.

Die größte Firma der Region blieb allerdings die BASF. Schon 1861
produzierte man Fuchsin und Anilin, ab 1869 Alizarin, einen künstlichen
Krappfarbstoff, und später andere Farbstoffe, ab 1897 auch Indigofar-
ben. Die BASF investierte viel Geld in die Forschung und expandierte
schnell. Bereits 1900 war es die größte chemische Fabrik der Welt – mit
über 6000 Arbeitern. 1904 schlossen sich die BASF, Bayer (Wuppertal)
und Agfa (Berlin, der Name bedeutet Aktien-Gesellschaft für Anilin-
Fabrikation) zur Interessengemeinschaft Farbenindustrie, IG Farben, zusammen. Später begann die BASF auch für die Rüstung zu arbeiten und
produzierte ab 1913 in Ludwigshafen-Oppau Ammoniak, der nicht nur
für Dünger, sondern auch für Sprengstoffe und Giftgas verwendet wurde.

Direkt für die Rüstung arbeitete der erfolgreiche Rottweiler Unternehmer Max Duttenhofer (1843–1903). Nach einem Chemiestudium in
Stuttgart wurde er Leiter der elterlichen Pulvermühle. 1870/71 gründete
er die Aktiengesellschaft „Pulverfabrik Rottweil" und erweiterte seinen
Betrieb in Düneberg bei Geesthacht in Schleswig-Holstein. In der Nähe
lag die Dynamitfabrik der Firma Nobel, deren Gründer es als erstem gelungen war, ein progressiv abbrennendes Pulver herzustellen – das war die

➤ *Das BASF-Werk in Ludwigshafen im Jahr 1881. 1865 in Mannheim gegründet, zog das Unternehmen im selben Jahr in die Pfalz.*

Grundlage aller rauchlosen Pulver. Sechs weitere Pulverfabriken Duttenhofers im Südwesten folgten. 1882 entwickelte er ein besonderes Pulver, das prismatische Pulver C 82, das den Markt für schwere Geschütze und die Marine beherrschte. 1884 folgte das rauchschwache Pulver, mit dem er die moderne Waffentechnik revolutionierte, und mit dessen Produktion er so reich wurde, dass man ihn den „Krupp von Süddeutschland" nannte. Er nannte es R.C.P. – Rottweiler Chemisches Pulver. 1889 erfand er noch ein Blättchenpulver. Sein Unternehmen war bis zum Ersten Weltkrieg eines der größten Unternehmen Württembergs.

Arbeiterbewegung

Nur wenige Unternehmer kümmerten sich auch um ihre Angestellten, wie Robert Bosch in Stuttgart oder Arnold Staub in Kuchen. Natürlich beuteten nicht alle Fabrikanten ihre Arbeiter brutal aus, aber schnell merkten diese doch, dass sie sich ihre Rechte erkämpfen mussten, wenn sie welche haben wollten. Noch in den 1870er-Jahren waren Arbeitszeiten von 13 oder 15 Stunden täglich die Regel.

Offiziell begann die institutionelle Arbeiterbewegung 1863, als in Leipzig die erste deutsche Arbeiterpartei unter dem Vorsitz von Ferdinand Lassalle gegründet wurde: der Allgemeine Deutsche Arbeiterverein. Es folgte die Bildung von Gewerkschaften. In Eisenach entstand 1869 die Sozialdemokratische Arbeiterpartei mit August Bebel und Wilhelm Liebknecht als Führern. 1878 beschloss die Regierung in Berlin das „Sozialistengesetz", nach dem alle sozialdemokratischen Vereine, Parteien,

Versammlungen und Schriften in Deutschland verboten waren. 1889 bewirkte ein deutschlandweiter Massenstreik, dass diese Gesetze 1890 wieder aufgehoben wurden. Die Sozialdemokraten gewannen bei der Reichstagswahl ein Jahr später knapp 20 Prozent. 1912 wurde die SPD stärkste Fraktion im Reichstag.

Im Saarland begann der Streik, der das Ende der Sozialistengesetze einläutete, als sich 1889 im Ortsteil Bildstock von Friedrichsthal 3000 Arbeiter versammelten, um höhere Löhne und bessere Arbeitsbedingungen zu fordern. Sie wandten sich direkt an den Kaiser in Berlin, wurden aber nicht persönlich zu einer Audienz vorgelassen. Zwei Monate später gründeten die Bergarbeiter den „Rechtsschutzverein für die bergmännische Bevölkerung des Oberamtsbezirks Bonn". Fast 20.000 Bergleute traten ihm bei. Im Winter 1892/93 kam es dann zu einem gewaltsamen Streik, der von den Bergwerksbesitzern niedergeschlagen wurde. 2500 Bergleute wurden entlassen und viele Familien mussten aus materieller Not das Saarland verlassen. Der „Rechtsschutzverein" war machtlos und wurde bald danach aufgelöst, christliche Gewerkschaften traten an seine Stelle. Der „Rechtsschutzsaal", das älteste Gewerkschaftsgebäude Deutschlands, steht allerdings heute noch.

In der Pfalz kam es 1871 zu einem großen Streik der Spinnereiarbeiter der Samtfabrik in Oggersheim. Vorrangiges Ziel war die Reduzierung der

◀ *Foto der Delegierten und Gäste beim Gründungstag des Allgemeinen Deutschen Arbeitervereins 1863.*

täglichen Arbeitszeit. Nach acht Tagen war der Streik erfolgreich: zwölf Stunden täglich und eine Lohnerhöhung hatten sich die Arbeiter erkämpft. Noch im selben Jahr gründete sich in Oggersheim eine Ortsgruppe des Allgemeinen Deutschen Arbeitervereins, das war der Anfang der pfälzischen Sozialdemokratie. Schnell entstanden Gruppen auch in Ludwigshafen und Mutterstadt, Frankenthal und Speyer, 1872 in Lambrecht und in Kaiserslautern, wo sie Franz Josef Ehrhart anstieß. Im Grunde waren sie alle illegal, denn die Sozialistengesetze wurden erst 1890 aufgehoben – für die Selbstorganisation der Arbeiter waren sie eminent wichtig.

1890 konnte die SPD dann wieder legal auftreten – auch in Baden und Württemberg. Ab 1890 bildeten sich hier Vereine und sogar Baugenossenschaften, wie die Stuttgarter Waldheime: Gaststätten und Häuser, in denen sich Arbeiter treffen, sich weiterbilden und erholen konnten. Der Waldheimverein Sillenbuch wurde 1909 von Friedrich Westmeyer und Clara Zetkin gegründet, um den Arbeitern zu ermöglichen, aus der Fabrik in die Natur zu fliehen und einen Platz zu haben, wo sie frei und ungezwungen sein konnten. Im Sillenbuch gab es Schaukeln, ein Karussell, eine Kegelbahn und eine kleine Bühne für Puppenspiele und Theaterstücke. Mit solchen Heimen wuchs auch der soziale Zusammenhalt der Arbeiter.

Bis zum Ersten Weltkrieg war die SPD – mit wenigen Ausnahmen – im ganzen Reich die prägende Oppositonspartei: In Baden arbeitete die SPD schon seit 1905 mit den Nationalliberalen zusammen. In Württemberg stimmte sie nur ein einziges Mal dem Staatshaushalt zu: 1907. Als Dank für den im gleichen Jahr stattfindenden Internationalen Sozialistenkongress in Stuttgart.

Eine wichtige Persönlichkeit in der Geschichte der pfälzischen Arbeiterbewegung war Franz Josef Ehrhart (1853–1908), der als Gründungsvater der pfälzischen Sozialdemokratie bezeichnet wird. Sein Spitzname war „der rote Pfalzgraf". Geboren in Eschbach in der Nähe von Landau, hatte er Tapezierer gelernt. Schnell schloss er sich der Sozialdemokratie an, wurde Parteifunktionär und ging zur Zeit der Sozialistengesetze nach London, wo er Sekretär des „Kommunistischen Arbeiterbildungsvereins" wurde, in dem auch Karl Marx und Friedrich Engels Mitglied waren. Außerdem gründete er die linksradikale Zeitung „Freiheit". 1874 wurde er in Mannheim wegen eines Wahlaufrufs für August Bebel verurteilt und 1880 verhaftet, als er die illegale Zeitung „Freiheit" verteilte. 1882 inhaftierte man ihn noch einmal, als er versuchte, in Erinnerung an das Hambacher Fest 1832 eine rote Fahne auf dem Hambacher Schloss an-

zubringen. 1884 zog Ehrhart nach Ludwigshafen, 1895 gründete er seine eigene Zeitung, die „Pfälzische Post". 1889 wurde er als einziger Sozialdemokrat in den Stadtrat gewählt, 1893 in den bayerischen Landtag (die Pfalz gehörte ja zu Bayern), 1898 in den Reichstag, ein Jahr später dann in den Vorstand der SPD. Durch seine Absprachen mit konservativen, katholischen Abgeordneten wurde er heftig innerhalb der SPD, vor allem vom linken Flügel, kritisiert. Für ihn blieben aber die Reformen, die er damit erreichte, wichtiger als die vorgeschriebene Parteipolitik.

Der Pfälzer Sozialdemokrat Franz Josef Ehrhart und streikende Arbeiter in Ludwigshafen, inszeniert vom SWR Fernsehen.

Er war aber nicht nur ein Funktionär und Parteikarrierist. Als Stadtrat stellte er kritische Anfragen und forderte immer wieder öffentlich, die Arbeitsbedingungen bei der BASF zu untersuchen. Er besuchte die Fabrik und erkundigte sich bei Arbeitern, erfuhr von Vergiftungen durch die Farben und Chemikalien, Unfällen und Todesfällen und kritisierte auch die Steuerpolitik des Unternehmens scharf, die es verstand, Millionengewinne zu machen, aber nur wenig Steuern zu zahlen. In seiner Broschüre „Die Zustände in der Badischen Anilin- und Sodafabrik" von 1892 prangerte er die Zustände in der BASF an und verwies dabei auch auf interne Statistiken, die man ihm zugespielt hatte. Er erreichte mit seinem unermüdlichen Einsatz Verbesserungen wie routinemäßige ärztliche Untersuchungen für die Arbeiter und Angestellten. Zudem zeigte er ihnen, dass es sich lohnen konnte, sich für die eigenen Belange einzusetzen.

Eine Unternehmerpersönlichkeit mit Herz – Robert Bosch

Eine württembergische Persönlichkeit, die es wie keine zweite verstand, technische Bildung, unternehmerischen Spürsinn und soziales Engagement zu verbinden, war Robert Bosch (1861–1942). Geboren in der Nähe von Ulm, wurde er Feinmechaniker. Früh kam er in Kontakt mit der Arbeiterbewegung und sozialistischen Ideen. In Nürnberg arbeitete er ab 1882 bei Sigmund Schuckert, der schon eine Betriebskrankenkasse für seine Angestellten eingerichtet hatte. 1884 ging er als Mechaniker in die USA, wo er Mitglied in der gewerkschaftsähnlichen Organisation „Knights of Labour" wurde, die sich für den Achtstundentag, das Verbot der Kinderarbeit und die Abschaffung der Privatbanken einsetzte. 1886 gründete er in Stuttgart eine „Werkstatt für Feinmechanik und Elektrotechnik" und stellte elektro- und medizintechnische Geräte her, ab 1887 auch ein verbessertes Magnetzündsystem für Gasmotoren.

Mit Kunden wie FIAT, Skoda oder Horch expandierte er jetzt ins Ausland. 1897 gelang es seinem Mitarbeiter Arnold Zähringer, den Zünder in einen Automotor zu bauen. Damit behob er eines der größten technischen Probleme der Autoindustrie. Gottlob Honold, sein erster Ingenieur, entwickelte 1901/02 den Hochspannungszünder ohne Batterie. Boschs Zündkerzen wurden in die ganze Welt exportiert, später dort auch gleich hergestellt. Im Ersten Weltkrieg enteigneten die Franzosen Boschs französische Fabriken. Ab 1919 war er dann wieder mit Motorradelektronik und dem Radlicht mit Dynamo wirtschaftlich erfolgreich. 1927 erfand er Einspritzmotoren, die er auch an die Luftwaffe verkaufen konnte.

Auch seine soziale Ader zeigte sich deutlich: So war er mit dem führenden Sozialdemokraten Karl Kautsky und der Sozialistin Clara Zetkin eng befreundet. 1906 führte Bosch in seinen Betrieben den Achtstundentag ein und den arbeitsfreien Samstagnachmittag. Er baute unter anderem Waldheime für Arbeiter, spendete an Wohltätigkeitsorganisationen und stiftete der Technischen Hochschule Stuttgart 1910 eine Million Mark.

Im Ersten Weltkrieg ließ er einige seiner Fabriken zu Lazaretten umbauen und verschaffte den Kriegsinvaliden Prothesen. Er spendete Millionen für ein homöopathisches Krankenhaus in Stuttgart und trug Reformkleidung. Außerdem setzte er sich zeitlebens für die deutsch-französische Freundschaft ein. Erst die Nationalsozialisten beendeten dieses Engagement. Gegen die setzte sich Bosch zur Wehr, indem er Juden rettete und Männern, die in den Putsch vom 20. Juli 1944 verwickelt waren, Arbeit gab. Nach seinem Tod wurde die Robert Bosch GmbH nach seinem Willen in eine gemeinnützige Gesellschaft umgewandelt.

Die Auswanderung aus dem Südwesten

Nicht alle hatten während der Zeit der Industrialisierung oder auch schon davor das Glück, einen Arbeitsplatz zu bekommen, der ihnen ein Auskommen sicherte. Viele verloren ihn auch wieder in den Zeiten der Depression. Viele litten unter politischer oder religiöser Unterdrückung, wie manche der geflüchteten 1848er-Revolutionäre, von denen aber einige Prominente das Glück hatten, in Amerika eine politische oder militärische Karriere zu machen. Nicht allen gelang das. Geschichten wie die von Charles Pfizer (1824–1906) aus Ludwigsburg, Johann Jakob Astor (1763–1848) aus Walldorf, Gottlieb Storz (1852–1939) aus Benningen oder Carl Laemmle (1867–1939) aus Laupheim sind selten: Pfizer wanderte 1848 nach Amerika aus und eröffnete mit seinem Bruder eine Chemiefabrik – heute ist Pfizer das größte Pharmazieunternehmen der Welt. Astor gründete die amerikanische Pelzgesellschaft, wurde Grundstücksverkäufer und einer der reichsten Männer der Welt. Auch Storz kam aus ärmlichen Verhältnissen, braute Bier in Omaha, wurde reich und gründete Stiftungen. Laemmle wurde Filmproduzent und gründete die Universal-Studios in Hollywood.

Im 18. Jahrhundert, als es den ersten richtigen Auswandererboom gab, zogen die meisten Menschen nach Amerika, nach Osteuropa oder Russland. Anfang des 18. Jahrhunderts wanderten viele Menschen aus der Pfalz und Baden nach Amerika aus. In Virginia sollen die ersten Winzer aus Heidelberg gewesen sein. 1706 erschien eine Werbebroschüre, geschrieben von Josua Harrsch aus Öschelbronn, der das „paradiesische" Carolina pries. 1709 gründete er für die Deutschen die Siedlung Palatine Parrish, die später Newburgh hieß. Ein Jahr später hatten sich bereits einige tausend Ausreisewillige aufgemacht und siedelten sich in der Gegend von Baltimore und in Pennsylvania an. Sie wurden pauschal „Pfälzer" genannt, und nicht alle Amerikaner begrüßten sie mit offenen Armen – manche befürchteten eine Überfremdung Amerikas durch Deutsche. Der berühmte Benjamin Franklin schrieb 1751: „Warum sollen wir ertragen, dass Pfälzer Bauerntrampel in unsere Siedlungen einfallen, sich zusammenrotten, ihre Sprache und Sitte einführen und unsere eigene verdrängen? Warum sollte Pennsylvanien, das doch von Engländern gegründet wurde, eine Ausländerkolonie werden? Diese Fremden werden bald so zahlreich sein, dass sie uns germanisieren, anstatt dass wir sie anglisieren."

Ende des 18. Jahrhunderts warben Agenten in Württemberg Tausende an, nach Polen und Russland einzuwandern. 1762 und 1763 veröffentlichte Zarin Katharina II., die aus Anhalt-Zerbst stammte, ihre „Einladungsmanifeste". Ihr ging es vor allem um die Erschließung des Landes, und sie hoffte, durch großzügige Unterstützung der neuen, qualifizierten Arbeitskräfte den Wohlstand Russlands zu fördern und dadurch dankbare, weil zufriedene Untertanen zu haben.

Auch in die habsburgischen Donauländer zogen deutsche Schwaben, auch sie zum Teil systematisch angeworben. In drei „Schwabenzügen" ging es ab Donauwörth, Ulm oder Günzburg donauabwärts nach Ungarn und Siebenbürgen oder sogar bis nach Odessa, auf die Krim und in den Kaukasus. Sie wurden „Banater Schwaben" genannt, „Sathmarer Schwaben" oder „Donauschwaben", auch wenn sich nicht nur Schwaben dort ansiedelten, sondern auch Badener, Pfälzer oder Elsässer. Überraschenderweise zogen viele Badener zwischen 1830 und 1860 nach Algerien, mehrere tausend gingen in die französische Kolonie. Auch aus der Pfalz warb die französische Regierung vor allem Landwirte – wahrscheinlich weil die noch am ehesten Französisch sprachen. Im Raum Trier, Koblenz und Oppenheim waren die Werber erfolgreich, sie schenkten den Auswanderern zehn bis zwölf Hektar Land und Zug- und Kleinvieh. Östlich von Oran wurden sie in den Dörfern La Stidia und Sainte Léonie angesiedelt und vermischten sich mit den französischen Auswanderern, bis 1871 der Krieg zwischen Frankreich und Deutschland auch diese Nachbarn zu Feinden machte.

Im 19. Jahrhundert begannen die Regierungen, den Abwanderern aus dem eigenen Land Prämien zu bezahlen, wenn sie in Gruppen ausreisten. Sie wollten damit die Überbevölkerung verringern und die Lebensbedingungen in der Heimat verbessern – und es war billiger, als die armen Menschen lebenslang zu unterstützen. Besonders nach der großen Hungersnot 1846/47 sind viele Menschen aus Baden ausgewandert, zwischen 1845 und 1854 waren es mehr als 130.000. Aus Württemberg, so wird geschätzt, emigrierte zwischen 1815 und 1871 etwa ein Fünftel der Gesamtbevölkerung. Viele der Ausgewanderten holten später ihre Verwandten nach. Für die späteren Neuankömmlinge war das natürlich einfacher: Sie konnten an bestehende Kontakte anknüpfen, fanden leichter Arbeit und ließen sich bei den Behördengängen helfen. Oft bildeten sich regelrechte Gemeinden, in denen die deutsche Kultur und die deutsche Sprache weiter gepflegt wurden. Manche schickten übrigens auch Geld in die Heimat oder unterstützten durch ein Importgeschäft sogar die heimischen, deutschen Gewerbetreiber.

▲ *Bremerhaven, das Tor der Deutschen zur Neuen Welt. Von hier wanderten auch Badener, Württemberger, Saarländer und Pfälzer nach Amerika aus. Holzschnitt 1880.*

Wie wir in die Katastrophe steuerten

Erster Weltkrieg, Weimarer Republik, NS-Staat

Nach dem Aufstieg kam der Fall: Mit zwei Weltkriegen in einem Jahrhundert stürzte Deutschland ganz Europa in eine Katastrophe – die Zeit der Weimarer Republik war, im Nachhinein gesehen, nur ein kurzes Atemholen.

1871 wurde, nach dem Sieg über die französische Armee im Krieg 1870/71, im Spiegelsaal von Versailles der deutsche Kaiser gekürt, damit war das Deutsche Reich gegründet und zur Großmacht geworden. Die Deutschen setzten schon mit dem Datum ein Zeichen ihrer zukünftigen Rolle: Es nahm Bezug auf den 18. Januar 1701, an dem sich Friedrich III. von Brandenburg zum ersten preußischen König Friedrich I. krönte. Das war die Geburtsstunde des Königreichs Preußen gewesen.

Während Bismarck ein ausgeklügeltes Bündnissystem mit Italien, Österreich und vor allem Russland unterhielt, führte Kaiser Wilhelm nach der Entlassung seines Kanzlers eine etwas sprunghafte Politik. Indirekt führte das Auseinanderbrechen des Pakts zwischen Russland und Deutschland auch zum Zweifrontenkrieg Deutschlands im Ersten Weltkrieg, weil sich jetzt Frankreich und Russland verbündeten. Wilhelms Aufbau einer Kriegsflotte verschlechterte das Verhältnis zu England, das sich Frankreich annäherte, sodass drei Großmächte gegen Deutschland standen.

Erster Weltkrieg

Am 28. Juni 1914 ermordete der serbische Anarchist Gavrilo Princip den österreichischen Thronfolger in Sarajevo. Am 28. Juli erklärte der 84-jährige österreichische Kaiser Serbien den Krieg, wobei er die militärische

◄ Der Rechtsanwalt Ludwig Frank (vordere Reihe zweiter von rechts) mit badischen Sozialdemokraten.

und politische Weltmachtlage falsch einschätzte. Er rechnete nicht damit, dass die Schutzbundpartner wirklich einen Krieg riskieren würden. Aber es kam doch so: Deutschland war vertraglich an seinen Nachbarn Österreich gebunden, Serbien erhielt von Russland Rückendeckung, das eine Generalmobilmachung ausrief. Am 1. August erklärte Deutschland Russland den Krieg, und am 3. August Frankreich, das mit Russland verbündet war. Und als Deutschland durch das neutrale Belgien marschierte, trat Großbritannien an der Seite Frankreichs und Russlands in den Krieg ein.

Nur wenige Menschen protestierten gegen den Krieg, nur wenige waren weitsichtig genug, die kommende Katastrophe auch nur zu ahnen. Selbst die meisten deutschen Intellektuellen (wie die aller anderen Länder) zogen begeistert in den Krieg, fast alle deutschen Dichter feierten ihn in Tausenden von Kriegsgedichten. Und die deutsche Sozialdemokratie ergriff die Chance, sich als ebenso patriotisch zu zeigen wie die konservativen Parteien.

Zuvor waren die Sozialdemokraten noch als Vaterlandsverräter beschimpft, ihre Nähe zum Sozialismus und Kommunismus war kritisch betrachtet worden. Jetzt stimmten sie mit 78 gegen 14 Stimmen für die Annahme der Kriegsanleihen, während sie sich noch am 25. Juli dagegen ausgesprochen hatten. Sie sprachen von einem „Burgfrieden", und der deutsche Kaiser adelte sie, indem er davon sprach, keine Parteien mehr zu kennen, sondern nur noch Deutsche. Es gab nur wenige kritische Stimmen, die bekanntesten waren die von Rosa Luxemburg und Karl Liebknecht.

Auch in Baden und Württemberg war das Gros der Bevölkerung, vor allem die Mittelschicht, begeistert, während Arbeiter und Großbürgertum eher skeptisch waren. Die badischen Parteien beschlossen im Dezember 1914, dass es während der Dauer des Kriegs keine Landtagswahlen in ihrem Land geben sollte: Der Landtag blieb, wie er zu Kriegsbeginn gewesen war. Viele Männer meldeten sich freiwillig, niemand rechnete mit einer langen Dauer. Der Mannheimer Jurist Ludwig Frank, seit 1908 SPD-Abgeordneter im Reichstag, war eigentlich Antimilitarist, dennoch versuchte er die badischen Sozialdemokraten, die sich gegen die Kriegskredite aussprachen, umzustimmen. Anfang des Kriegs meldete er sich für den Dienst an der Front. Er starb einen Monat später.

Wie 1871, im deutsch-französischen Krieg, der vor allem in Frankreich ausgefochten worden war, war der Krieg aber zunächst immer noch weit weg. Zwar kamen täglich Todesmeldungen von Verwandten und Freunden, und das Leben wurde immer schwerer. Aber die Front war in Frankreich, auf den Schlachtfeldern von Verdun. Dann aber rückte der Krieg näher, und zum ersten Mal wurden deutsche Städte aus der Luft angegriffen. Im Saarland und in Baden fielen bald regelmäßig Bomben auf die großen Städte, in Karlsruhe, Saarbrücken oder Mannheim, wo sich Rüstungsbetriebe oder große Kasernen befanden, ein Regierungssitz oder Verkehrsknotenpunkte. Im Westen wurden neben dem Saarland vor allem Mainz, Koblenz und Trier bombardiert, der Rest des Landes blieb, da eher ländlich geprägt, zum größten Teil von direkten Angriffen verschont. Mit Ausnahme natürlich von Ludwigshafen, wo die BASF im Krieg Sprengstoff und außerdem Giftgas für die seit der Schlacht bei Ypern Ende April 1915 neue chemische Kriegsführung produzierte.

Ein Angriff, der von der deutschen Propaganda sofort aufgegriffen wurde, erfolgte am 22. Juni 1915, an Fronleichnam, als die französische Luftwaffe 120 Menschen tötete, darunter 71 Kinder, die eine Vorstellung des Zirkus Hagenbeck in Karlsruhe besuchten. Eine Woche zuvor hatten 25 französische Flugzeuge die militärischen Einrichtungen der badischen Hauptstadt, die Deutsche Waffen- und Munitionsfabrik und die Eisenbahn angegriffen. Da diese Art von Offensive neu und ungewohnt für die Zivilbevölkerung war – nie zuvor hatte es Luftangriffe gegeben –, sind die Karlsruher trotz eindringlicher Ermahnungen der Behörden nicht in die

Luftschutzkeller geflüchtet, sondern waren ganz normal auf den Plätzen und Straßen unterwegs: 29 Menschen starben. Am 22. Juni aber orientierten sich die Franzosen offensichtlich an alten Karten: Der alte Bahnhof wurde getroffen – bis 1913 war er in Betrieb gewesen (der Bahnhof war nach Süden verlegt worden, der alte als Markthalle benutzt). Direkt daneben fand die Zirkusvorstellung statt.

Auch andere grenznahe Städte wurden angegriffen: Müllheim und Saarbrücken schon im Juli und August 1914, außerdem Freiburg, Lörrach, Mannheim und Offenburg. In Trier bombardierten die Franzosen neben den Kasernen und Bahnanlagen auch große Kirchen und die Kaiserthermen. 122 Angriffe gab es allein 1918. Koblenz, eine der wichtigsten Durchmarschstädte für das deutsche Heer, wo sich 1914 sogar die Oberste Heeresleitung einquartierte, litt sehr unter den Luftangriffen. Württemberg hatte Glück, weil es für direkte Angriff zu weit entfernt lag. Allerdings wurden natürlich auch hier die Männer zum Dienst an der Front eingezogen.

Anstatt, wie alle erwartet hatten, in nur wenigen Wochen zu siegen, geriet Deutschland schon im September 1914, als sein Vormarsch an der Marne stoppte, in einen verlustreichen Stellungskrieg, der bis zum Ende des Krieges währte. Es waren nur noch minimale Geländegewinne zu verzeichnen. Die Schlacht um Verdun 1916, die Schlacht an der Somme im selben Jahr – alle Kämpfe endeten mit hohen Verlusten und ohne dass sich an der Gesamtlage etwas geändert hatte, auch nicht, als Russland 1917 nach der Russischen Revolution einen Separatfrieden mit Deutschland schloss. Die folgende Offensive 1918 verlief wie alle anderen auch.

Der Kriegsverlauf mit den hohen Verlusten hatte auch Auswirkungen auf die Zivilbevölkerung: Die Obrigkeit requirierte Pferde und Zugmaschinen, in der Landwirtschaft fehlten ab der Erntezeit 1915 viele Arbeitskräfte, sodass die Ernte niedriger ausfiel als früher. Was sich in den nächsten Jahren noch verschärfte. Etwa ein Drittel der Anbaufläche wurde in Baden nicht mehr bewirtschaftet, der Ertrag bei Brot- und Futtergetreide sank unter die Hälfte der Vorkriegsproduktion. Auch das Vieh konnte oft nicht mehr gefüttert werden. Im Winter 1916/1917 wurden Steckrüben zur Hauptnahrung der Deutschen. Die Lebensmittel verteuerten sich teilweise um 800 Prozent, und die Milch- und Fleischproduktion brach zusammen. In Mainz und vielen anderen Städten kam es gegen Ende des Krieges zu Hungerdemonstrationen, in Mannheim, Ludwigshafen und anderen Arbeiterstädten wurde ab 1917 immer wieder für höhere Löhne oder für eine bessere Lebensmittelversorgung gestreikt. Die Städte wurden verdunkelt, Autos und Rohstoffe beschlagnahmt, Volksküchen und Wärmehallen eingerichtet, weil auch Kohle und Holz zum Heizen knapp wurden. 1918 war die Bevölkerung schließlich derart geschwächt, dass der Grippeepidemie (die Spanische Grippe), die durch Europa fegte, Millionen Menschen zum Opfer fielen. Betriebe mussten schließen, viele Frauen leisteten „Männerarbeit" oder schufteten in den Rüstungsfabriken.

Da die Wirtschaft in Baden und Württemberg sehr von Rohstoffen und Halbfabrikaten, auch aus dem Ausland, und vom Export der Waren abhängig war, litt sie sehr unter dem Wegbrechen der internationalen Beziehungen. Allein die Firma Robert Bosch exportierte rund 90 Prozent ihrer Waren ins Ausland. Auch die stärker gewordene Rüstungsindustrie konnte diesen Verlust nicht ausgleichen. In Baden brach die Textilindustrie zusammen, die im Dreiländereck Schweiz, Frankreich, Deutschland ansässig war. Auch hier mussten die Auslandshandelsbeziehungen eingestellt werden. Die Maschinenwerke in Mannheim und Karlsruhe bekamen kein Material mehr, weil alles in die Rüstung ging – nur diesem Industriezweig ging es gut, auch in diesen beiden großen Städten, sofern die Fabriken nicht angegriffen und zerstört wurden.

Ein Ende des mörderischen Stellungskriegs und des alltäglichen Elends war nicht in Sicht, und schon gar kein Sieg. Als 1917 auch noch die USA in den Krieg eintraten, wurde die Lage noch schlechter. Selbst die Oberste Heeresleitung musste der Analyse des aus Württemberg stammenden Infanteriegenerals Erich Ludendorff zustimmen, dass der Krieg militärisch nicht mehr zu gewinnen war. Im September 1918 informierte die Oberste Heeresleitung die Regierung, dass der Krieg verloren war, einen Monat später bat Reichskanzler Max von Baden (1867–1929) die alliierten Gegner um einen Waffenstillstand. Nur die Leitung der Marine wollte „ehrenvoll" untergehen und befahl den Angriff auf die Flotte der Engländer und der USA.

Im ganzen Land kam es jetzt zu Streiks der Arbeiter, in Mannheim gewann die USPD, die linke Abspaltung der SPD, im Lauf des Jahres über 1000 neue Mitglieder. Für viele war eine Revolution die einzige Möglichkeit, die Not und das Leid jetzt zu beenden. Als dann Ende Oktober 1918 die Matrosen in Wilhelmshaven, Kiel, Hamburg und Cuxhaven meuterten, war das das Signal zum Aufstand in Deutschland, auch in den Städten des deutschen Südwestens.

▼ *Fliegerangriff auf Karlsruhe am 22. Juni 1916, Ölgemälde von Henri Farré.*

Die Revolution von 1918/19

Halbwegs gesittet ging der Umsturz in den meisten Städten des deutschen Südwestens vor sich, Ruhe und Ordnung zu bewahren war die „erste Bürgerpflicht", wie es damals hieß: Nach dem Chaos der Kriegszeit wollten die meisten Menschen jetzt wieder ein normales Leben. Überall übernahmen Arbeiter- und Soldatenräte die politische Verantwortung und die Verwaltung: Am 8. November bildeten sich in Lahr, am 9. in Offenburg, in Mannheim, Karlsruhe und anderen Städten Soldatenräte, in manchen auch Arbeiterräte. Am 9. November hatte Reichskanzler Max von Baden ohne Absprache verkündet, der Kaiser werde abdanken. Am selben Tag rief der Sozialdemokrat Philipp Scheidemann in Berlin die Republik aus.

In manchen Städten, wie in Mainz, wurden den Offizieren, die sich auf der Straße blicken ließen, ihre Rangabzeichen abgerissen. In Mannheim gab es viele Menschen, die Baden sogar als sozialistisches Land sehen wollten. In Karlsruhe fielen sogar ein paar Schüsse, als einige Matrosen am 11. November vor dem Schloss randalierten. Der Großherzog floh heimlich noch am selben Abend und dankte am 22. November ab. Die etablierten Parteien bildeten in der badischen Hauptstadt einen „Wohlfahrtsausschuss", dem auch die USPD angehörte und der die alte Stadtverwaltung in ihrem Amt ließ. Der Machtwechsel ging reibungslos vonstatten.

▲ *Die Volkswehrwache Karlsruhe-Rüppurr 1919.*

Vor allem Friedrichshafen und Stuttgart waren Hochburgen der Revolution. Am 6. November trat in Stuttgart ein Teil des Kabinetts zurück. SPD, USPD und Gewerkschaften riefen zu einem Generalstreik auf und besetzten zentrale Punkte der Stadt. Auch die SPD erhob jetzt die Forderung nach einer demokratischen Staatsform, die neugegründeten Räte riefen auch in der württembergischen Hauptstadt die Republik aus und bildeten eine provisorische Regierung.

In den Maybach-Motorenwerken in Friedrichshafen, einem wichtigen Rüstungsbetrieb, war es gegen Ende des Kriegs immer wieder zu Demonstrationen und Streiks gekommen. Als am 4. November in Stuttgart der Generalstreik begann, folgten die Friedrichshafener Arbeiter dem Beispiel einen Tag später. Sie wählten den ersten Arbeiter- und Soldatenrat in Deutschland und übermittelten dem württembergischen Innenministerium ihre Forderungen: sofortiger Friedensschluss, Abdankung aller Fürsten, Regierungsübernahme durch die Räte, Sozialisierung, siebenstündige Arbeitszeit und die Demokratisierung des Heeres. Die Übernahme der Regierungsgewalt in Stuttgart durch die Sozialdemokraten beruhigte die Aufständischen. Zwar gab es noch Massendemonstrationen, aber sie verliefen friedlich.

König Wilhelm von Württemberg hatte noch versucht, ebenso wie der badische Großherzog Friedrich, durch Zugeständnisse, Zusicherung einer Parlamentarisierung und einer Kabinettsumbildung, seinen Sturz zu verhindern. Doch die Verhältnisse hatten sie bereits überholt: Am 30. November wurde Wilhelm als letzter deutscher Monarch zum Abdanken gezwungen, während der Badener Friedrich durch seine Einsicht in die Notwendigkeit schon „freiwillig" verzichtet hatte – schließlich hatte auch schon der Kaiser abgedankt.

Bei den Wahlen zur Verfassungsgebenden Landesversammlung 1919 in Württemberg gingen die gemäßigten Kräfte als Sieger hervor. Regierungschef wurde der SPD-Politiker Wilhelm Blos, der Herausgeber des Satireblatts „Der wahre Jacob", der wenige Monate später zum Ministerpräsidenten gewählt wurde.

Zweimal gab es in Stuttgart einen Putschversuch der USPD und linksradikaler Gruppen, im Januar und im April 1919. Während im Januar die Erhebung von der Regierung, die sich im Turm des Stuttgarter Hauptbahnhofs in Sicherheit gebracht hatte, schnell niedergeschlagen werden konnte, loste der Mord am bayerischen Ministerpräsidenten Kurt Eisner (USPD) einen Generalstreik aus, der von der Regierung mit der Ausrufung des Belagerungszustands beantwortet wurde. Es kam zu blutigen Straßenkämpfen mit 16 Toten.

Bereits am 5. Januar wurden Wahlen in Baden durchgeführt, aus denen das Zentrum und die SPD als Sieger hervorgingen, der Mannheimer SPD-Mann Anton Geiß wurde Ministerpräsident. Am 21. März, noch vor der neuen Weimarer Staatsverfassung, erhielt Baden als erstes Land nach der Revolution eine neue Verfassung.

In Saarbrücken wurde ein Arbeiter- und Soldatenrat unter der Führung von Gewerkschaftern und Sozialdemokraten gewählt, der als politisches Ziel eine „sozialistische Republik" ausrief. Aber wie überall war auch im Saarland die revolutionäre Bewegung kurzlebig. Am 21. November zogen die deutschen Soldaten von der französischen Front heim nach Deutschland, auch durch das Saarland. Wie fast überall wurden sie auch hier freundlich begrüßt. Französische Truppen folgten den deutschen, besetzten das Saarland und setzten die Räteregierung ab.

Der Krieg hatte für Deutschland schreckliche Folgen: Im Waffenstillstand von Compiègne, den der Württemberger Matthias Erzberger (1875–1921) als Bevollmächtigter der deutschen Regierung unterzeichnete, und im Friedensvertrag von Versailles wurde die alleinige Kriegsschuld Deutschlands festgeschrieben. Horrende Reparationszahlungen an die Siegermächte und die Abtretung von Gebieten (Kolonien, aber auch Gebieten im Osten und Elsass-Lothringen) waren die Folge. Darunter fiel auch das Saargebiet, das zwar Frankreich nicht völlig übergeben wurde, wie viele Franzosen gefordert hatten. Aber es wurde durch das „Saarstatut" dem Völkerbund unterstellt: Das Saarland wurde vom deutschen Reich abgetrennt, die Kohlegruben fielen komplett an Frankreich, als Entschädigung für die Zerstörung des lothringischen Kohlereviers im Krieg. Nach 15 Jahren sollte das Saarland in einer Volksabstimmung dann entscheiden, ob es zu Frankreich oder Deutschland gehören wollte – 1935 stimmte die dortige Bevölkerung für den Anschluss an das erstarkte und selbstbewusste nationalsozialistische Deutschland. Damit war das „Saargebiet" entstanden, das etwa 75 Prozent des heutigen Saarlands umfasste.

Auch in Mainz gab es am 10. November 1918 eine Massendemonstration, auf der der sozialdemokratische Redakteur der SPD-Zeitung „Mainzer Volkszeitung" und Vorsitzende des Mainzer Arbeiter- und Soldatenrates, Bernhard Adelung, die Republik ausrief. Auch hier wollte der Rat mit dem amtierenden Oberbürgermeister zusammen die Ordnung aufrechterhalten, da es schon zu Plünderungen der hungernden Bevölkerung gekommen war, unter anderem in Kastel, wo der Stadtrat auf die Menschenmenge schießen ließ. Da hatten die Franzosen bereits angekündigt, die Pfalz zu besetzen und das gesamte linksrheinische Gebiet einschließlich Mainz, Koblenz und Köln. Als am 9. Dezember tausend Soldaten der französischen Armee in Mainz einmarschierten, hatte sich der Arbeiter- und Soldatenrat schon aufgelöst. Bis 1930 dauerte die Besatzungszeit. Auch die Rheinbrücke in Mannheim war besetzt, 1921 und 1923 marschierten die Franzosen sogar in Mannheim ein und belagerten Hafen, Schloss und Bahnanlagen.

Nicht nur die Pfalz, sondern auch Baden litt unter der Besatzung und dem Versailler Vertrag – direkt und indirekt. Da Elsass-Lothringen französisch wurde, war Baden jetzt ein Grenzland. Reichsdeutsche aus dem Elsass und viele Elsässer emigrierten nach Baden. Die Häfen in Kehl und Mannheim wurden von den Franzosen kontrolliert, die außerdem mit dem

Neubau des Rheinseitenkanals (des Grand Canal d'Alsace) auf ihrer Seite den Rheinschiffsverkehr nach Frankreich holten. Baden verlor zudem fast alle Garnisonen, da ein zehn Kilometer breiter Streifen an der Grenze bis zum Schwarzwald entmilitarisiert werden musste. Die badischen Industriestädte, allen voran Mannheim, verloren zudem, da die Pfalz besetzt war und das Saarland abgetrennt wurde, die Hälfte ihres Absatzgebiets.

Das Saarland nach dem Krieg

Obwohl das Saarland formell unter dem Schutz des Völkerbunds stand, benahmen sich die französischen Besatzer oft eher als unumschränkte Herrscher. Die Einführung einer Zollgrenze zwischen dem Saarland und Deutschland, die Einführung des französischen Franc als einzig gültige Währung und von Französisch als Pflichtfach in den Schulen, das harte Durchgreifen der Franzosen bei prodeutschen Demonstrationen, die Ausweisung von „Prodeutschen", die für den Wiederanschluss an das deutsche Reich eintraten, das Hissen der Tricolore auf den Ämtern – all das gab der deutschen Bevölkerung oft das Gefühl, eher eine französische Kolonie zu sein.

MATHIAS ERZBERGER †

▲ *Der Zentrumspolitiker und Reichsfinanzminister Matthias Erzberger; er wurde 1921 von rechten Freischärlern ermordet.*

Es existierte zwar ein frei gewählter „Landesrat", also eine gewählte Regierung, die neben der multinationalen Regierungskommission die Verwaltung übernehmen sollte, aber ihm wurde nur eine beratende Funktion zugestanden: Er wurde von der Kommission gehört und konnte auch ein Forum für eine öffentliche Diskussion bieten, aber der Rat konnte keine Beschlüsse fassen oder gar Gesetze beschließen.

Zwei Ereignisse machten deutlich, wie wenig eine Zusammenarbeit mit Frankreich für die Saarländer in Frage kam: 1923 kam es zu einem mehrmonatigen Streik der Bergleute, der als normaler Tarifstreit begann, sich aber zu einem politischen Protestakt ausweitete. Der prodeutsche Nationalismus der Saarländer und die vielfach als Schmach empfundene Besetzung des Ruhrgebiets durch die Franzosen heizten die Stimmung an. Rufe nach Selbstbestimmung wurden laut. Es gab Straßenschlachten, Verhaftungen, Ausweisungen und Massenentlassungen. 1925 beging das Saarland wie das gesamte Deutsche Reich die „Rheinische Jahrtausendfeier", im Gedenken an die gewaltsame Vereinigung von mittel- und ostfränkischem Reich im Jahr 925 nach der Eroberung des ehemals westfränkischen Lothringen. Die Feiern waren überall nationalistisch aufgeladen und voller Symbolkraft, aber nirgendwo mehr als im Saarland. Zwar durfte hier nicht offiziell gefeiert werden, weil die Regierungskommission das untersagt hatte. Dennoch schmückte sich inoffiziell und „privat" jede Gemeinde und jede Stadt möglichst deutsch mit den schwarz-weiß-roten Flaggen, organisierte historische Festzüge und einen Fackelzug – insgesamt kamen 50.000 Teilnehmer zusammen. Ein eindeutiges Zeichen für die prodeutsche Stimmung im Saarland.

Deswegen war es dann auch kein Wunder, dass am 13. Januar 1935 die Abstimmung über die Zugehörigkeit des Saarlands mit 90 Prozent aller Stimmen (bei einer Wahlbeteiligung von 98 Prozent) für Deutschland ausging. Es hatte auch Gegner gegeben, Sozialdemokraten, Kommunisten und christliche Antifaschisten, aber sie hatten keine Chance gegen diese überwältigende Mehrheit. Am 1. März übernahmen die Nationalsozialisten die Regierung im Saarland, das dem pfälzischen Gauleiter Josef Bürckel (1895–1944) unterstellt wurde, der zeitweise auch „Reichsstatthalter der Westmark und Chef der Zivilverwaltung Lothringen" war. Zwar gab es auch im Saarland Widerstand gegen den Nationalsozialismus, sogar Streiks in Betrieben, als die Löhne sanken und die Preise und Steuern stiegen, aber das Regime setzte sich wie überall auch hier durch.

Die Weimarer Zeit im Südwesten

Nicht nur die Saarländer litten nach dem Krieg unter der französischen Besatzung. Nicht nur das Ruhrgebiet wurde 1923 von den Franzosen besetzt, sondern auch Offenburg und Teile der Ortenau, die Häfen in Karlsruhe-Maxau und Mannheim. Damit waren sowohl die Rheinschifffahrt als auch die Eisenbahntransporte von Basel nach Mannheim unterbro-

◄ *Zehn Renten-pfennig von 1924.*

chen, die gesamte Wirtschaft war lahmgelegt, die Inflation nahm rasant zu. Bis zum Sommer 1924 blieben die Franzosen im Land.

Die Reparationszahlungen an die Franzosen und die Besetzung des Landes waren aber nur eines von vielen Problemen, mit denen die Region zu kämpfen hatte. An die 150.000 Männer aus dem deutschen Südwesten sind im Krieg gestorben, viele „Kriegskrüppel" bestimmten das Straßenbild nach dem Krieg, Witwen und Waisen belasteten das Sozialsystem. Man musste die Produktion wieder auf Friedenszeiten umstellen, die Soldaten ins Arbeitsleben integrieren. Die Inflation erschütterte die Wirtschaft, aber auch das fragile Sozialleben: Zwischen 1919 und 1921 stieg der Preis der Grundnahrungsmittel um das Siebenfache: Brot, Milch und Fleisch wurden für viele unbezahlbar. 1919 kam es zu Hungerkrawallen in Mannheim, 1920 in Stuttgart und Ulm. 1923 gab es in ganz Baden Unruhen, die von der Regierung gewaltsam unterdrückt werden mussten. 1922 brach die Wirtschaft völlig zusammen – erst mit der Einführung der Rentenmark 1923 stabilisierte sich das Leben wieder.

Der Mangel und die Not der Bevölkerung ließen sich politisch gut ausnutzen, vor allem von den Radikalen von rechts und links. In München gab es bis 1919 eine Räterepublik, in Berlin putschten 1920 der Politiker Wolfgang Kapp und General Walther von Lüttwitz gegen die demokratische Regierung. Die war nach Stuttgart geflohen und ganz Deutschland antwortete auf den Putsch mit einem Generalstreik. Die Kommunistische Partei Deutschlands (KPD) versuchte in Thüringen sogar, aus dem Generalstreik eine Revolution zu machen. Immer wieder kämpften württembergische Truppen gegen die Aufständischen, in München schlugen sie die Räterepublik nieder, in Stuttgart schützten sie die Regierung, in Thüringen ging es gegen die Kommunisten.

Erstaunlicherweise blieb die politische Situation im Südwesten dennoch relativ stabil. In Baden gab es stets eine Koalitionsregierung, die bei wechselnden Mehrheiten von der liberalen Deutschen Demokratischen

Partei (DDP), der SPD und dem Zentrum gebildet wurde. Splitterparteien wie die KPD, die USPD, der Badische Landbund oder die Wirtschaftspartei spielten kaum eine Rolle.

In Württemberg rutschte die SPD zwar im Juni 1920 auf 16 Prozent ab, auch hier war und blieben die wechselnden Koalitionen aus den Parteien der Mitte an der Macht, zeitweise als Minderheitsregierung aus Zentrum und DDP, von der SPD in wichtigen Abstimmungen unterstützt. 1924 kam die rechts von der Mitte angesiedelte Deutschnationale Volkspartei (DNVP) in die Regierung, die in Württemberg vor allem von Konservativen auf dem Land gewählt und unterstützt wurde.

Wirtschaftlich verbesserte sich die Lage langsam. Durch die 1921 erfolgte Gründung der Badenwerk AG, die ganz im Staatsbesitz war, konnte Strom für ganz Baden produziert werden. 1928 kam die Schluchseewerk AG dazu, das damals größte Elektrizitätsspeicherwerk Deutschlands. In Württemberg wurden bereits 1919 drei Laufwasserkraftwerke an der Iller gebaut. Die württembergische Regierung baute den Neckarkanal weiter aus, und beide Länder zogen Eisenbahnlinien durch das Land, um die Mobilität und die Wirtschaft in schwachen Regionen zu fördern. In den Städten fuhren immer mehr private Autos, in Karlsruhe eröffnete 1924 die erste Tankstelle und in den nächsten vier Jahren kamen 22 weitere dazu. Auf dem Land wurden private Autos zu der Zeit noch bestaunt.

Ab 1924 etwa begann sich auch die politische Lage in ganz Deutschland etwas zu verbessern. Die Höhe der Reparationszahlungen wurde von einer internationalen Kommission den deutschen Realitäten angepasst. Der „Dawes-Plan" sollte dafür sorgen, dass Deutschland wirtschaftlich stabil wurde; außerdem wurde die Räumung der besetzten Gebiete veranlasst. Im „Koblenzer Abkommen" vom Oktober 1924 und im Vertrag von Locarno vom Oktober 1925 wurde die Entspannung zwischen den feindlichen Mächten eingeleitet, die Westgrenze Deutschlands anerkannt und garantiert und der Eintritt Deutschlands in den Völkerbund vorbereitet. Noch im gleichen Jahr räumten die Franzosen wieder das besetzte Gebiet, schrittweise zogen sich die Siegermächte aus der Koblenzer Zone und, im Juni 1930, fünf Jahre früher als ursprünglich vorgesehen, auch aus der Mainzer Zone zurück.

Während es in Deutschland wirtschaftlich insgesamt etwas aufwärts ging, verschärfte sich aber die Lage für die badische Wirtschaft, auch wenn es ihr immer noch besser ging als der in Norddeutschland: Viele Konzerne, unter anderem die Sunlicht AG und die Zellstoff- und Papierwerke Waldhof-Mannheim, verlagerten ihre Produktion aus der Region nach Berlin oder Württemberg. Vor allem den kleinen Unternehmen gelang es, konkurrenzfähig zu bleiben: Sie hatten nicht so hohe Personalkosten und konnten flexibler reagieren.

1929 schlug dann die Weltwirtschaftkrise heftig zu. Sie begann mit dem Zusammenbruch der New Yorker Börse im Oktober 1929. Der Export setzte aus, weil die ausländischen Abnehmer nicht mehr zahlen konnten, die Produktion in Deutschland sank um vierzig Prozent. Die Arbeitslosigkeit stieg horrend, Firmen und Banken mussten schließen. Württemberg geriet erst 1931 in den Sog der Krise. Auch hier stieg jetzt die Arbeitslosigkeit: Mercedes-Benz in Stuttgart und NSU in Neckarsulm ordneten Kurzarbeit an. In der Forstwirtschaft, einem der wichtigsten Wirtschaftszweige des Landes, mussten viele Betriebe ganz aufhören. Betroffen waren auch in Schramberg die Uhrenindustrie, in Schwäbisch Gmünd und Pforzheim die Goldschmiedewerke und die Schmuckindustrie.

Seit 1919 galt der Achtstundentag, es gab in Baden seit 1920 ein eigenes Arbeitsministerium, das mit Arbeitsbeschaffungsmaßnahmen und sozialer Fürsorge viel Elend abmildern konnte. Städtische Wohnungsbauprogramme und Baugenossenschaften schufen neuartige Wohngebiete wie die Freiburger Gartenstadt, die avantgardistische Dammerstocksiedlung in Karlsruhe, von Otto Haesler und Walter Gropius geplant, die Gartenstadt in Oberesslingen oder Ooswinkel in Baden-Baden.

Während die meisten Siedlungen normale bürgerliche Häuschen mit einem kleinen Garten waren, in denen die Arbeiter mit ihren Familien gesund und in frischer Luft leben konnten, war die Dammerstock-Siedlung bei Karlsruhe etwas Besonderes: Zwar sollten auch hier praktische, billige Gebrauchswohnungen geschaffen werden, aber darüber hinaus

▲ *In der Weltwirtschaftskrise griff man auch zu verzweifelten Maßnahmen, um Arbeit zu finden.*

wurden das Äußere und das Innere im Hinblick auf eine „rationalisierung im umfassenden sinne" geplant, wie ihr Architekt Otto Haesler schrieb. So war die Küche so aufgeteilt, dass die Hausfrau nur noch einen Bruchteil der früheren Wege zurücklegen musste. Schon in der Eröffnungsausstellung wurden auch die modernen Einbauküchen bestaunt, die sogenannte „Frankfurter Küche", die mit einem ausklappbaren Bügelbrett, Schiebetüren und einer Kochkiste versehen war. Und auch die Möbel waren nicht an den bürgerlichen Standard aus dem 19. Jahrhundert angepasst, sondern modern und funktional.

Ähnlich spektakulär war die Weißenhofsiedlung in Stuttgart. 1927 wurde sie von einer Gruppe von weltberühmten Architekten gebaut, die Leitung hatte Ludwig Mies van der Rohe (1886–1969). Mies van der Rohe hatte im selben Jahr schon in Berlin ein aufsehenerregendes Projekt mit Mehrfamilienhäusern realisiert. Mit dem Werkbund präsentierte er eine Ausstellung, „Die Wohnung", die in ganz Stuttgart gezeigt wurde, und die Mustersiedlung „Am Weißenhof" im Stuttgarter Ortsteil Killesberg: In nur 21 Wochen wurden 33 Häuser mit 63 Wohnungen gebaut, mit denen 17 Architekten aus fünf Ländern ihr Können und ihre Auffassung vom modernen Wohnen zeigten, darunter Le Corbusier, Walter Gropius, Ludwig Hilberseimer, Hans Scharoun und Bruno und Max Taut, manche von ihnen waren vorher nur Insidern bekannt. Neue Baumaterialien, eine

> *Die berühmte Dammerstock-Siedlung in Karlsruhe, erbaut von Otto Haesler.*

durchsichtige Bauweise, rationelle Baumethoden durch vorgefertigte Teile, Luft und Licht – das war das gemeinsame Credo der Baumeister.

Auch in Stuttgart war die Beseitigung der Wohnungsnot der Anlass für den Bau der Siedlung. Die Stadt übernahm die Erschließungs- und Baukosten und die Honorare der Architekten.

Für die Nationalsozialisten war das Projekt natürlich zu modern, sie nannten die mit Dachterrassen ausgestatteten Häuser „Araberdorf": 1939 wollten sie es abreißen, um Platz für Kasernen zu machen, durch den Krieg kam es aber nicht dazu.

▲ Die Stuttgarter Weißenhof-Siedlung, erbaut von Mies van der Rohe.

Der Aufstieg der NSDAP

Bis 1927 war die NSDAP nur eine unbedeutende Splitterpartei im Südwesten. 1928 bekam sie bei den Landtagswahlen in Württemberg nur 1,8 Prozent der Stimmen, in Baden 1929 nur 7 Prozent. Mit der Weltwirtschaftskrise änderte sich das langsam, aber stetig, die Propaganda der Nationalsozialisten erreichte ihr Ziel. Bei den Reichstagswahlen 1930 bekam die NSDAP in Baden immerhin schon über 19 Prozent der Stimmen, in Württemberg nur 9 Prozent. Im Berliner Reichstag wurde sie zweitstärkste Partei.

Nur eine gemeinsame Front der demokratischen Parteien, SPD, Zentrum, Deutschnationale Volkspartei und Demokraten, hätte den Aufstieg der Nationalsozialisten verhindern können. Aber die SPD und die bürgerlichen Parteien trennte ein ideologischer Graben, die starke DNVP war eher für eine Koalition mit den Nazis als mit der SPD. Die KPD war nur eine Splitterpartei, zudem war sie wiederum mit der SPD verfeindet. In Württemberg regierte das Kabinett Bolz vor allem mit Notverordnungen, in Baden hatte 1932 eine vom Zentrum getragene Regierung eine hauchdünne Mehrheit, nachdem die SPD, die bisher mitregiert hatte, ausgeschieden war.

1932 wurde die NSDAP bei den Landtagswahlen in Württemberg stärkste Kraft, sie kam besonders bei den Bauern, Handwerkern und kleinen Händlern gut an, die die Wirtschaftskrise jetzt spürten. Bei den Reichstagswahlen im gleichen Jahr erhielten die Nationalsozialisten in Württemberg knapp 31 Prozent der Stimmen, in Baden 37 Prozent und im gesamten Reich etwa 38 Prozent. Die Arbeit in den Parlamenten verwilderte, in Karlsruhe und Stuttgart kam es bei fast jeder Sitzung zu Krawallen, die von der NSDAP oder den Kommunisten oder beiden ausgingen.

Am 30. Januar 1933 ernannte Reichspräsident von Hindenburg Hitler zum Reichskanzler. Der Terror begann sogleich mit dem legal verabschiedeten Ermächtigungsgesetz vom März 1933, dem „Gesetz zur Behebung der Not von Volk und Reich", dem alle Parteien außer der SPD und der KPD zustimmten und das Hitler dann konsequent für seine Zwecke ausnutzte: zur Schaffung einer Diktatur.

Ein Ermächtigungsgesetz legitimierte die Regierung, außergewöhnliche Maßnahmen in Notzeiten und bei Staatskrisen zu ergreifen. Das Parlament beschloss dabei mit einer Zweidrittelmehrheit zeitlich befristet die Aufgabe der eigenen Rechte zugunsten der Regierung. Die Gewaltenteilung war damit außer Kraft gesetzt, und selbst Grundrechte konnten aufgehoben werden.

▲ *Der badische Gauleiter Robert Wagner, der mit Bürckel zusammen die Deportation der badischen und Pfalzer Juden nach Gurs organisierte.*

Bei den Reichstagswahlen im März 1933 setzten die Nationalsozialisten alle Methoden ein, um ihre Gegner einzuschüchtern: Mit Straßenkämpfen und einem immensen Propagandaaufwand, aber auch mit Polizeimaßnahmen gegen Kommunisten und Sozialdemokraten, die sie teilweise in „Schutzhaft" nahmen, stärkten sie ihre Machtbasis. Die badische und die württembergische Regierung waren gesetzlich gezwungen, den Anordnungen aus Berlin nachzukommen. Im Reich erhielten die Nationalsozialisten 1933 44 Prozent aller Stimmen, in Baden 45 Prozent, in Württemberg 41 Prozent, in der Pfalz 46 Prozent.

Die Parlamente wurden durch das Gleichschaltungsgesetz entmachtet, das besagte, dass die Regierungen auch eigenmächtig Landesgesetze beschließen konnten. Es verfügte auch die Auflösung der Landesparlamente und ihre Neubildung nach den Stimmenverhältnissen bei der Reichstagswahl im März 1933 – die Kommunisten wurden ausgeschlossen. Damit waren die Regierungen in den Ländern abgesetzt, Reichsinnenminister Frick ersetzte sie durch Gauleiter und Reichsstatthalter: in Baden (nach der Besetzung Frankreichs hieß der Gau Baden-Elsass, die neue Hauptstadt sollte nach dem von den Nazis gewonnenen Krieg Straßburg statt

Karlsruhe sein) war es Robert Wagner (1895–1946), der aus Lindach im Odenwald stammte, in Württemberg und Württemberg-Hohenzollern Wilhelm Murr (1888–1945) aus Esslingen und in der „Westmark", entstanden aus dem Zusammenschluss der Gaue Rheinpfalz und Saarland, Josef Bürckel (1895–1944) aus Lingenfeld bei Germersheim.

Reichskommissare, Reichsstatthalter und Gauleiter wurden nicht gewählt, sie wurden eingesetzt, manche von Adolf Hitler persönlich. Sie hatten weiter reichende Befugnisse als Ministerpräsidenten, weil sie von keinem Parlament kontrolliert wurden – hier wie überall in Nazideutschland galt das Führerprinzip. Wilhelm Murr in Württemberg verkündete 1933 in aller Freimütigkeit sein Programm: „Wir sagen nicht Aug' um Auge, Zahn um Zahn, nein, wer uns ein Auge einschlägt, dem werden wir den Kopf abschlagen, wer uns einen Zahn einschlägt, dem werden wir den Kiefer einschlagen."

Josef Bürckel hatte hohe Ämter inne: Er war Reichskommissar „für die Rückgliederung des Saarlands" und die „Wiedervereinigung Österreichs mit dem Reich", „Reichsstatthalter der Westmark" und „Chef der Zivilverwaltung" in Lothringen. Zuvor war er Volksschullehrer in der Pfalz gewesen. Ab 1926 war er Gauleiter der Rheinpfalz und des Saargebiets.

Um den Weinbau in seiner Heimat, der Südpfalz, zu fördern und vor allem den Verkauf, erfand Bürckel die Deutsche Weinstraße, die in Schweigen-Rechtenbach, direkt an der französischen Grenze, begann und bis Bockenheim im Norden führte. In Schweigen ließ Bürckel 1936 das riesige „Weintor" errichten, das noch heute steht. Bis 1945 war es mit einer riesigen Hakenkreuzflagge geschmückt, die man noch im französischen Wissembourg sehen konnte. Außerdem hatte es einen vier Meter hohen Reichsadler mit Hakenkreuz als Steinrelief. Mit der Deutschen Weinstraße werben die Tourismusbehörden der Pfalz immer noch.

Angst und Nutznießung gingen in der Bevölkerung Hand in Hand: Viele Deutsche profitierten vom Regime, sie erlebten die Zeit bis 1939 als politischen und ökonomischen Aufschwung, spürten einen bescheidenen Wohlstand, vor allem aber ein wachsendes Selbstbewusstsein: Waren sie vorher die Verlierernation, zelebrierten die Nationalsozialisten vor allem ihre Stärke, auch außenpolitisch. Hatten sie vorher eine Zersplitterung in Einzelinteressen erfahren, lebten sie jetzt in einer inszenierten „Volksgemeinschaft", in der der Einzelne in einer ideologisch überhöhten Gemeinschaft aufging, wenn er zur „arischen Rasse" gehörte und das Prinzip von Befehl und Gehorsam verinnerlicht hatte.

Gleichzeitig hatten sie aber Angst, waren von Spitzeln umgeben, konnten jederzeit verraten werden und ins Konzentrationslager kommen.

Das „Heimtückegesetz" von 1933 und (in einer verschärften Neuauflage) 1934 stellte die Behauptung von „falschen Tatsachen" und Werturteilen unter Strafe. Das konnte alles sein, auch das Erzählen von nazikritischen Witzen.

Die KPD wurde im Mai 1933 verboten, viele ihrer Funktionäre wurden verhaftet und zeitweise ins Konzentrationslager geschafft, ebenso manche Sozialdemokraten, wie der Karlsruher Rechtsanwalt Ludwig Marum (1882–1934), der nach 1918 in Baden Justizminister gewesen war und im KZ Kislau ermordet wurde. Zwei Konzentrationslager gab es in dieser Zeit in Baden: in Kislau bei Bruchsal und auf dem Ankenbuck bei Villingen. In Württemberg waren es drei: Heuberg bei Stetten, Oberer Kuhberg bei Ulm und in Welzheim. In der Pfalz gab es eines in Osthofen bei Worms.

Der württembergische Landtag stimmte seiner Selbstauflösung am 8. Juni zu, der badische einen Tag später. Gegenstimmen gab es nur von den Sozialdemokraten. Die SPD wurde danach auch verboten. Die anderen Parteien lösten sich Ende Juni und im Juli selbst auf. Am 2. Mai wurden die Gewerkschaften verboten und durch die Deutsche Arbeitsfront (DAF) ersetzt: Die Arbeiter hießen ab sofort „Gefolgschaft", die Betriebsleiter durften kommandieren.

▲ *Das von Josef Bürckel errichtete Deutsche Weintor an der Südlichen Weinstraße, noch heute ein touristisches Wahrzeichen.*

▲ *Der jüdische Karlsruher SPD-Abgeordnete Ludwig Marum trifft im Konzentrationslager Kislau ein.*

Da sich die Weltwirtschaft nach der Krise von 1929 langsam erholte, liefen auch in Deutschland die Geschäfte wieder besser, und die Arbeitslosigkeit ging zurück. Die NSDAP sorgte in Baden durch forcierte Großprojekte wie den Ausbau des Karlsruher Rheinhafens, die neue Rheinbrücke, den „Westwall" und die Autobahn für weitere Arbeitsplätze. Allerdings wurden Männer oft auch ohne oder gegen geringen Lohn zwangsverpflichtet, wie überhaupt die Löhne nicht so stiegen wie erhofft. Frauen wurde die Arbeit manchmal schlicht untersagt, sodass sie in der Statistik erst gar nicht auftauchten. Später sorgten vor allem die Rüstungsbetriebe für einen Aufschwung: Die „Berlin-Karlsruher Industriewerke" wurden die größte Waffenfabrik in Süddeutschland, Junker & Ruh in Karlsruhe bekam Ende 1939 von der Marine Großaufträge für Küchen, 1941 für Munition und Öfen für Luftschutzräume und Baracken. Die Munitionsfabriken Gritzner & Kayser und Genschow in Durlach, die Süddeutschen Arguswerke Koppenberg (Panzer und Autos) und die Mauser-Werke produzierten in Karlsruhe, ebenso die Firma Haid & Neu, die optische und feinmechanische Geräte für das Militär herstellte.

In Württemberg realisierte das NS-Regime bis 1937 große Wohnungsbauvorhaben, jedes Jahr entstanden über 2000 neue Wohnungen und, für die Schwaben psychologisch wichtig, Eigenheime. Danach wurden vor allem kriegswichtige Bauten, Kasernen, Flughäfen und Rüstungsbetriebe errichtet. Von der Rüstung profitierte auch die Metallindustrie, die eher hier als im grenznahen Baden gefördert wurde, wie Maybach, Märklin, die Württembergische Metallwarenfabrik (WMF), die Mauser-Werke in Oberndorf oder Dornier am Bodensee. Bei Ellwangen entstand eine neue unterirdische Munitionsfabrik. Die Daimler-Benz AG entwickelte sich in Untertürkheim von knapp 3000 Mitarbeitern 1932 auf über 8000 im Jahr 1938 und über 67.000 im Kriegsjahr 1943, wovon allerdings die Hälfte Zwangsarbeiter und Kriegsgefangene waren.

Auch in der Pfalz profitierte die Bevölkerung von den Rüstungsprogrammen und Wohnungsbauinitiativen. Vor allem der Bau des Westwalls ab 1938 und der Hunsrückhöhenstraße drückten die Arbeitslosenzahl. Infolge der „Blut-und-Boden"-Ideologie wurden auch die Bauern und Winzer sehr gefördert.

Die Entrechtung und Ermordung der Juden

Seit ihren Anfängen war die NSDAP offen antisemitisch. Sie nahm damit eine Stimmung auf, die in der Bevölkerung großen Rückhalt hatte: Die Konkurrenzangst bei den kleinen Gewerbetreibenden war schon in der Weimarer Zeit manchmal so groß, dass sie sich gegen die „jüdischen Kaufhäuser" aufhetzen ließen und sie manchmal sogar plünderten. Hitler stachelte diese Stimmung nach und nach an: Schon im März 1933, nur wenige Wochen nach seiner Ernennung zum Reichskanzler, wurde gegen jüdische Geschäfte demonstriert, am 1. April der erste systematische Boykott jüdischer Geschäfte organisiert: SA-Posten stellten sich vor die Geschäfte und taxierten jeden drohend, der hineinging. In Anzeigen, auf Plakaten und in der Zeitung las man immer wieder: „Kauft nicht bei Juden!" Öffentliche Proteste dagegen gab es nirgendwo.

Schon vor den reichsweiten Gesetzen hatte Robert Wagner am 5. April 1933 für Baden verfügt, dass alle im Staatsdienst, in Staatsbetrieben, in Gemeinden und als Lehrer an Privatschulen beschäftigten Angehörigen „der jüdischen Rasse" vom Dienst zu beurlauben seien. Dabei spielte die konfessionelle Zugehörigkeit keine Rolle, sondern die von den NS-Ideologen festgelegte „Rasse". Zwei Tage später trat im Reich das „Gesetz zur Wiederherstellung des Berufsbeamtentums" in Kraft: „Beamte, die nicht arischer Abstammung sind, sind in den Ruhestand zu versetzen."

1935 wurden die Juden in den Nürnberger Rassegesetzen in Voll-, Halb- und Vierteljuden eingeteilt, je nachdem, ob sie zwei jüdische Eltern, einen jüdischen Elternteil oder nur einen solchen Großelternteil hatten. Eheschließungen zwischen Juden und Nicht-Juden wurden verboten, sexuelle Kontakte mit einem Juden galten als „Rassenschande". Sie durften nicht mehr in öffentliche Bäder oder Parks und wurden in der „Judenkartei" polizeilich erfasst, die 1938 mit Passbildern aktualisiert wurde. Ab 1936 wurden jüdische Geschäfte „zwangsarisiert", wie das landesweit bekannte Modehaus Hugo Landauer in Karlsruhe, die Kaufhäuser Tietz und Knopf und viele Bankhäuser. Auch die 70 jüdischen Geschäfte, die es 1938 in Konstanz noch gab, wechselten bald den Besitzer: Die Deutschen profitierten kräftig von der Entrechtung ihrer „Mitbürger". Auch wenn Juden den Weg der Auswanderung wählten, solange es ihnen noch möglich war, machten die Deutschen gute Geschäfte, weil der Besitz der Juden öffentlich zwangsversteigert wurde.

Im November 1938 ermordete der 17-jährige Herschel Grynszpan in Paris den deutschen Legationssekretär Ernst vom Rath – die Nazis benutzten diese Tat sofort für ihre Zwecke. Von einem „spontanen Volkszorn" wurde in den gleichgeschalteten Medien berichtet, dabei war von Berlin aus der Befehl an die Sturmabteilung (SA) ergangen, möglichst viele jüdische Einrichtungen, Geschäfte und Privatwohnungen zu demolieren und zu plündern und Synagogen anzuzünden: Als „Reichskristallnacht" ging die Nacht in die Geschichte ein. Polizei und Feuerwehr durften nicht eingreifen, außer in Karlsruhe, weil direkt neben der Hauptsynagoge ein Benzinlager stand. In Mannheim wurde die Hauptsynagoge in F 2 gesprengt und in Freiburg die Synagoge am Werthmannplatz abgebrochen. In Stuttgart, Heilbronn, Ludwigsburg, Ulm und Tübingen zerstörten die Nazis alle Synagogen. Viele Juden mussten wehrlos der Zerstörung zusehen, wurden gedemütigt oder verprügelt, ins KZ Dachau verschleppt, misshandelt oder ermordet. Die Schäden an ihrem Eigentum mussten sie selbst beseitigen oder bezahlen.

Nach und nach wurden die Juden weiter ausgegrenzt, ihr Vermögen wurde erst erfasst, später eingezogen. Ab 1941 mussten die Juden den „Judenstern", gut sichtbar an ihrer Kleidung tragen. Im gleichen Jahr gab es in Polen und Russland schon Massenhinrichtungen, und es wurden Vergasungsanlagen in KZs eingerichtet. 1942 wurde auf der „Wannseekonferenz" beschlossen, alle europäischen Juden zu ermorden. Im Juli 1940 wies man alle Juden aus dem Elsass, im Dezember alle Juden aus Lothringen nach Frankreich aus, am 22. Oktober wurden in Baden, dem Saarland und der Pfalz in der sogenannten Wagner-Bürckel-Aktion alle Juden zusammengetrieben und in das Lager Gurs in den Pyrenäen verschleppt. Nur wenig Besitz durften sie mitnehmen, das meiste wurde öffentlich ver-

steigert. Bürckel hatte bereits 1939 mit Adolf Eichmann die ersten Massendeportationen von Wiener Juden nach Nisko an der sowjetischen Grenze erfolgreich geprobt. Jetzt fuhren neun Züge aus Baden und der Pfalz mit 6538 Juden nach Südfrankreich. Die meisten starben in den ersten Tagen in diesem sumpfigen, dreckigen und überfüllten Lager, der Rest wurde wenige Jahre später in die Vernichtungslager gebracht.

▲ *Die Deportation der Juden ins südfranzösische Lager Gurs, wo die meisten von ihnen starben.*

In Baden wurde die Massenverschleppung von Juden zum ersten Mal geübt, ab Dezember 1941 wurde sie reichsweit durchgeführt. In Viehwaggons fuhr man die Juden nach Osteuropa in die Vernichtungslager Belec, Majdanek und Auschwitz und ermordete sie dort. Nur wenige Juden überlebten diese Vernichtungslager, aus Karlsruhe nur drei.

Der erste Höhepunkt in der Judenverfolgung im Saarland, das 1935 zum deutschen Reich kam, waren die Ereignisse am 9. November 1938. In Saarbücken gingen vor allem SS-Einheiten an das Zerstörungswerk. Sie weckten nachts etwa 150 männliche Juden und trieben sie durch die Innenstadt, beschimpften und bespuckten sie. An der Baustelle des Hauptbahnhofs mussten sie Gräber ausheben, bevor sie in das Gefängnis auf der Lerchesflur geschleppt wurden. Die meisten Männer wurden danach ins KZ Dachau gebracht. Die Synagoge wurde verwüstet und in Brand gesteckt, die Feuerwehr schützte nur die umstehenden Häuser. Die Saarbrücker Zeitung schrieb über den Brand der Synagoge: „Jedenfalls schlugen gestern gegen 8 Uhr in der Frühe die Flammen aus dem Zwiebelturm, der samt dem darunter befindlichen Gebäude noch nie in unser Stadtbild hineingepaßt hatte. Bald hatte sich eine große Menschenmenge in der Kaiser- und Futterstraße angesammelt, die mit größter Spannung den weiteren Verlauf der Dinge verfolgte. Keiner konnte die Genugtuung verbergen darüber, daß nun das Haus, in dem sich noch immer die Judenclique ungestört hatte zusammenfinden können, verschwand. War es nicht wie ein Symbol, als der Judenstern, der auf der höchsten Spitze immer noch kühn in den deutschen Himmel gestarrt hatte, auf einmal brennend durch das knisternde und funkensprühende Gebälk in die Tiefe stürzte! Knistert es nicht genau so im Gebälk des internationalen Judentums, dessen Stern auch im Versinken ist, wenn man es auch mancherorts nicht wahr haben will. Die Menge in den Straßen wich und wankte nicht. Man wollte es erleben, wie die Kuppel zusammenbrach, man wollte dabei sein, wenn dieses äußere Zeichen fremden Volkstums und fremder Geisteshaltung aus dem deutschen Stadtbild getilgt wurde." 1940 wurden alle Juden nach Gurs deportiert.

In Württemberg lief die Verfolgung der Juden nach dem Muster ab, das die Reichsgesetze vorgaben. Im März wurden jüdische Beamte arbeitslos, Rechtsanwälte und Ärzte boykottiert, dann mit Berufsverbot belegt. In Geschäften und Parks hingen Schilder mit der Aufschrift „Juden unerwünscht", die Vereine warfen sie hinaus. 1938 wurden auch hier die Synagogen zerstört, die Stuttgarter und Tübinger Gotteshäuser niedergebrannt. 1941 mussten alle Württemberger Juden in ein Sammellager nach Stuttgart, ab Dezember wurden sie zusammengetrieben und nach Riga deportiert, einige von ihnen dort gleich wegen Arbeitsunfähigkeit erschossen – im ersten Zug befanden sich 1000 Juden, 1943 waren die letzten in die Konzentrationslager und Todeslager Auschwitz, Lublin oder Theresienstadt verschleppt worden.

Der Widerstand gegen den Nationalsozialismus

Immer enger wurden die Deutschen in das System eingebunden, der individuelle Spielraum wurde immer kleiner, die Angst vor Denunziation immer größer. Blockwarte, Gestapo, Spitzel, missgünstige Nachbarn, manchmal sogar die eigenen Kinder: Man wusste nicht mehr, wem man trauen konnte, mit wem man offen oder nur in Andeutungen reden durfte, wer eventuell ein Provokateur war. Schnell war man aufgefallen, wurde verhaftet oder kam sogar ins KZ. Ein bekannter Spruch war damals: „Lieber Gott, mach mich stumm, dass ich nicht nach Dachau kumm." Das „Heimtücke"-Gesetz stellte sogar harmlose Witze unter Strafe, monatelange Haft war oft die Folge. Durch die „Sippenhaft" konnte auch die Verwandtschaft betroffen sein. Die Angst vor sozialer Isolierung tat ein Übriges.

Man musste sich aber nicht nur vor der Gestapo und vor hundertprozentigen Nazis und Blockwarten in Acht nehmen: Ausnahmslos alle Behörden waren zur Amtshilfe verpflichtet. Die normale Polizei arbeitete der Gestapo zu, normale Postangestellte halfen bei der Briefkontrolle, Passämter, der Zoll, das Finanzamt und die Eisenbahn bei der Judenverfolgung. Ein erster Test, ob die Eisenbahn mitarbeiten würde, lief 1938: Alle männlichen polnischen Juden über 18, die meisten nach dem Ersten Weltkrieg nach Deutschland geflohen, wurden ohne Vorwarnung verhaftet und nach Polen ausgewiesen. Sie wurden an die Grenze gefahren und mussten das Land verlassen. Die deutsche Eisenbahn und ihre Mitarbeiter „funktionierten" dabei tadellos.

Widerstand zu leisten war also schwierig – und manchmal lebensgefährlich. Der Widerstand war so vielfältig wie die Menschen selbst. Manchmal wuchs aus dem einfachen Wunsch, sich vom Regime fernzuhalten, einen individuellen Freiraum in der Diktatur zu behalten, eine leichte Art von Widerständigkeit – oder sogar eine richtige Gegnerschaft. Man konnte den Hitler-Gruß verweigern und stattdessen „Grüß Gott" sagen, man konnte sich weigern, die Flaggen aufzuziehen, oder jüdische Nachbarn warnen und verstecken. Es gab das heimliche Abhören von verbotenen Sendern und das Verbreiten von unterdrückten Nachrichten. Rudolf Formis, bis 1933 Techniker beim Süddeutschen Rundfunk, sendete sogar deutschlandweit von einem Gasthof in der Nähe von Prag Nachrichten, die den offiziellen krass widersprachen. Als zwei SS-Angehörige Formis 1935 in seiner „Sendeanstalt" angriffen, um ihn nach Deutschland zu verschleppen, kam es zum Schusswechsel. Formis starb dabei.

Es gab das Drucken und Verteilen von Flugblättern oder Zeitungen, wobei sogar das Aufsammeln von Flugblättern gefährlich sein konnte. Es gab aktive Fluchthilfe und Sabotage in Rüstungsbetrieben. Bewaffneter Widerstand war sehr selten, aber anständig gehandelt haben doch einige. Und etwas nicht anzuzeigen, war auch verboten. Und auch das konnte man praktizieren.

Ohne dass man es bisher erklären könnte, war gerade im Südwesten der Widerstand besonders aktiv: die Geschwister Scholl, Georg Elser, Claus Schenk Graf von Stauffenberg, Bischof Johannes Baptista Sproll.

Vielleicht hat die besondere, eben doch liberalere Tradition der südwest-deutschen Territorien, vielleicht auch die Nähe zur Schweiz und Frank-reich die innere Haltung der Menschen beeinflusst.

Organisierter Widerstand kam zunächst vor allem von Seiten der KPD und der SPD, die als erste unter den Verfolgungen zu leiden hatten. Sie fanden sich erst in großen Gruppen zusammen, dann in kleinen, die sich untereinander möglichst nicht kannten: So konnten sie nur wenige ihrer Mitverschwörer oder Helfer verraten, wenn sie verhaftet und verhört, ge-schlagen oder gefoltert wurden.

Ein aufsehenerregender Sabotageakt gelang im Februar 1933, als Adolf Hitler in der Stuttgarter Stadthalle sprach und die Rede vom Süddeutschen Rundfunk in Stuttgart und dem Südwestdeutschen Rundfunk in Frank-furt gesendet werden sollte. Eine Gruppe von KPD-Sympathisanten durch-trennte das Übertragungskabel an der richtigen Stelle mit einem Beil. Die nächste Übertragung einer Rede von Adolf Hitler wurde dann durch auf-wändige, weitreichende Absperrungen des Senders sichergestellt.

In Mannheim erschien ab 1941 die vom KPD-Landtagsabgeordneten und ehemaligen Redakteur Georg Lechleiter herausgegebene Zeitung „Der Vorbote", ein „Informations- und Kampforgan gegen den Hitler-faschismus". An wechselnden Orten hergestellt und vorsichtig verteilt, hatte das Blatt eine – stetig steigende – Auflage von einigen hundert Ex-emplaren: „Die Erfahrung hat gelehrt, dass alle Verhaftungen weniger der Fündigkeit der Polizei als der ‚Unachtsamkeit' unserer Genossen zu-zuschreiben sind."

1934 und 1935 zerschlug die Gestapo die meisten Widerstandsgruppen in Mannheim und Karlsruhe, auch gegen Stuttgarter Gruppen gelangen den Nazis in diesen Jahren und auch später immer wieder große Erfol-ge. In Stuttgart gab es beispielsweise die kommunistische „Widerstands-gruppe Schlotterbeck", die 1944 enttarnt und aufgelöst wurde. Auch die Gruppe um den Mannheimer Lechleiter wurde durch einen Spitzel aus Karlsruhe 1942 enttarnt, die Mitglieder wurden hingerichtet.

Kleinere Gruppen von widerständigen Jugendlichen blieben den Nazis gegenüber ebenfalls kritisch: Die katholische Gruppe „Christopher" in Bruchsal, die „Weiße Rose" aus Ulm, die in München aktiv wurde, die „Edelweißpiraten" in ihrer Gegnerschaft gegen die HJ – es bildeten sich viele Gruppen, von denen zwar nur wenige aktiven Widerstand leisteten, die sich aber ihren kritischen Geist bewahrten.

Auch prominente Wirtschaftsführer waren für ihre ablehnende Haltung bekannt, wie etwa Alex Haffner, der Generaldirektor der Salamander-Schuhfabrik in Kornwestheim, der 1934 sogar ein Kopfgeld auf Hitler auslobte. Er beschäftigte in seinen Werken möglichst keine Nationalsozialisten. Und Robert Bosch, der Männer wie Carl Goerdeler beschäftigte und Fluchthelfer mit Geld unterstützte. Da ihre Betriebe als kriegswichtig eingestuft wurden, traute sich das Regime nicht, sie direkt anzugreifen. Aber eine Gefährdung des Regimes gab es nicht.

Georg Elser, Claus Schenk Graf von Stauffenberg und die „Weiße Rose"

Zweimal kam man dem Ziel, Hitler zu töten, wenigstens nahe: am 8. November 1939 und am 20. Juli 1944. Aus moralischen Gründen und um den nächsten Krieg zu verhindern, entschloss sich 1939 ein einfacher Handwerker, der schwäbische Schreiner Georg Elser, Hitler und die obersten Regimeführer bei einem Attentat zu ermorden.

▼ *Der württembergische Schreiner Georg Elser, der 1939 versuchte, Hitler zu ermorden.*

Schon in der Fabrik in Heidenheim, in der er ab 1936 arbeitete, merkte er, dass der Kurs der Diktatur auf einen neuen Krieg zusteuerte. Der Anschluss Österreichs und der Tschechei und die Haltung der Westmächte, die immer wieder Hitlers Forderungen nachgaben, bestärkten ihn in seiner Analyse, dass das Großdeutsche Reich noch größer werden wollte. Elser wusste, dass Hitler jedes Jahr zum Jahrestag des Putsches von 1923 eine Rede im Münchener Bürgerbräukeller hielt, am 8. November. An diesem Tag sollte die ganze Nazi-Elite versammelt sein, neben Hitler auch Innenminister Wilhelm Frick, Joseph Goebbels, Heinrich Himmler, Martin Bormann, Robert Ley, Außenminister Joachim von Ribbentrop und „Stürmer"-Herausgeber Julius Streicher.

Da Elser ein penibler Handwerker war, in einer Rüstungsfirma und in Uhrenfabriken gearbeitet hatte, hatte er die notwendigen Kenntnisse, um eine Bombe mit Zeitzünder herzustellen. Sprengstoff bekam er aus einem Steinbruch in Königsbronn. Elser fuhr im August 1939 nach München und ließ sich nachts im Bürgerbräukeller einschließen, wo er in mühseliger Handarbeit eine Säule der Halle in der Nähe des Rednerpults aushöhlte. Nach 30 Nachtschichten war er fertig. Am Tag bastelte er seinen Sprengkörper, den er dann in die Säule einbaute.

Am 8. November genau um 21.20 Uhr explodierte die Bombe. Aber Hitler hatte seine Rede früher als vorgesehen beendet, weil sein Rückflug wegen Nebel ausfiel und er mit dem Zug fahren musste. Deswegen hatte die gesamte Nazi-Führung den Keller schon 13 Minuten vor der Explosion verlassen – die Bombe tötete acht Menschen, verletzte 63 und verwüstete den Saal völlig.

Zu diesem Zeitpunkt war Elser bereits am Konstanzer Hafen. Er wurde vom Zollgrenzschutz verhaftet, weil seine Grenzkarte abgelaufen war. Bei seiner Durchsuchung fand man eine Ansichtskarte des Bürgerbräukellers, sein Rotfrontkämpferbundabzeichen und Teile eines Zeitzünders.

Elser wurde in Sachsenhausen und Dachau gefangen gehalten, um ihn nach dem „Endsieg" in einem Schauprozess spektakulär verurteilen zu können. Im April 1945 aber ordnete Hitler die Ermordung Elsers an.

Berühmter als Georg Elser ist Claus Schenk Graf von Stauffenberg. Geboren im schwäbischen Jettingen bei Günzburg, war er Berufssoldat und machte bereits vor 1933 im Militär Karriere, die er unter den Nationalsozialisten bruchlos fortsetzte. 1944 nahm er am Polen- und am Frankreichfeldzug teil und wurde, mehrfach ausgezeichnet, zum Oberst befördert. Er wird als Nationalist und eher antidemokratisch eingestellt beschrieben und fühlte sich als Soldat dem obligatorischen persönlichen Treueeid für Hitler, den alle Soldaten leisten mussten, verpflichtet. Dennoch suchte er ab 1941 die Nähe von hochrangigen und meist adligen Hitlergegnern, in der Überzeugung, dass nur die Wehrmacht als Organisation einen Putsch erfolgreich durchführen könne. Seit 1942 versuchten er und andere Offiziere mehrfach, Hitler zu ermorden – es misslang jedes Mal. Auch am 20. Juli 1944.

Die Gruppe war sehr heterogen, und auch ihre Motive waren sehr unterschiedlich. Stauffenberg war, wie viele andere Offiziere, zunächst von den Siegen während des Krieges begeistert gewesen, erst die Massenhinrichtungen von Kriegsgefangenen und Juden ließen ihn umdenken. Einige der Mitverschwörer waren Antisemiten, einige Antidemokraten, andere wollten Hitler beseitigen, weil sie sahen, dass der Krieg verloren war. Einen ausgefeilten Plan für eine Regierung nach dem Mord hatten sie nicht, sie einte vor allem die Tat.

Das Attentat war penibel geplant, in ganz Europa waren Mitverschwörer eingeweiht. Nach dem Tod Hitlers sollten die immer noch intakten Strukturen der Wehrmacht für den Umsturz genutzt werden. Aber die Planung wurde nur halbherzig umgesetzt, vor allem, weil nur eine von zwei Bomben scharf gemacht und Hitler deswegen nur verletzt wurde. So blieb auch die Meldung von seinem Tod aus, die die folgende „Operation Walküre" mit der Verhaftung von wichtigen NS- und SS-Größen und der Besetzung der wichtigsten Dienststellen in Gang gesetzt hätte. Stauffenberg und zwei seiner Mit-

▲ *Claus Schenk Graf von Stauffenberg, Oberst und zentrale Persönlichkeit des militärischen Widerstands gegen den Nationalsozialismus.*

arbeiter wurden standrechtlich erschossen, die anderen Verschwörer und eventuellen Mitwisser verhaftet und verurteilt. Es waren über 200 Männer – Generäle, Diplomaten und Minister: unter ihnen Stauffenbergs Bruder Berthold, sein Vetter Caesar von Hofacker, der als Leiter der Reichskanzlei vorgesehene Fritz Elsas, die Zentrumspolitiker Eugen Bolz und Joseph Ersing und der evangelische Theologe Eugen Gerstenmaier. Berühmt wurden die prophetischen Worte des aus Ludwigsburg stammenden Caesar von Hofacker, der den Vorsitzenden des Volksgerichtshofs Roland Freisler unterbrach: „Sie schweigen jetzt, Herr Freisler! Denn heute geht es um meinen Kopf. In einem Jahr geht es um Ihren Kopf!" Erwin Rommel, der als „Wüstenfuchs" bekannte Kriegsheld und Generalfeldmarschall, dem eine Nähe zu den Attentätern nachgesagt wurde, ohne dass man sie ihm hätte nachweisen können, wurde gestattet, „ehrenvollen Suizid" zu begehen: Er bekam danach ein Staatsbegräbnis. So vereinnahmte das Regime ihn noch nach seinem Tod.

Es waren neben alten Parteigruppierungen vor allem viele Einzelne oder kleine Gruppen von Menschen, die sich gut kannten und sich gegen den Nationalsozialismus engagierten. Wie die Gruppe der „Weißen Rose" – woher der Name kam, ist bis heute nicht klar. Sie war ein loser Zusammenschluss von Studenten um Hans und Sophie Scholl, Willi

Graf, Christoph Probst und Alexander Schmorell, die sich ab 1942 in München trafen. Die Scholls waren in Ulm aufgewachsen, Graf kam aus Saarbrücken, Probst aus Murnau, Schmorell, geboren in Orenburg, aus München.

Dabei waren einige von ihnen früher sogar begeisterte Nationalsozialisten – allerdings nicht Willi Graf, der sich sogar geweigert hatte, der Hitlerjugend beizutreten. Sophie Scholl dagegen war BDM-Führerin, Hans Scholl Fähnleinführer der HJ, aber auch Mitglied der verbotenen bündischen Jugendorganisation „dj.1.11", ein Jungenbund und Teil der Jugendbewegung. Scholl wurde deswegen 1937 verhaftet. 1939 begann er, in München Medizin zu studieren, 1942 kam seine Schwester Sophie nach München. Jetzt begannen sie gemeinsam zu diskutieren. Gemeinsame religiöse Ideen, ihre christliche und humanistische Basis bestärkten sie in ihrer Überzeugung, die Menschen aufzuklären.

Gemeinsam begannen sie ab Sommer 1942 Flugblätter zu schreiben und zu verteilen, sechs insgesamt. Die ersten vier trugen die Überschrift „Flugblätter der Weissen Rose", das sechste wurde nach der Schlacht von Stalingrad geschrieben, mit der die militärische Niederlage eingeleitet worden war. Als Hans und Sophie die Flugblätter in der Universität München verteilten, wurden sie vom Hausschlosser entdeckt, der sie der Gestapo übergab. Nur wenige Tage danach wurden Graf und Probst verhaftet, der Rest der Gruppe wenig später. Die Scholls, Probst, Graf und der Philosophieprofessor Karl Huber wurden hingerichtet, die anderen zu Gefängnisstrafen verurteilt.

Kirchlicher Widerstand

In vielen Gegenden Deutschlands war der Widerstand gegen die National-sozialisten religiös begründet. Die Pietisten in Württemberg, die sich von jeher selbst organisiert hatten und deswegen einer wie immer gearteten Obrigkeit misstrauten, waren ebenso wie die Katholiken im Saarland eher immun gegen die NS-Propaganda.

Die Haltung des Nationalsozialismus zu den Kirchen war ambivalent. Einerseits gestattete der diktatorische Zugriff auf das gesamte Leben keine Nebenideologien. Andererseits musste Hitler anfangs noch taktieren, um sich der größtmöglichen Zustimmung, auch von außen, zu versichern. So gründete 1932 der preußische NS-Fraktionsführer Wilhelm Kube die „Glaubensbewegung Deutsche Christen" innerhalb der evangelischen Kirche, die eine einheitliche deutsche Reichskirche unter zentraler Leitung schaffen wollte – mit einem „germanischen Jesusbild". Bei den Kirchenwahlen 1933 erlangte sie die überwältigende Mehrheit und hob das demokratische System in allen Landeskirchen, in denen sie gewonnen hatte, auf. Nur drei Landeskirchen blieben übrig. Aus der „Glaubensbewegung" entstand die Nationalkirchliche Bewegung Deutsche Christen. Gegen sie gründete sich 1934 die nazikritische, evangelische „Bekennende Kirche", mit Dietrich Bonhoeffer und Karl Barth als Gründungsmitgliedern.

Als 1938 der Oberkirchenrat anordnete, dass die Geistlichen und Beamten der württembergischen Landeskirche einen persönlichen Eid auf Adolf Hitler ablegen sollten, verweigerten 50 Pfarrer, unter ihnen der Pfarrer der Ebersbacher Veitskirche, Hermann Diem, den Eid. Diem hatte sich schon beim Anschluss Österreichs an das Reich geweigert, die Glocken eine Stunde läuten zu

▼ *„Vorträge und Entschliessungen" der Bekennenden Kirche, 1934.*

lassen, wie Landesbischof Theophil Wurm angewiesen hatte. Die „Kirchlich-Theologische Sozietät", der Diem vorstand, sprach sich gegen den Eid aus: „Das hieße den Staat zum Richter über Gottes Wort und Reich einsetzen, wozu er nicht berufen ist, und alles vergessen, was in diesen Jahren gegen die staatlichen Eingriffe und gegen die deutsch-christlichen Verfälschungen so oft bezeugt worden ist", womit die Deutschen Christen gemeint waren. Pikanterweise hatte der NS-Staat diesen Eid gar nicht gefordert, es war eine vorauseilende Loyalitätsbekundung.

Die katholische Kirche war für die Machthaber eine größere Bedrohung als die evangelische, zumal sie sich schon vor 1933 kritisch über den Nationalsozialismus und seine Ideologie geäußert hatte. Im April 1933 schloss daher die NS-Führung mit dem Vatikan ein Reichskonkordat, in dem der Kirche ihre Selbstverwaltung und die freie Lehre garantiert, die politische Betätigung aber verboten wurde: ein großer, auch außenpolitischer Erfolg für Adolf Hitler. Natürlich hielt er die Verabredung nicht ein: In mehreren Kampagnen ging er gegen die Kirche vor und ließ sogar Priester verhaften. 1938 wurden alle katholischen Organisationen und die katholische Presse verboten, theologische Fakultäten geschlossen. In vielen Protestnoten beschwerte sich Papst Pius I. gegen die Unterdrückung und verfasste später die Enzyklika „Mit brennender Sorge", und 1942 protestierten die Kirchen gegen die Judendeportation.

Im März 1933 predigte der evangelische Pfarrer in Niederstetten in Hohenlohe, Hermann Umfrid, vehement gegen die Verfolgung von Juden in seinem Ort: Wenige Tage zuvor hatten Heilbronner SA-Männer die jüdischen Männer aus ihren Wohnungen geholt, ins Rathaus getrieben

> *Ein Vergasungsschuppen in der Tötungsanstalt Grafeneck, in der „Behinderte" ermordet wurden.*

und viele von ihnen zusammengeschlagen. Im benachbarten Creglingen terrorisierten sie die im Schabbat-Gebet befindlichen Juden, verprügelten sie und schnitten ihnen Bärte und Haupthaare ab. Umfrid sagte, unter Verweis auf die öffentliche Aufforderung Hitlers an seine Hilfstruppen, „strenge Zucht zu halten und sich keine Übergriffe" zu erlauben: „Was gestern in dieser Stadt geschah, das war nicht recht. Helfet alle, dass der Ehrenschild des deutschen Volkes blank sei!" Als der Oberkirchenrat eine Stellungnahme forderte, schrieb Umfrid: „Wenn die Kirche nicht durch ihr Oberhaupt das Wort nimmt und ihre Dekane und Pfarrer öffentlich tatkräftig unterstützt, begibt sie sich aller innerer Ehre und jeglichen Einflusses auf das Rechtsbewusstsein des Volkes. Und Gott würde sie dafür strafen, dass sie seine Gebote verschwiegen hat, als es Zeit war, sie zu bezeugen." Aber der Oberkirchenrat stimmte ihm nicht zu. In der Folge nahmen die Anfeindungen gegen Umfrid zu. 1934 beging er Selbstmord.

Ein Höhepunkt im kirchlichen Protest war der Widerstand gegen die „T4"-Aktion (so genannt nach der Berliner Tiergartenstraße 4, der Zentrale der Aktion). 1939 richteten die Nationalsozialisten Tötungsanstalten ein, in denen Behinderte als „unwertes Leben" umgebracht werden sollten, unter anderem in Grafeneck auf der Schwäbischen Alb.

Da viele Behinderte in kirchlichen Heimen untergebracht waren oder kirchlich betreut wurden, konnten die Morde nicht geheim gehalten werden. Nicht nur die Mitarbeiterinnen und Leiter in den Heimen, sondern auch viele prominente Geistliche protestierten dagegen. Neben dem Bischof von Münster, Clemens August Graf von Galen, auch der Bischof der Diözese Rottenburg, Joannes Baptista Sproll, sein Generalvikar, Max Kottmann, der Landesbischof der Evangelischen Kirche in Württemberg,

Theophil Wurm, und Julius Kühlewein, Landesbischof der Evangelischen Kirche in Baden. Auch der Freiburger Erzbischof Conrad Gröber protestierte gegen die T4-Aktion – zuvor hatte er, teilweise mit antisemitischem Einschlag, allerdings die NS-Regierung oft genug befürwortet. 1941 stellten die Behörden die Erwachsenen-„Euthanasie" offiziell ein – der Mord an behinderten Kindern ging allerdings noch weiter.

Der Zweite Weltkrieg

Im Versailler Vertrag wurde festgelegt, dass Deutschland eine Berufsarmee von nur 100.000 Mann haben durfte, keine schweren Waffen, keine allgemeine Wehrpflicht, und die Waffenvorräte wurden auf 102.000 Gewehre beschränkt. Aber schon in der Weimarer Republik begann heimlich die Aufrüstung. 1929 veröffentlichte die kritische Zeitschrift „Die Weltbühne" einen Artikel des Journalisten Walter Kreiser, in dem er die Verbindungen zwischen der Reichswehr und der Luftfahrtindustrie nachwies und belegte, dass eine Luftwaffe aufgebaut wurde. Er und der Herausgeber Carl von Ossietzky wurden deswegen wegen Landesverrats und Verrats militärischer Geheimnisse zu Gefängnis verurteilt.

Auch Hitler hatte die Aufrüstung schon früh als eines seiner Ziele festgelegt und verfolgte sie ab 1931 konsequent weiter. 1935 führte er die allgemeine Wehrpflicht wieder ein, 1936 marschierten deutsche Truppen in die entmilitarisierten Zonen am Rhein. Die Garnisonen in Mannheim und Karlsruhe, aber auch in Württemberg, der Pfalz und dem Saarland füllten sich wieder mit Soldaten.

In einem „Blitzkrieg" wurde 1939 Polen besiegt, an der Westfront tat sich bis 1940 gar nichts, man sprach von einem „drôle de guerre", einem „seltsamen Krieg". Der von den Franzosen gebauten Maginot-Linie hatten die Nazis den Westwall entgegengesetzt. Zu Beginn des Zweiten Weltkriegs räumte die Zivilbevölkerung einen zehn Kilometer breiten Streifen entlang der Reichsgrenze in Baden, der Pfalz und dem Saarland, die sogenannte „Rote Zone". Mehr als eine halbe Million Deutsche mussten sich in Thüringen, Franken und Hessen einrichten. Auch die Franzosen evakuierten auf ihrer Seite.

Während des „drôle de guerre" besetzten französische Truppen im September 1939 einige Kilometer dieser „Roten Zone" – bis Mitte Oktober 1939. 1940 wurden die holländischen, belgischen und französischen Truppen in einem Überraschungsangriff überrannt. Am Oberrhein kam es zu überhaupt keinen Kampfhandlungen.

Die Deutschen siegten zunächst triumphal, eroberten und besetzten Polen, Dänemark, Norwegen, Belgien, die Niederlande, Luxemburg, einen großen Teil Frankreichs, Jugoslawien und Griechenland. Elsass und Lothringen kamen unter deutsche Verwaltung, Straßburg sollte nach dem deutschen „Endsieg" die Hauptstadt Badens werden. Die französische Sprache wurde verboten, Namen wurden „eingedeutscht". Erst mit der Schlacht um Moskau im Winter 1941/42 und der um Stalingrad ein Jahr später wurde klar, dass der Krieg doch nicht so einfach zu gewinnen war.

Zudem begannen seit 1940 auch Luftangriffe auf Deutschland. Zuerst auf linksrheinische Städte wie Saarbrücken, Trier oder Ludwigshafen, dann auf badische Städte wie Karlsruhe und Mannheim. Über den ersten Luftangriffsalarm im Juni 1940 staunten die Karlsruher noch, die nur Siegesmeldungen gewohnt waren, während Mannheim und Ludwigshafen als Industriezentren schon ab 1940 unter dem ersten Flächenbombardement litten. Weitere große Bombardements erfolgten 1943, 1944 und im März 1945. Karlsruhe erlebte die ersten Flächenangriffe 1942. Angriffe der Alliierten wurden von der Nazipropaganda stets als Terrorangriff bezeichnet. Ab 1944 weitete sich der Luftkrieg auch auf Württemberg aus, heftige Angriffe zerstörten Stuttgart, Heilbronn und Pforzheim. Die Luftabwehr war schon ab 1943 schwächer geworden.

⌃ Ab 1944 weitete sich der Luftkrieg auf Württemberg aus, heftige Angriffe zerstörten Stuttgart, Heilbronn und Pforzheim. Hier das zerstörte Heilbronn gegen Kriegsende 1945.

Bis 1944 steigerten sich die Angriffe. Am 27. September griffen 237 Bomber Karlsruhe an, warfen Spreng- und Brandbomben ab und setzten die halbe Stadt in Brand. Am 27. November erreichte ein Großangriff Freiburg, am 4. Dezember griffen 900 Flugzeuge mit Sprengbomben noch einmal Karlsruhe an – es gab bis zu zehn Einschläge je Sekunde. Ganze Häuserblöcke verschwanden, viele Menschen erstickten in den Luftschutzkellern.

In Mannheim starben vergleichsweise wenig Menschen, weil es viele Luftschutzbunker gab, auch in Saarbrücken, bis zu dem verheerenden Angriff von „Bomber-Harris". Heidelberg wurde nur wenig angegriffen und zerstört, Konstanz am Bodensee gar nicht. Wahrscheinlich, weil das schweizerische Kreuzlingen über der Grenze nachts nicht verdunkelte und Konstanz nachzog, sodass für Bomberpiloten nicht ersichtlich war, wo die Grenze lag.

Nach den Siegesmeldungen, die das Selbstbewusstsein der Bevölkerung noch einmal gestärkt hatten, kam die Not. Nicht nur die häufigen Todesmeldungen von der Front, vor allem aus Russland, demoralisierten die Deutschen, sondern auch die materielle Not: Lebensmittel wurden rationiert und die Produktion auf kriegswichtige Güter umgestellt. Es gab Bezugsscheine für Textilien und Treibstoff, und statt der Männer mussten wieder, wie im Ersten Weltkrieg, die Frauen, die vorher von der Naziideologie an den Herd gedrängt worden waren, die harten Arbeiten in den Fabriken und auf den Feldern übernehmen. Ständig stiegen auch die „freiwilligen" Beiträge, die zum Beispiel das Winterhilfswerk sammelte.

Dafür kamen Fremdarbeiter aus den besetzten Gebieten, aus Polen, Russland, Frankreich oder Belgien: 1941 gab es in Karlsruhe 41 Lager mit Zwangsarbeitern. Auf Fraternisierung und geringe Vergehen standen harte Strafen.

Im September 1944 erreichte die Front auch den Rhein, der „Volkssturm"-Erlass sollte jetzt auch die nicht eingezogene Zivilbevölkerung erfassen: Jugendliche und alte Männer. Im badischen Mosbach wurden sogar 14-Jährige einberufen. Ohne Ausbildung, ohne Schutz und oft auch

▼ *Ein Luftaufklärungsbild von Koblenz im Jahr 1944, die Alliierten eroberten die Stadt am 18. März 1945.*

ohne ausreichende Bewaffnung waren sie hilfloses Kanonenfutter. Im Dezember 1944 griffen die Alliierten wieder einmal Kaiserslautern, Bad Kreuznach und Bingen an, auch Bitburg, das zu 80 Prozent zerstört wurde. Anfang Februar waren die deutschen Truppen in Baden auf die rechte Seite des Rheins zurückgedrängt worden, Elsass und Lothringen mussten aufgegeben werden. Zu Flächenbombardements kam es im Oktober 1944, als die Bomber Saarbrücken fast komplett zerstörten und Tausende starben, weil vor allem die dicht bewohnten Stadtteile Alt-Saarbrücken, Malstatt und Burbach mit der Stahlhütte angegriffen wurden, und am 23. Februar 1945 in Pforzheim. Beide Ziele und die Angriffsarten wurden vom Air Chief Marschall Sir Arthur Harris, genannt „Bomber-Harris", ausgewählt, um die Bevölkerung zu demoralisieren. Pforzheim auch, weil die hiesige Feinindustrie Zünder und Munition herstellte – und zwar nicht in einer einzigen großen Fabrik, sondern in kleineren Werkstätten über die Stadt verteilt.

17 Minuten lang dauerte der Angriff nur. Zuerst wurden Luftminen, danach Brandbomben abgeworfen. 17.000 Menschen starben, 98 Prozent der Stadt waren danach zerstört. 7000 bis 8000 Pforzheimer mussten in drei Großgräbern auf dem Hauptfriedhof beerdigt werden – bei der Hälfte von ihnen steht auf dem Grabstein kein Name, sondern nur „Hausgemeinschaft". Von 9000 Toten fehlt jede Spur: Sie sind im Feuersturm bis zur Asche mit verbrannt und wurden mit den Trümmern abtransportiert. Pforzheim brannte neun Tage lang. Bis nach Tübingen sah man das riesige Feuer. Auch Bruchsal wurde völlig zerstört, ebenso Menzingen, wohin die Bestände der Heidelberger Universitätsbibliothek ausgelagert waren.

Am 2. März 1945 wurde Trier erobert und am 18. März Koblenz. Am 20. März hatten die deutschen Truppen Saarbrücken aufgegeben – am 29. besetzten die Amerikaner Mannheim, am 30. Heidelberg. Am 31. März und am 2. April überschritt die französische Armee den Rhein, am 4. April kapitulierte Karlsruhe. Der befehlshabende Oberstleutnant Ernst Linke gab den Befehl, die Stadt kampflos zu räumen. Nach den politischen Vorstellungen des Generals de Gaulle war es wichtig, möglichst viel Territorium in Baden und Württemberg zu erobern. Am 11. April wurden Rastatt und Baden-Baden besetzt, kurz danach Pforzheim und Freudenstadt. Am 15. April fiel Kehl, am 26. Konstanz und drei Tage später Markdorf. Weiter ging es nach Württemberg und Hohenzollern, das ohne nennenswerten Widerstand besetzt wurde. Tübingen wurde kampflos übergeben, Stuttgart, mehrfach schwer angegriffen, am 22. April von französischen und amerikanischen Truppen besetzt.

Wie wir aus den Ruinen auferstanden

Der Südwesten nach dem Zweiten Weltkrieg

Es war ein totaler Zusammenbruch, das zweite Mal in einem Jahrhundert. Deutschland lag am Boden, viele Städte wie Pforzheim oder Saarbrücken waren völlig zerstört. Die Deutschen mussten nach zwölf Jahren Diktatur nicht nur wieder Besatzer erdulden, sondern auch die Demütigung ertragen, dass sie als Demokraten versagt hatten.

Aber aus der Geschichte haben sowohl die Siegermächte als auch Deutschland gelernt: Ein Versailler Vertrag, der zu harte Bedingungen diktierte, sollte sich ebensowenig wiederholen wie eine Diktatur in Deutschland. Reparationen mussten zwar gezahlt werden, aber Deutschland sollte auch als demokratischer Staat wieder aufgebaut werden – nicht zuletzt als Verbündeter gegen den erstarkten kommunistischen Osten. Also wurde in Deutschland eine Verfassung erarbeitet und ein politisches System begründet, das eine Machtkonzentration wie in der NS-Diktatur ausschließen sollte.

Besatzung

Das alte Leben endete damit, dass am 8. Mai die oberste Heeresleitung bedingungslos kapitulierte. Adolf Hitler hatte sich bereits am 30. April umgebracht. Das neue Leben im deutschen Südwesten begann damit, dass US-General Dwight D. Eisenhower, Oberbefehlshaber der alliierten Streitkräfte, klarstellte, dass es keine deutsche Staatsautorität mehr gab, die Gewalt unmittelbar von den vier Besatzungsmächten ausgehe, die deutsche Bevölkerung ihnen unterstehe und den Anweisungen Folge leisten müsse. Immerhin funktionierte vor allem auf Orts- und manchmal auch Kreisebene die Verwaltung auch weiterhin. Sie war auch oft nicht von hohen Parteimitgliedern besetzt gewesen – die hatten sich eher die wichtigeren Ämter besorgt. Die Zusammenarbeit der Besatzungstruppen mit den auf ihren Posten verbliebenen Bürgermeistern und Ortsvorständen der Nazizeit war anfangs oft chaotisch, normalisierte sich aber im Lauf der Zeit.

Der Kampf gegen den Hunger und die Wohnungsnot war neben der politischen Neuorientierung die dringlichste Aufgabe. Die ausgebombten Städte mussten wieder aufgebaut werden, die Geschäfte wieder zum Laufen gebracht und die Versorgung der Menschen mit Lebensmitteln organisiert werden. Es kamen auch die vielen Flüchtlinge und Vertriebenen hinzu, die untergebracht und integriert werden mussten. Das war auf der Potsdamer Konferenz am 2. August 1945 geregelt worden, aber da Frankreich an ihr nicht beteiligt gewesen war, weigerte es sich, Flüchtlinge in seinem Gebiet aufzunehmen. Abgesehen von etwa 6000 sogenannten „Dänemarkflüchtlingen" – das waren West- und Ostpreußen, die während des Kriegs nach Dänemark geflüchtet waren, wo sie in Lagern lebten. Sie kamen nach Rheinland-Pfalz, weil die dänische Regierung sie großzügig mit Lebensmitteln versehen hatte. Die waren in Deutschland Mangelware, auch deswegen wollten die Franzosen nicht so viele Flüchtlinge zulassen. Einige der Dänemarkflüchtlinge wurden später auch wieder umgesiedelt, aus dem Saarland in die anderen Westzonen. Erst später ließen die Franzosen auch den generellen Zuzug von Flüchtlingen zu.

Vor allem im ländlichen Gebiet oder in den unzerstörten Städten wurden die Flüchtlinge eingegliedert, manchmal entstanden neue Wohngebiete für sie – nicht zufällig oft ein wenig vom Stadtkern abgerückt. In Esslingen am Neckar, das im Krieg nicht zerstört worden war, hatte das zur Folge, dass das eigentlich protestantische Gebiet jetzt plötzlich von „fremden" Katholiken dominiert wurde. Das Direktmandat bei der ersten Bundestagswahl 1949 bekam der katholische, heimatvertriebene Pfarrer Franz Ott.

Besatzungsmächte Frankreich und Amerika

Den deutschen Südwesten teilten sich zwei Mächte: Frankreich und Amerika. Die US-Truppen besetzten die nördlichen Teile von Baden und Württemberg, dazu Hessen und zunächst fast das ganze Gebiet des heutigen Rheinland-Pfalz, mit Ausnahme der Gebiete um Germersheim, Landau, Speyer und Bergzabern, die zur französischen Zone gehörten. Außerdem bekamen die Franzosen Hohenzollern, den Süden Württembergs, den

▲ links: Die vier
Besatzungszonen in
Deutschland. Die
westlichen wurden
in der Trizone zu-
sammengefasst und
später zur Bundes-
republik, die sow-
jetische Zone wurde
zur DDR.
▲ rechts: Die Län-
der Baden, Würt-
temberg-Hohenzol-
lern und Württem-
berg-Baden nach
1945.

südlichen Teil Badens und ab Juni 1945 die linksrheinischen Gebiete –
also von der Pfalz bis Koblenz und Trier. Das Saargebiet nahm, wie nach
dem Ersten Weltkrieg, wieder einmal eine Sonderstellung ein: Zunächst
gehörte es zur französischen Zone, am 25. Juli 1945 wurde es mit Teilen
der Rheinpfalz zum autonomen französischen Protektorat Saarland.

Vor allem die französischen Truppen waren gefürchtet, insbesondere
die aus Nordafrika rekrutierten Marokkaner: Es wurde von vielen Plünderungen und Vergewaltigungen berichtet, und die Karlsruher und Pforzheimer waren sehr erleichtert, als ihre Gegend wenig später zum amerikanischen Gebiet erklärt wurde und die Franzosen abzogen. Neueste
Forschungen berichten auch von Vergehen der Amerikaner, die aber nicht
so schlimm gewesen sein sollen. Immerhin kam es auch auf den befehls-
habenden Offizier an, wie sich die Truppe benahm – auch bei den Franzosen.

Unter der französischen Besatzung waren die Lebensbedingungen für
die Deutschen meist um einiges härter als in der amerikanischen Zone:
Die Franzosen wollten mehr Reparationsleistungen für den eigenen Wiederaufbau und mehr Wiedergutmachungszahlungen als die anderen Westmächte, denn ihr Land hatte mehr gelitten und war stärker zerstört worden als beispielsweise England. Sie requirierten und demontierten auch
Industrieanlagen – was sie 1949 wieder einstellten: manches hatten sie in
Frankreich gar nicht brauchen können. Geraubtes Gut, auch Kulturgüter,
führten sie möglichst schnell zurück.

Die Besatzungszeit in der Pfalz

In der Pfalz bildeten die Amerikaner schon am 19. Mai 1945 in Neustadt an der Haardt eine Provinzialregierung für das Saarland, die Pfalz und Südhessen. Geleitet wurde sie von Hermann Heimerich, dem ehemaligen SPD-Oberbürgermeister von Mannheim. Eine Woche später stellte Heimerich sein Kabinett für Saarland-Pfalz und Südhessen vor: Die meisten Minister waren Sozialdemokraten, alle hatten sich im Widerstand engagiert, wie der später berühmte Alexander Mitscherlich: Er war während der Nazizeit Oberarzt an der Universitätsklinik Heidelberg, beobachtete den Nürnberger Ärzteprozess und berichtete erschüttert über die Menschenexperimente. Als das Land im Juni 1945 umgebildet und neu struk-

‹ *Marokkanische Truppen ziehen nach Kriegsende durch Karlsruhe. Sie waren gefürchteter als die amerikanischen Soldaten.*

turiert wurde, erklärten Heimerich und seine Minister ihre Aufgaben für beendet. Ihre erste und wichtigste Maßnahme war gewesen, in Kaiserslautern das Landesernährungsamt zu schaffen, das den Transport und die Verteilung der vorhandenen Lebensmittel organisierte: eine gute Maßnahme gegen den Hunger, unter dem die Deutschen wie die Besatzer oft litten.

Die Neuordnung sah vor, dass die Franzosen die linksrheinischen Gebiete bekommen sollten: Koblenz, Trier, Kaiserslautern, Montabaur und Mainz. Noch heute sorgt diese Teilung für Konflikte zwischen Mainz und Wiesbaden um die drei Ortsteile Amöneburg, Kastel und Kostheim, die rechtsrheinisch liegen, bis 1945 zu Mainz gehörten und jetzt zu Wiesbaden gehören. Die Franzosen richteten drei Bezirke ein: das Oberregierungspräsidium Mittelrhein-Saar beziehungsweise „Hessen-Pfalz", Koblenz und Trier wurden mit Montabaur zu „Rheinland-Hessen Nassau" geformt, und im Oktober kam noch Rheinhessen dazu.

Um die Demokratisierung der Deutschen voranzutreiben, gründeten die Franzosen 1946 in Mainz die Johannes-Gutenberg-Universität. Beziehungsweise gründeten sie neu, denn es hatte sie bis zur Französischen Revolution schon einmal gegeben. Das erste Universitätsgebäude nach der Wiedergründung war eine Luftwaffenkaserne, die die Nationalsozialisten 1938 gebaut hatten. Hier sollten politisch unbelastete Professoren mit einem neuen Curriculum junge Menschen im demokratischen und vor allem europäischen Geist erziehen. In Speyer gründeten die Franzosen eine Verwaltungshochschule, damit nicht nur Juristen innerhalb der politischen Verwaltung aufsteigen konnten, sondern auch Verwaltungsfachleute. In Mainz wurde ein Institut für Europäische Geschichte geschaffen. In Baden-Baden, das die Franzosen als Bäder- und Glücksspielort seit vielen Jahrzehnten gut kannten, gründeten sie den Rundfunk für ihr Zonengebiet, den Südwestfunk. Die Stadt Kehl, die in der Nähe von Straßburg liegt, wurde von ihnen besetzt und sollte auf Dauer annektiert werden.

Obwohl es immer wieder Überlegungen gab, das linksrheinische Gebiet vom Rest Deutschlands auf Dauer abzutrennen (wie auch das Saarland), war das politisch nicht durchzusetzen. Im Juli 1946 hatte Großbritannien das Land Nordrhein-Westfalen gegründet, jetzt liefen auch Planungen für ein Bundesland Rheinland-Pfalz. Im September hielt der amerikanische Außenminister James F. Byrnes seine berühmte Stuttgarter Rede, in der er klarstellte, dass Amerika ein starkes und selbständiges westliches Deutschland als Bollwerk gegen den Kommunismus wünschte. Als Konsequenz und als Baustein für ein vereintes Deutschland wurde zum 1. Januar 1947 die britisch-amerikanische Bizone gegründet, im März 1948 die Trizone, jetzt mit Frankreich zusammen. Und natürlich gaben sich die neu entstandenen Länder auch eigene Verfassungen. In Rheinland-Pfalz war vor allem der Staatsrechtler Adolf Süsterhenn führend, der die Verfassung der Paulskirche, die preußische von 1850 und die Weimarer von 1919 als Grundlage nahm: Die Grundrechte, ein parlamentarisches System und ein föderales System waren ihm wichtig, außerdem die Orientierung an der christlichen Tradition. Am 18. Mai 1947 stimmten die Rheinland-Pfälzer über die Verfassung ab und nahmen sie mit einer knappen Mehrheit an.

Die Besatzungszeit in Baden und Württemberg

In Baden und Württemberg sicherten sich nach dem Ende des Kriegs die Amerikaner die Gebiete nördlich der Reichsautobahn Karlsruhe-Ulm: Stuttgart, Heilbronn, Ulm, Karlsruhe, Heidelberg, Mannheim und Pforzheim sowie zahlreiche umliegende Landkreise. Die Franzosen, die Karlsruhe und Pforzheim zuerst besetzt hatten und gern ganz Baden als Grenzland zu Frankreich für sich reklamiert hätten, mussten nach Süden weichen. Nordbaden und Nordwürttemberg gehörten jetzt den US-Streitkräften, die die Landesteile zu Württemberg-Baden zusammenfassten und Stuttgart zur Hauptstadt machten. Damit hatten sie sich über alle historischen, kulturellen, politischen und sprachlichen Grenzen zwischen den beiden Volksgruppen hinweggesetzt und die Nordteile der Länder Württemberg und Baden einfach zusammengelegt.

Und damit waren jetzt drei Länder entstanden: Württemberg-Baden mit der Hauptstadt Stuttgart, Württemberg-Hohenzollern mit der Hauptstadt Tübingen und Baden (der südliche Teil) mit der Hauptstadt Baden-Baden unter französischer Besatzung. Sie alle bildeten eigene Regierungen, die Verfassungen ausarbeiteten. In Württemberg-Hohenzollern beispielsweise wurde von den Franzosen verhindert, dass die Vereinigung oder Wiederherstellung Württembergs als Staatsziel in die Verfassung aufgenommen wurde. Auch eine feste Verbindung der beiden südlichen Teile Badens und Württembergs war zunächst nicht angestrebt.

Dennoch gab es bald Überlegungen, alle drei Teile zusammenzulegen, um ein großes Bundesland zu bilden. Diese Idee war nicht neu: Schon 1918, nach der Revolution, hatte die provisorische badische Regierung überlegt, Baden und Württemberg zu vereinigen, und auch Theodor Heuss, der später der erste Bundespräsident wurde, hatte sich schon 1919 öffentlich dafür ausgesprochen. 1948 ging man daran, den Plan endlich zu verwirklichen.

Im August 1948 trafen sich der Regierungschef von Württemberg-Baden, Reinhold Maier (Demokratische Volkspartei), der badische Staatspräsident Leo Wohleb (Badische Christlich-Soziale Volkspartei) und der hohenzollernsche Staatspräsident Gebhard Müller (CDU) auf dem Hohenneuffen bei Nürtingen. Schnell waren sie sich grundsätzlich darüber einig, dass die Länder zusammengelegt werden müssten und die Bevölkerung darüber abstimmen solle. In Detailfragen aber hatten sie unterschiedlichen Meinungen. Maier und Müller sprachen sich für ein gemeinsames Land aus, Wohleb, der die Stimmung der Badener kannte, für ein eigenständiges Baden. Die badische Kultur war den Südbadenern sehr wichtig.

Als 1949 die Bundesrepublik gegründet wurde, mussten sich die drei südwestdeutschen Länder auf ein Abstimmungsverfahren einigen. Die CDU wollte getrennt abstimmen lassen, ob sie sich mit den anderen Teilländern vereinigen wollten, die SPD in allen vier Bezirken gleichzeitig: Neben Württemberg-Baden, Baden und Württemberg-Hohenzollern sollte jetzt auch in Nordbaden gewählt werden können. Nach einer Probeabstimmung in allen vier Bezirken zeigte sich, was man schon geahnt

hatte: dass vor allem die (Süd-)Badener die alten Bezirke Baden und Württemberg, möglichst in den alten Grenzen, wiederhaben wollten. Die anderen stimmten mehrheitlich für ein gemeinsames Bundesland, den „Südweststaat", wie er damals genannt wurde.

Und so wurde, vor allem auf Drängen des CDU-Abgeordneten Kurt Georg Kiesinger aus Südwürttemberg, auch abgestimmt: Alle vier Bezirke stimmten gemeinsam ab, das Ergebnis wurde zusammengerechnet. Wohleb strebte sofort eine Verfassungsklage dagegen an, er fühlte sich und „sein Baden" von außen dominiert und manipuliert. Seine Klage wurde abgewiesen: Sechs Verfassungsrichter hatten dafür gestimmt, sechs dagegen, damit war eine Klage nicht zugelassen. Eigentlich war das Abstimmungsergebnis geheim, aber Wohleb erfuhr trotzdem davon und benutzte es als Pro

pagandamittel. Offiziell abgestimmt wurde am 9. Dezember 1951, und es ging aus wie schon in der Probeabstimmung: Knapp 70 Prozent sprachen sich für den Südweststaat aus, in Nord- und Südbaden waren 52 Prozent für ein eigenständiges Bundesland Baden, in Südbaden sogar 62 Prozent. Der Protest gegen die Vereinigung ist bis heute nicht ganz verstummt. Noch immer misstrauen die Badener den Württembergern, und immer, wenn Behörden zusammengelegt werden, die Zentrale dann nach Stuttgart umzieht oder ein Gesetz den östlichen Teil des Landes vermeintlich bevorzugt, kommen die Badener mit der badischen Fahne. Schon kurz nach der Abstimmung beantragte der „Heimatbund Badenerland" eine Revision und setzte sogar eine neue Volksabstimmung durch, die von der Politik aber so lange verschleppt wurde, bis das Verfassungsgericht sie 1970 eigens anordnen musste. Jetzt stimmten 81 Prozent der Badener für ein gemeinsames Land Baden-Württemberg: Man hatte sich längst eingerichtet.

▲ *„Treu der Heimat" – Wahlplakat in Südbaden zur Abstimmung über die Zugehörigkeit zum neu geschaffenen Bundesland Baden-Württemberg.*

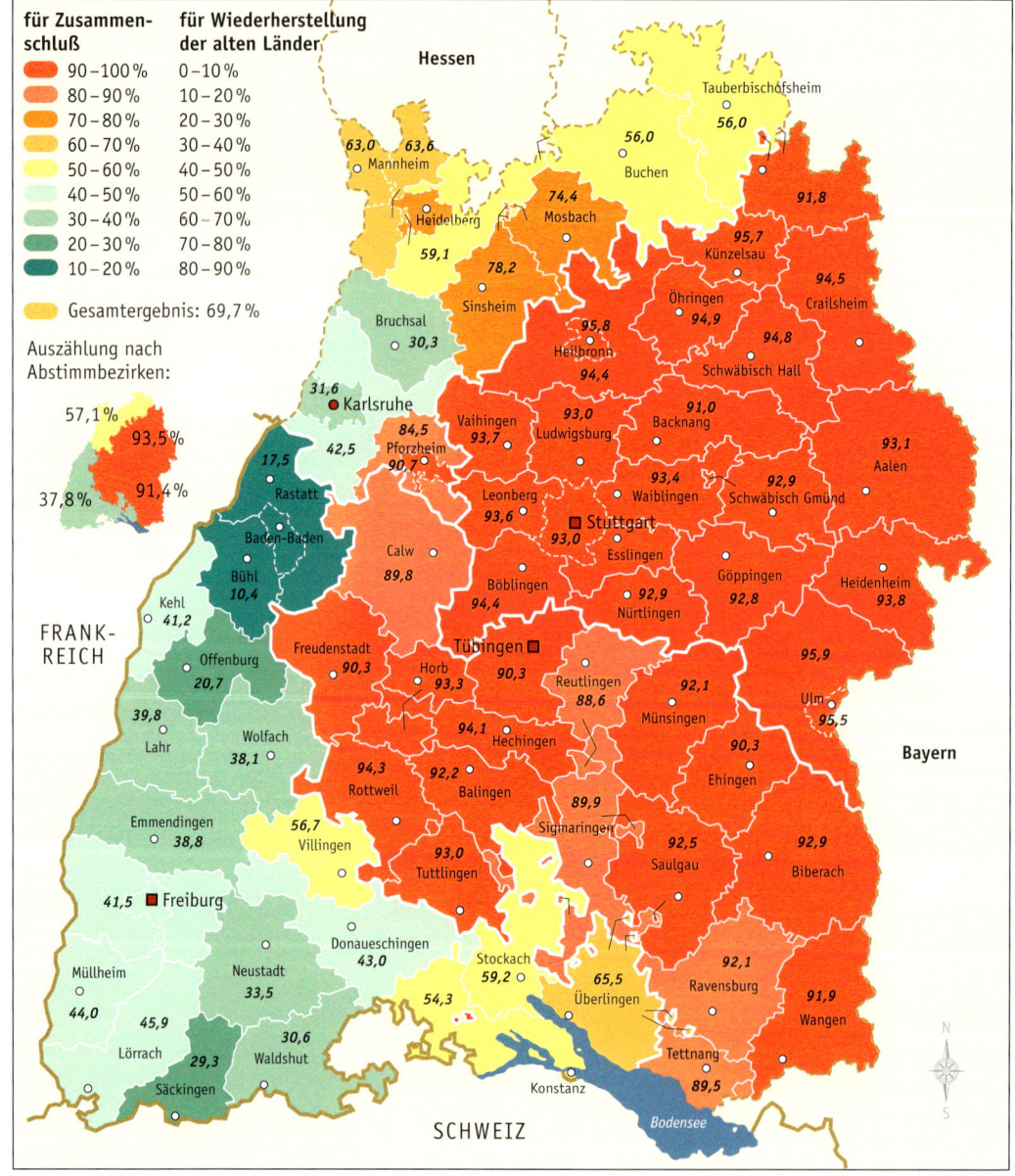

▼ Abstimmungser-gebnis über die Zusammenlegung der Länder zum Bundesland Baden-Württem-berg 1951.

Am 25. April 1952 wählte die Verfassungsgebende Versammlung den ersten Ministerpräsidenten Reinhold Maier, im Mai lösten sich die alten Länder auf, und im November 1953 trat die Verfassung in Kraft. Als der Ministerpräsident gewählt wurde, gab es aber einen Skandal: Die CDU war zwar die stärkste Fraktion, aber sie war nicht an der Regierung beteiligt, die aus einer Koalition von SPD, FDP/DVP und BHE (Bund der

für Zusammen-schluß / **für Wiederherstellung der alten Länder**

für Zusammenschluß	für Wiederherstellung der alten Länder
90–100 %	0–10 %
80–90 %	10–20 %
70–80 %	20–30 %
60–70 %	30–40 %
50–60 %	40–50 %
40–50 %	50–60 %
30–40 %	60–70 %
20–30 %	70–80 %
10–20 %	80–90 %

Gesamtergebnis: 69,7 %

Auszählung nach Abstimmbezirken:

57,1 %
93,5 %
37,8 %
91,4 %

Hessen

Tauberbischofsheim
56,0

Mannheim 63,0 / 63,6
Heidelberg 59,1
Buchen 56,0
Mosbach 74,4
Künzelsau 95,7
Öhringen 94,9
Crailsheim 94,5
91,8

Bruchsal 30,3
Sinsheim 78,2
Heilbronn 95,8 / 94,4
Schwäbisch Hall 94,8

Karlsruhe 31,6
Pforzheim 84,5 / 90,7
Vaihingen 93,7
Ludwigsburg 93,0
Backnang 91,0
Waiblingen 93,4
Schwäbisch Gmünd 92,9
Aalen 93,1

42,5
Rastatt 17,5
Baden-Baden
Calw 89,8
Leonberg 93,6
Stuttgart 93,0
Esslingen
Göppingen 92,8
Heidenheim 93,8

Bühl 10,4
Böblingen 94,4
Nürtlingen 92,9

Kehl 41,2
FRANK-REICH
Offenburg 20,7
Freudenstadt 90,3
Horb 93,3
Tübingen 90,3
Reutlingen 88,6
Münsingen 92,1
Ulm 95,5
95,9

Lahr 39,8
Wolfach 38,1
94,1
Hechingen
Ehingen 90,3
Bayern

Emmendingen 38,8
56,7
Villingen
Rottweil 94,3
Balingen 92,2
Sigmaringen 89,9
Saulgau 92,5
Biberach 92,9

Freiburg 41,5
93,0
Tuttlingen

Müllheim 44,0
Neustadt 33,5
Donaueschingen 43,0
Stockach 59,2
Überlingen 65,5
Ravensburg 92,1
Wangen 91,9

45,9
54,3

Lörrach 29,3
Waldshut 30,6
Tettnang 89,5

Säckingen
Konstanz
Bodensee

SCHWEIZ

Heimatvertriebenen und Entrechteten) bestand. In der nächsten Wahl, der Bundestagswahl 1953, erreichte die CDU in Baden-Württemberg dann die absolute Mehrheit. Ministerpräsident wurde Gebhard Müller, der mit einer Allparteienregierung antrat. Die einzige Oppositionspartei, die KPD, wurde 1956 bundesweit verboten. Müllers Nachfolger wurde 1958 Kurt Georg Kiesinger, bis er 1966 zum Bundeskanzler gewählt wurde.

Rheinland-Pfalz

Anders als in der amerikanischen und englischen Zone, wo ab Anfang August 1945 Parteien wieder zugelassen waren, erlaubten die Franzosen erst spät die Gründung von neuen Parteien: Mitte Dezember 1945. Im Januar 1946 gründete sich eine Christliche Demokratische Partei, eine liberale sogar erst im September 1946. Sozialdemokraten, die wie die Kommunisten ja als Mitglied einer illegalen Partei Verfolgte und in der Nazizeit oft Widerstandskämpfer gewesen waren, trafen sich illegal schon im Oktober 1945 im Naturfreundehaus Elmstein und wählten einen provisorischen Bezirksvorstand. Als die SPD als Partei dann wieder zugelassen wurde, nannte sie ihren ersten Parteitag den 39. und schloss so an die Weimarer Zeit an. Die SPD hatte in dem ländlichen, oft katholisch geprägten Milieu aber ihre Schwierigkeiten. Die KPD spielte nie eine Rolle: 1947 bekam sie noch 8,7 Prozent, 1951 aber scheiterte sie an der Fünf-Prozent-Hürde, und 1956 wurde sie bundesweit verboten.

In Rheinland-Pfalz bildeten sich mehrere Interessensgruppen, um die Zentrumspartei wieder zu gründen, unter anderem in Speyer um Bischof Josef Wendel. Die französische Besatzung verbot allerdings ihre Wiedergründung, sodass sich die Konservativen 1947 in Bad Kreuznach zur CDU Rheinland-Pfalz zusammenschlossen. Ihr programmatisches Ziel war eine Westanbindung und eine europäische Integration, wie ihr Bundesvorsitzender Konrad Adenauer es vorschlug.

Die erste Landtagswahl im Mai 1947 endete mit einer Mehrheit für den CDU-Ministerpräsidenten Wilhelm Boden, der schon wenige Tage danach entnervt aufgab, weil seine Partei ihm nicht folgen wollte, sondern gegen ihn intrigierte. Sein Nachfolger wurde im Juli Peter Altmeier, der nach dem Attentat vom 20. Juli 1944 von den Nazis hätte verhaftet werden sollen, jedoch untertauchen konnte. Er bildete eine Allparteienregierung, die er nach kurzer Zeit zu einer Großen Koalition von SPD und CDU umbaute. Die neue Regierung kümmerte sich vor allem um eine funktionierende Verwaltung – unter der französischen Besatzung war es lange unsicher, ob das Land überhaupt Bestand haben würde. Es gab die ersten Versuche, mit einem Sozialprogramm und medizinischer Versorgung die dringendste Not der Bevölkerung zu lindern: Wohnungen mussten gebaut werden, und weil Staat und Kirche ordentlich zuschossen, gelang das auch sehr schnell. Und die Flüchtlinge und Vertriebenen sollten integriert werden, sie brauchten Wohnungen und Arbeit. Viele von ihnen siedelten sich auf dem Land an und betrieben dort Aufbauarbeit.

1947 bekam das zusammengewürfelte Land eine Verfassung, die unter anderem konfessionell getrennte Schulen vorsah. Der katholische Norden und Westen begrüßte das, die SPD, Rheinhessen und die Pfalz lehnten es ab. Dennoch wurde die Verfassung in einer Volksabstimmung mehrheitlich angenommen, Hauptstadt des Landes wurde Mainz. Die Regierung residierte jedoch zuerst in Koblenz, weil Mainz zu sehr zerstört worden war. Als Ausgleich dafür, dass Koblenz nicht Hauptstadt wurde, bekam die Stadt den Verfassungsgerichtshof, das Oberlandesgericht, das Landeshauptarchiv und das Bundesarchiv.

Bald bekam der Ausbau des Verkehrs Priorität: Die zerstörten Schienen und Straßen wurden schnell wieder instand gesetzt und in entlegenen Gebieten wurden sogar neue gebaut – unter anderem die wichtige A 61, die linksrheinisch für einen reibungslosen Verkehr sorgte. Der Rhein wurde für den Frachtverkehr wieder schiffbar gemacht, und auch die Wirtschaft erholte sich langsam: Heinkel baute seine legendären Kabinenroller in Speyer, Champion die längst vergessenen Personenwagen in Ludwigshafen. Auch die Landwirtschaft wurde mit Subventionen gefördert, um die Menschen mit Lebensmitteln versorgen zu können, allem voran der pfälzische Weinbau.

Das psychologisch wohl wichtigste Ereignis der Nachkriegszeit für Rheinland-Pfalz und ganz Deutschland war die Fußballweltmeisterschaft, die 1954 in Bern stattfand. Denn nicht nur der Kapitän der deutschen Fußballmannschaft, Fritz Walter, kam aus Kaiserslautern und spielte für den 1. FC Kaiserslautern, sondern auch sein Bruder Ottmar und drei weitere Spieler: Werner Kohlmeyer, Horst Eckel und Werner Liebrich – und damit fast die halbe Nationalmannschaft. Bis 1950 hatte der Deutsche Fußballbund (DFB) nicht an Länderspielen teilnehmen dürfen, und dass die Deutschen überhaupt ins Endspiel kamen, war eine große Überraschung. Dass sie dann auch noch mit 3:2 gegen die favorisierten Ungarn gewannen, nach einem Rückstand von 0:2, war eine Sensation! Das „Wunder von Bern", wie der Sieg später genannt wurde, gab den Deutschen viel Selbstbewusstsein und Selbstvertrauen. „Wir sind wieder wer", hieß es in den Kommentaren.

Auch die zerstörte Industrie erholte sich langsam, aber sicher wieder. Boehringer Ingelheim war im Krieg kaum beschädigt worden und produzierte ab Mai 1945 schon wieder Milchsäure, Erdal ab 1948 Schuhcreme in Mainz, Schott ab 1952 hochwertiges Glas und Bildröhren, Rasselstein in Andernach ab 1953 Weißbleche. Die BASF in Ludwigshafen, Mercedes in Wörth, Opel in Kaiserslautern – die Wirtschaft konsolidierte sich schnell, schuf Arbeitsplätze und zahlte Steuern. Vor allem der Export des verarbeitenden Gewerbes stieg in neue Höhen.

Während die Landtagswahl in Rheinland-Pfalz 1963 mit mehr als 40 Prozent der Stimmen einen großen Erfolg für die SPD brachte, rutschte sie 1967, kurz nach dem Tod Konrad Adenauers, wieder ab. Die CDU errang fast die absolute Mehrheit, vor allem durch die Bemühungen des Fraktionschefs Helmut Kohl, der 1969 Ministerpräsident von Rheinland-Pfalz wurde und schon früh relativ junge Politiker auf wichtige Posten hob: Bernhard Vogel wurde mit 34 Jahren Kulturminister, Heiner Geißler mit 36 Jahren Sozialminister, Richard von Weizsäcker, Roman Herzog und Norbert Blüm arbeiteten mit Kohl zusammen. 1971 gewann

▲ *Fritz Walters triumphaler Empfang in seiner Heimatstadt Kaiserslautern nach dem überraschenden Gewinn der Fußballweltmeisterschaft in Bern 1954.*

Kohl die absolute Mehrheit, 1975 sogar mit fast 54 Prozent aller Stimmen. 1982 wurde er Bundeskanzler, als er gegen Helmut Schmidt ein konstruktives Misstrauensvotum gewann, weil die Bundes-FDP, die mit Schmidt in einer Koalition war, von der SPD zur CDU wechselte.

Kohls Reformen und die Schaffung von Kindergärten, Altenheimen, Krankenhäusern, Sportstadien und sozialen Einrichtungen aller Art ließen ihn in Rheinland-Pfalz sehr beliebt werden. Auch die Einführung eines Bürgerbeauftragten im Landtag war neu, ebenso wie die Abschaffung der konfessionellen Grundschule, die eine Verfassungsänderung nötig machte. 1970 wurde die Universität Trier-Kaiserslautern gegründet, 1975 teilte sie sich in zwei eigenständige Universitäten. Sieben Fachhochschulen und einige private Hochschulen siedelten sich außerdem an.

Erst 1991, nach 44 Jahren CDU-Dominanz in Rheinland-Pfalz, konnte die Vormacht der CDU gebrochen werden: Rudolf Scharping (SPD) wurde mit Hilfe der FDP Ministerpräsident. Er führte die Reformpolitik der CDU in Verwaltung, Wirtschaft und Schulsystem fort und verbesserte das Angebot an Halbtags- und Ganztagsschulen. Bis 1994 war er im Amt, bis er als Kanzlerkandidat gegen Kohl antrat und verlor. Sein Nachfolger wurde Kurt Beck, der bis 2013 regierte und die Zustimmung der Bevölke-

rung bis auf über 45 Prozent der
Stimmen im Jahr 2006 steigern
konnte. Zum Teil regierte er ohne
Koalitionspartner, zum Teil mit den
Grünen. Ihm gelang es vor allem,
die Schulen zu reformieren und die
Arbeitslosigkeit auf sieben Prozent
zu senken, der drittbeste Wert eines
Bundeslands in Deutschland. Sei-
ne Nachfolgerin wurde 2013 Malu
Dreyer (SPD), die mit den Grünen
regiert.

▲ *Helmut Kohl,
seit 1969 Minis-
terpräsident von
Rheinland-Pfalz
und später Bun-
deskanzler, 1973.*

Das Saarland

Am 21. März 1945 hatten die US-Amerikaner das völlig zerstörte Saarbrücken eingenommen; nur wenige Bewohner waren geblieben. Wie nach
dem Ersten Weltkrieg bekam das Saarland eine Sonderrolle, wurde von
Deutschland abgetrennt und kam unter französische Verwaltung. Wie
damals mussten die saarländischen Kohlegruben für Reparationen sorgen, die Einwohner mit französischem Geld bezahlen. Sie mussten Grenzen, auch Zollgrenzen, überschreiten, wenn sie nach Deutschland wollten.
Das Saarland gehörte zunächst zur französischen Zone. Am 25. Juli 1945
wurde es mit Teilen der Rheinpfalz, die dem Land zugeschlagen wurden,
zum autonomen französischen Protektorat Saarland erklärt. Welchen Status das Saarland später haben sollte, nach der auf 1955 festgelegten Abstimmung, wurde lange diskutiert. Natürlich dachte man auch darüber
nach, ob Frankreich das Saarland nicht einfach annektieren sollte, favor-
isierte dann aber doch eine Autonomie des kleinen Gebiets.

Allerdings gab es auch einige Unterschiede im Vergleich zur Zeit zwischen 1918 und 1935. Das Land lag in Trümmern, in Saarbrücken, Neunkirchen und anderen industriellen Zentren waren bis zu 90 Prozent aller
Gebäude zerstört.

Im Herbst 1946 fanden die ersten Gemeinderatswahlen statt, bei denen
die Christliche Volkspartei über 52 Prozent der Stimmen erhielt, die SPD
gut 25 Prozent. Die daraus entstandene Verwaltungs- und Verfassungs-
kommission erarbeitete eine neue Verfassung, die im Dezember 1947 in
Kraft trat und eine große Abhängigkeit von Frankreich festschrieb – besonders in der Außen- und Sicherheits-, aber auch in der Kultur-, Sozial-

und Wirtschaftspolitik. Ministerpräsident wurde Johannes Hoffmann, ein Journalist, der in der Nazizeit nach Brasilien emigriert war und mit dem Hohen Kommissar des Saarlands, Gilbert Grandval, gut zusammenarbeitete. Der Wiederaufbau des Landes ging relativ schnell voran, der Hunger wurde mit Hilfe Frankreichs besser bekämpft als im Rest Deutschlands. Ähnlich wie in Mainz gründeten die Franzosen auch in Saarbrücken eine Kunsthochschule und die spätere Saarländische Landesuniversität. 1946 wurde der Saarländische Rundfunk gegründet, und die Fußballspieler vom 1. FC Saarbrücken wurden Meister in der französischen zweiten Division (in Deutschland durften sie zunächst nicht spielen). Allerdings gab es Verbitterung darüber, dass pro-deutsche Organisationen überwacht, zensiert und manchmal auch verboten wurden. Als pro-deutsch wurden die angesehen, die auf jeden Fall eine Wiedervereinigung mit Deutschland anstrebten.

1955 wurde von Konrad Adenauer und dem französischen Präsidenten Pierre Mendès France das „Saarstatut" entwickelt, nach dem der Staat innenpolitisch autonom bleiben, außen- und sicherheitspolitisch von einem Kommissar der neuen Westeuropäischen Union geführt werden sollte. Im Oktober 1955 sollten die Saarländer darüber abstimmen. Im Vorfeld entbrannte ein sehr emotionaler Streit: Auf der einen Seite gab es die „Separatisten" mit Johannes Hoffmann, die, wie ihre Gegner meinten, das Vaterland verraten würden, auf der anderen Seite die „Europäer", die den Nationalismus der Statutgegner angriffen und darauf hinwiesen, dass die Nationalsozialisten 1935 ähnliche Parolen verwendet hatten – sie hatten in manchen Fällen nicht ganz Unrecht.

Das Saarstatut wurde jedenfalls mit einer deutlichen Zweidrittelmehrheit abgelehnt; die meisten wünschten eine Wiedervereinigung. Johannes Hoffmann trat sofort von seinem Amt zurück, und es wurde neu verhandelt. Schließlich machte Deutschland Frankreich Zugeständnisse, und Frankreich erlaubte im Gegenzug den Anschluss des Saarlands an das demokratische Deutschland. Im Dezember 1955 gab es die erste Landtagswahl, nach der der CDU-Vorsitzende Hubert Ney Ministerpräsident wurde, und zum 1. Januar 1957 wurde das Saarland neues Bundesland der Bundesrepublik Deutschland. Die Saarländer bekamen daraufhin neues Geld (am 6. Juli 1959) und einen neuen Pass. Die Zollschranken zu Deutschland fielen.

Allerdings litt die saarländische Bevölkerung und auch die Wirtschaft unter dem Anschluss, Preise und Mieten stiegen (wie nach der Einführung des Euro fünfzig Jahre später), die Wirtschaft musste sich auf die schon etablierte und stark konkurrierende Wirtschaft der Bundesrepublik umstellen. Die war 1959 schon so kräftig und stabil geworden, dass die kleineren Betriebe im Saarland geradezu überrollt wurden von den westdeutschen Unternehmen (wie es auch in manchen Fällen Jahrzehnte später bei der Wiedervereinigung Deutschlands zu beobachten war): 125 saarländische Firmen mussten schließen, 5000 Arbeiter wurden arbeitslos.

Vor allem die Stilllegung vieler Bergwerke schadete der saarländischen Wirtschaft nachhaltig: 1957 wurde der Rischbachstollen in St. Ingbert geschlossen, 1959 die Grube Barbara in Bexbach und weitere zwölf Anlagen in den nächsten zehn Jahren. Zehntausende Kumpel verloren ihre Stelle. Dafür boomte die Stahlindustrie, mehr als 200 Firmen siedelten sich im Saarland an, was zu größerem Wohlstand führte und mehrere tausend Arbeitsplätze schuf, zum Beispiel die Niederlassungen von Bosch in Homburg, Ford in Saarlouis und des Automobilzulieferers ZF Friedrichshafen (ZF steht für Zahnradfabrik) in Saarbrücken.

Sie boomte aber nicht ewig: Nach der ersten Ölkrise Anfang der 1970er-Jahre stürzte auch die Stahlindustrie ab und musste umgebaut werden. Tausende von Arbeiter wurden wieder entlassen, die Arbeitslosenquote stieg auf das Doppelte, auf über 13 Prozent im Jahr 1985 – Neunkirchen etwa wurde der Ort mit den meisten Arbeitslosen in ganz Deutschland.

Eine der schillerndsten Persönlichkeiten des Saarlands ist wohl der Politiker Oskar Lafontaine (*1943). Seit 1974 war er als SPD-Mann Bür-

▼ *Die Saarschleife mit Aussichtspunkt Cloef.*

germeister und danach Oberbürgermeister von Saarbrücken. 1985 wurde Lafontaine Ministerpräsident des Landes mit über 49 Prozent der Stimmen, 1990 und 1994 sogar mit der absoluten Mehrheit. Er half der Wirtschaft unter anderem durch seine guten Kontakte zu Erich Honecker (ebenfalls ein gebürtiger Saarländer), der ihm lukrative Aufträge für die DDR-Wirtschaft verschaffte. Lafontaine schrieb als Stellvertreter des SPD-Bundesvorsitzenden Hans-Jochen Vogel (Bruder des langjährigen Ministerpräsidenten von Rheinland-Pfalz Bernhard Vogel) mit am neuen Grundsatzprogramm der SPD und legte sie auf den Kampf für Abrüstung, ökologische Modernisierung der Wirtschaft, Gleichstellung der Frau und Reform der Sozialsysteme fest.

1990 zog Lafontaine als Kanzlerkandidat der SPD in den Bundestagswahlkampf, verlor aber gegen Helmut Kohl (und wurde bei einer Wahlkampfveranstaltung durch einen Messerstich am Hals verletzt). Er blieb saarländischer Ministerpräsident, wurde außerdem Bundesratspräsident und bildete 1994 mit Gerhard Schröder und Rudolf Scharping aus Rheinland-Pfalz die Führungsriege der SPD. 1998 wurde er Bundesfinanzminister unter Bundeskanzler Gerhard Schröder, ein Jahr später trat er zurück. Scharf kritisierte er die Bombardierung Serbiens durch die NATO, wurde Mitglied von Attac, trat 2005 aus der SPD aus und der Linkspartei, später „Die Linke", bei. Im Saarland, das seit 2012 von einer Großen Koalition unter Annegret Kramp-Karrenbauer (CDU) regiert wird, ist er seither in der Opposition.

Baden-Württemberg

In Baden-Württemberg mussten sich durch die Zusammenlegung Schwaben und Badener, sich misstrauisch beäugende Nachbarn seit Jahrhunderten, nun zusammenraufen. Der Anfang war turbulent. Die konservativen Politiker in Baden, auf der Bundesebene und sogar die Wirtschaft kritisierten den Ausschluss der CDU aus der Regierung sehr hart: 1952 hatte Ministerpräsident Maier die CDU, obwohl sie die stärkste Partei war, nicht in die Regierung aufgenommen. Dennoch gelang es dieser ersten Landesregierung wie auch ihrer Nachfolgerin, den Ausbau der Verkehrswege und die Entwicklung der Wirtschaft, vor allem auch der wirtschaftlich schwachen Gebiete, voranzutreiben und die Not der Bevölkerung zu lindern. Bei der Besetzung von Stellen in der Verwaltung war man sehr bemüht, Badener und Württemberger gleichermaßen zu berücksichtigen. Als „Geschenk" bekam Karlsruhe, die ehemalige badische Hauptstadt, den Bundesgerichtshof, der 1950, und das Bundesverfassungsgericht, das 1951 seine Arbeit aufnahm. Das Bundesverfassungsgericht spielte und spielt noch heute eine große politische Rolle, obwohl seine Unabhängigkeit von der Politik immer wieder behauptet wird: etwa mit der abgewiesenen Klage der Badener gegen den Modus der Abstimmung über den Südweststaat 1951, dem Verbot der rechtsradikalen Sozialistischen Reichspartei 1952 und der Kommunistischen Partei 1956, dem Urteil zu den Berufsverboten 1975, dem Verbot der Volkszählung 1983, dem Urteil zu den Auslandseinsätzen der Bundeswehr 1994, beim Streit über das Kruzifix in bayrischen Schulklassen 1995 oder beim Urteil zum Großen Lauschangriff 2004.

Am 11. November 1953 wurde die neue Landesverfassung verabschiedet, danach wurden die Gemeinden und die Verwaltung neu geordnet, und strukturschwache Regionen bekamen Soforthilfe. Um zu zeigen, dass die Stuttgarter Regierung sich auch um Baden kümmerte, erhielten erst die badischen Gemeinden Kehl, Freiburg, Breisach und Neuenburg große finanzielle Unterstützung für ihren Aufbau und die Konsolidierung, danach der Hotzenwald und der badische Odenwald – erst später auch die schwäbische Hohenlohe.

Die erste Landtagswahl in Baden-Württemberg endete 1956 mit dem Sieg der CDU, die allerdings nur 42,6 Prozent der Stimmen erhielt, die

▼ *Das Bundesverfassungsgericht in Karlsruhe, seit 1951 das höchste Gericht Deutschlands.*

FDP bekam 16,6 Prozent, die SPD knappe 30 Prozent. 1958 trat Gebhard Müller zurück und wurde Präsident des Bundesverfassungsgerichts. Kurt Georg Kiesinger nahm seine Stelle ein und gründete ein Jahr später die Universität Konstanz und die „Zentrale Stelle der Landesjustizverwaltungen zur Aufklärung nationalsozialistischer Verbrechen" in Ludwigsburg. Ihm war wichtig, nicht nur das Land zu einigen, sondern es auch zu „entprovinzialisieren", wie er sagte – durch eine ambitionierte Bildungs- und Kulturpolitik. So leitete der weltberühmte John Cranko ab 1961 das Stuttgarter Ballett, die Stuttgarter Staatsgalerie konnte sich durch Toto-Lotto-Mittel zu einem renommierten Museum entwickeln: Die Gewinne des Staats aus dem Glücksspiel standen für kulturelle Förderungen zur Verfügung. In Ludwigsburg wurde die Pädagogische Hochschule eröffnet, in Ulm 1960 eine Ingenieurschule gegründet und 1967 die Universität Ulm. Daneben bestand die weltberühmte Hochschule für Gestaltung Ulm (seit 1953) unter Otl Aicher, Max Bill und Inge Aicher-Scholl. Mit anderen Hochschulen in Mannheim, Tübingen, Karlsruhe, Heidelberg, Konstanz, Stuttgart, Freiburg und Hohenheim verfügte Baden-Württemberg damit über neun Universitäten. Die vor allem technisch geprägte Universität Karlsruhe (früher TH, heute nennt sie sich KIT – Karlsruhe Institut für Technologie) wurde durch ihre Innovationen im Bereich Computertechnik und Maschinenbau führend. Die erste E-Mail, die von den USA nach Europa geschickt wurde, ging 1984 an ein Mitglied des Informatik-Instituts der Universität.

Auch in der Wirtschaft ging es nach dem Krieg wieder aufwärts. Traditionell war die Arbeitslosigkeit hier gering. In Württemberg hielt sich, außer in den großen Städten, auch die Kriegszerstörung in Grenzen, weil das Land eher ländlich geprägt und nicht so hart angegriffen worden war wie die Städte. In der Folge siedelte sich in Baden-Württemberg Industrie nicht nur an den alten Standorten an, sondern auch gerade in strukturschwachen Gebieten, wie in Hohenlohe und in Oberschwaben. Prägend ist dabei immer noch die Autoindustrie. Ihre wichtigsten Werke und Zulieferer sind Daimler und Porsche in Untertürkheim und Zuffenhausen, NSU in Neckarsulm (daher der Name), Bosch in Stuttgart und ZF Friedrichshafen. Wichtig wurde nach dem Krieg auch die Pharmaindustrie. Hier sind etwa Pfizer und die Deutsche Homöopathische Union (DHU) in Karlsruhe zu nennen. Seit 1972 gibt es auch ein Weltunternehmen der Computer- und IT-Branche in Baden-Württemberg: SAP in Weinheim, das später nach Walldorf bei Heidelberg umzog. In Karlsruhe förderte man konsequent Forschung und Innovation: 1982 eröffnete hier der erste Technologiepark Deutschlands, in dem heute 72 Unternehmen vor allem aus der IT-Branche angesiedelt sind. Durch gezielte Förderung wurden Firmen aus der Computertechnologie in die Region gelockt. Das 1989 gegründete Zentrum für Kunst und Medientechnologie ist nicht nur eines der weltweit bekanntesten Museen für moderne, auch interaktive Kunst, sondern beherbergt auch innovative Forschungseinrichtungen.

Wyhl und die Grünen

Ab den späten 1960er-Jahren begann sich die Gesellschaft noch einmal grundlegend zu ändern, auch im Südwesten: Die Aufklärung über die Nazizeit, die Verbrechen der Elterngeneration und das ökologische Bewusstsein rückten in den Fokus der Aufmerksamkeit.

Die Studentenrevolte hatte ihr Zentrum eindeutig in Berlin, auch wenn es „in der Provinz" harte Auseinandersetzungen um Jugendzentren, Fahrpreiserhöhungen und verkrustete Strukturen an den Universitäten gab. Vor allem in Heidelberg kam es immer wieder zu Störungen, Demonstrationen, Krawallen der Studenten und harten Reaktionen der Staatsgewalt, die mit Anklagen wegen Landfriedensbruch reagierte und von „Anarchie" sprach. In Stuttgart und Tübingen gab es Solidaritätsaktionen, der Tübinger Rektor griff sogar die Polizeiaktion in Heidelberg als unverhältnismäßig an. Schließlich ließ die Landesregierung den SDS (Sozialistischen Deutschen Studentenbund) sogar verbieten.

ATOM-
AUSSTIEG **JETZT**
BADISCH-ELSÄSSISCHE BÜRGERINITIATIVEN HAUPTSTRASSE 53
75347 WEISWEIL

▲ *„Nai hämmer gsait!" Protestplakat der Wyhler Winzer und Bauern, die den Bauplatz des Atomkraftwerks besetzt hielten.*

Vor allem drei Ereignisse erregten deutschlandweit Aufsehen und veränderten die politische Landschaft nachhaltig: die Auseinandersetzung um das Atomkraftwerk Wyhl, der Rücktritt des Ministerpräsidenten Hans Filbinger und die Verbrechen der Roten-Armee-Fraktion (RAF) sowie der Prozess gegen führende Mitglieder der Gruppe in Stuttgart-Stammheim.

Hans Filbinger (1913–2007), der seit 1966 Ministerpräsident von Baden-Württemberg war und sich (auch schon vorher als Innenminister) vor allem für die badische Sache engagiert hatte, hatte einen visionären Plan: Er wollte das Oberrheintal zu einem riesigen Industriezentrum ausbauen. Dreizehn neue Atomkraftwerke sollten gebaut werden, fünf davon allein zwischen Mannheim und Basel. Eines davon war bei Breisach geplant, aber nach Massenprotesten und 65.000 Einsprüchen verlegte man den Standort nach Wyhl am Nordrand des Kaiserstuhls. Vor allem Winzer und Bauern gingen jetzt auf die Barrikaden: Sie befürchteten, dass die Luftfeuchtigkeit zu- und die Sonnenscheinzeiten abnehmen würden – sie hatten Angst um ihre Existenz. Erst sehr viel später, nach der Katastophe von Tschernobyl, war man sich in der breiten Bevölkerung auch der größeren Risiken bewusst.

Es bildeten sich in der Region 21 lokale Bürgerinitiativen. Übrigens auch in Frankreich, das ein ähnlich ambitioniertes Kraftwerksprogramm hatte. Die Landesregierung wollte aber in Wyhl nicht nachgeben. Filbinger sagte in seiner Regierungserklärung am 27. Februar 1975 den denkwürdigen Satz: „Ohne das Kernkraftwerk Wyhl werden zum Ende des Jahrzehnts in Baden-Württemberg die ersten Lichter ausgehen." Im Protokoll des Landtags ist damals schon „Lachen" notiert worden.

Jetzt kam es zur Konfrontation, die europaweit verfolgt wurde. Im Februar 1975 besetzten Bauern und Winzer den Bauplatz. Sie wussten, dass sie damit auch mögliche Schadenersatzforderungen der Kraftwerksbetreiber provozierten. Zwei Tage später wurde der Platz geräumt, kurz danach kamen die Demonstranten aber wieder zurück. Neun Monate lang dauerte die Besetzung. Die Besetzer führten Informations- und Kulturveranstaltungen durch, veranstalteten Hearings, gaben eine Zeitung heraus und gründeten die „Volkshochschule Wyhler Wald".

Der Konflikt erregte auch deswegen so viel öffentliche Aufmerksamkeit, weil sich die Anwohner dieser Anlage selber wehrten – und weil sie das mit allen juristischen und nichtjuristischen Mitteln, aber vor allem gewaltlos taten. Damit rückten auch Fragen in den Vordergrund, welche ökologischen Folgen Großprojekte haben, ob es neben den rein wirtschaftlichen Überlegungen (Profit, Arbeitsplätze, Steuern etc.) nicht auch um Lebensqualität und die Bewahrung der Umwelt gehe.

▲ *Wahlplakat der Grünen bei den Bundestagswahlen 1983.*

Spät lenkte die Landesregierung ein und verhandelte mit den Besetzern. Es kam letztendlich zu einem Baustopp und der Einstellung aller Verfahren. Der Platz wurde 1976 freiwillig geräumt. Der folgende Rechtsstreit zog sich mit Verboten des Baus und erneuten Genehmigungen lange hin, bis Filbingers Nachfolger, Ministerpräsident Lothar Späth, 1983 erklärte, man brauche das Atomkraftwerk Wyhl sowieso nicht: Die Lichter seien nicht ausgegangen, sie würden es auch weiterhin nicht tun.

Nach Wyhl nahmen nicht nur die Proteste und Großdemonstrationen in ganz Deutschland zu. Die Tatsache, dass Atomkraftwerke ein potentielles Sicherheitsrisiko darstellten, sickerte sogar in konservative Kreise ein, bis sich 2011 selbst die CDU-geführte Bundesregierung für die Energiewende und die Abschaltung der deutschen Atomkraftwerke einsetzte.

Ein weiterer Effekt aus dem erfolgreichen Widerstand in Wyhl war die Veränderung der Parteienlandschaft. Lange Jahrzehnte waren CDU/CSU, SPD und FDP (neben den unbedeutenden Splitterparteien wie den

„Bibeltreuen Christen") die einzigen ernstzunehmenden Parteien bei den Landtagswahlen. Im Januar 1980 wurde in Karlsruhe aber eine neue Partei gegründet: „Die Grünen" (später „Bündnis 90 / Die Grünen"). Sofort zogen sie mit 5,6 Prozent in den baden-württembergischen Landtag ein, bei der Wahl 1984 bekamen sie sogar über 8%. Drei Jahre nach der Gründung gelang ihnen der Einzug in den Bundestag, der sich damit erstmals seit 1961 wieder aus vier Parteien zusammensetzte. 1985 wurde der Grünen-Abgeordnete Joschka Fischer sogar für zwei Jahre Minister für Umwelt und Energie in Hessen, 1998 bis 2005 bildeten die Grünen mit der SPD zusammen die Bundesregierung. In vielen Bundesländern gestalten sie heute in einer Regierungskoalition die Geschicke des Landes: mit der SPD, der Linken oder mit der CDU. In vielen Gemeinden wie Freiburg und Tübingen stellen sie seit vielen Jahren den Bürger- oder Oberbürgermeister. Und in Baden-Württemberg ist seit 2011 der Grüne Winfried Kretschmann Ministerpräsident.

Die Rote-Armee-Fraktion (RAF) und Stuttgart-Stammheim

Wie der Protest in Wyhl ließen auch die Taten der RAF die Öffentlichkeit, diesmal weltweit, auf den Südwesten blicken – vor allem auf Baden-Württemberg. Viele ihrer Verbrechen wurden hier begangen, viele ihrer Mitglieder kamen aus Baden-Württemberg oder Rheinland-Pfalz: Gudrun Ensslin wuchs in Tuttlingen auf, Ingrid Schubert in Koblenz, Brigitte Mohnhaupt ging in Bruchsal zur Schule, Ingrid Siepmann studierte in Tübingen. Christian Klar kam aus Freiburg, er wohnte ab 1973 zusammen mit Adelheid Schulz und Günter Sonnenberg in einer Wohngemeinschaft in Karlsruhe, Knut Folkerts wurde in Singen geboren und zog später auch in die Karlsruher Wohngemeinschaft, Siegfried Haag kam aus Heidelberg, Stefan Wisniewski aus Freudenstadt, Adelheid Schulz aus Lörrach, Juliane Plambeck aus Freiburg und Siegfried Hausner und neun andere Mitglieder der RAF wurden aus dem aufgelösten „Sozialistischen Patientenkollektiv" in Heidelberg rekrutiert: Auf einem Fahndungsplakat von 1977 waren von 16 Gesuchten allein neun aus Baden-Württemberg.

In ihrem Selbstverständnis war die RAF ein Teil einer revolutionären Bewegung, eine Art „Stadtguerilla", die auf einen sozialistischen Umsturz hinarbeitete. Zu diesem Zweck ließen sich ihre Mitglieder ab 1970 von der palästinensischen Fatah an schweren Waffen ausbilden. 1968 hatte

Andreas Baader mit Gudrun Ensslin, Thorwald Proll und Horst Söhnlein Brandsätze in Frankfurter Kaufhäusern gelegt, es kam nur zu Sachschaden. 1970 befreiten Ulrike Meinhof, Irene Goergens, Ingrid Schubert und ein vierter Terrorist Andreas Baader, der in einem Gefängnis in Berlin saß, während eines bewachten Ausgangs in der Bibliothek eines Forschungsinstituts. Dabei wurden zwei Wachbeamte lebensgefährlich verletzt.

▲ Das Attentat auf den Generalbundesanwalt Siegfried Buback in Karlsruhe 1977.

Jetzt tauchten die RAF-Mitglieder in den Untergrund ab, wehrten sich bei Verhaftungsversuchen und überfielen Banken. Ab 1972 begingen sie auch Bombenanschläge gegen US-Militäreinrichtungen, unter anderem in Heidelberg auf das US-Hauptquartier. Im selben Jahr legten sie in Karlsruhe eine Bombe in das Auto des Ermittlungsrichters am Bundesgerichtshof, Wolfgang Buddenberg; seine Frau wurde dabei schwer verletzt. Später erschossen RAF-Terroristen Siegfried Buback in Karlsruhe – die Täter sind bis heute nicht eindeutig identifiziert worden. Kurz danach gab es eine Schießerei in Singen, bei der zwei Täter festgenommen wurden. 1977 planten sie einen Anschlag mit einem Raketenwerfer („Stalin-Orgel") auf die Bundesanwaltschaft in Karlsruhe – der Anschlag misslang wegen technischer Mängel. 1981 wurde US-General Frederick J. Kroesen in Heidelberg mit einer Panzerfaust beschossen.

Die Justizvollzugsanstalt Stuttgart-Stammheim wurde für die RAF-Gefangenen und den Prozess gegen sie umgebaut, ein neues Gebäude kam hinzu. Bis zu neun Gefangene waren dort gleichzeitig inhaftiert. Vom Mai 1975 bis zum April 1977 dauerte der Prozess, bei dem viele wegen Mordes und der Bildung einer kriminellen Vereinigung verurteilt wurden. 1976 beging Ulrike Meinhof, die sich von der RAF schon abgewendet hatte, Selbstmord in ihrer Zelle, 1977 auch Andreas Baader, Gudrun Ensslin und Jan-Carl Raspe. Sie hatten gehört, dass das Flugzeug „Landshut", das RAF-Mitglieder nach Mogadischu entführt hatten, um sie freizupressen, von Eliteeinheiten gestürmt worden war. Einige Tag später fand man den Arbeitgeberpräsidenten Hanns-Martin Schleyer, der zur Freipressung der Gefangenen gekidnappt worden war, tot im Kofferraum eines Autos.

Im Grunde war das das Ende der RAF. Politisch mehr als erfolglos hatte sie es nur geschafft, dass die Gesetze in Deutschland verschärft worden waren. Sympathien, die anfangs manche Intellektuelle wie Heinrich Böll, der um „freies Geleit für Ulrike Meinhof" gebeten hatte, für sie hatten, hatte sie sich durch die vielen Morde längst verscherzt.

Es gab zwei weitere Generationen von RAF-Terroristen. Manche konnten untertauchen, einige versteckten sich in der DDR, wo sie ein bürgerliches Leben führten. Anderen wurde 1992 vom Bundesinnenminister Klaus Kinkel eine Amnestie angeboten, wenn sie auf weitere Taten verzichteten. Irgendwann hörte die RAF auf, Verbrechen zu begehen. 1998 erklärte sie ihre Selbstauflösung. Sie war gescheitert.

Filbingers Rücktritt

Und noch ein Ereignis erschütterte das Land: der erste durch einen Skandal erzwungene Rücktritt eines Ministerpräsidenten in der Geschichte der Bundesrepublik. Hans Filbinger, in Freiburg aufgewachsen, war als CDU-Spitzenpolitiker immer auf die Interessen des badischen Teils Baden-Württembergs bedacht. 1913 geboren, war er zwar als Jurist Mitglied der NSDAP gewesen, aber als gläubiger Katholik hatte er auch dem konservativen, nazikritischen Kreis um Karl Färber angehört. Filbinger diente als Marinerichter und war in englischer Gefangenschaft auch nach Kriegsende weiter als Richter tätig, weil die Briten das Militärgericht für die deutschen Kriegsgefangenen bestehen ließen und deutsche Richter brauchten, die sich damit auskannten. Nach dem Krieg wurde Filbinger Rechtsanwalt in Freiburg, ab 1953 CDU-Stadtrat, 1958 Staatsrat für Ministerpräsident Müller, 1960 baden-württembergischer Innenminister unter Kiesinger und 1966 Ministerpräsident.

Politisch gehörte Filbinger dem rechten Flügel an. Er lehnte die Ostpolitik Willy Brandts ab, dem es um eine Aussöhnung mit dem Osten

ging, ebenso den Abtreibungspa-
ragraphen 218, begrüßte aber den
„Radikalenerlass" für den öffentlichen Dienst, den er für Baden-Württemberg noch verschärfte. 1973
führte Filbinger eine aufwändige
Kreisreform durch, und er förderte
den Zusammenschluss von Landes-
banken, Rundfunksendern und Ener-
gieunternehmen. Seine Worte zum
Atomkraftwerk Wyhl, dass ohne es

die Lichter ausgehen würden, werden noch heute zitiert. Erfolgreich war
er bei der Landtagswahl 1976 mit dem Wahlslogan „Freiheit statt Sozialismus", mit dem er 56,7 Prozent aller Stimmen gewann – es war der
größte CDU-Wahlerfolg bei einer Wahl überhaupt.

1978 schrieb der Schriftsteller Rolf Hochhuth in der Wochenzeitung
„Die Zeit", Filbinger habe als „Hitlers Marinerichter" noch nach Kriegsende „einen deutschen Matrosen mit Nazi-Gesetzen verfolgt" und sei
deswegen ein „so furchtbarer Jurist gewesen, daß man vermuten muß –
denn die Marinerichter waren schlauer als die von Heer und Luftwaffe,
sie vernichteten bei Kriegsende die Akten – er ist auf freiem Fuß nur dank
des Schweigens derer, die ihn kannten".

Filbinger verklagte Hochhuth und bekam in einem Punkt Recht, den
Ausdruck „furchtbarer Jurist" konnte er ihm aber nicht verbieten lassen.
Während der öffentlichen Debatte und den juristischen Auseinandersetzungen der beiden wurden vier Todesurteile bekannt, an denen Filbinger
tatsächlich, und auch kurz vor Kriegsende im April 1945, beteiligt gewesen war. Zuerst bestritt Filbinger das, dann konnte er sich nicht mehr
erinnern. Nach Interviews mit sehr ungeschickten Äußerungen verlor er
den Rückhalt auch in seiner Partei und trat am 7. August 1978 zurück.

Sein Nachfolger wurde Lothar Späth, der in den Landtagswahlen danach bestätigt wurde und auch die nächsten Wahlen mit hervorragendem
Ergebnis gewann. Späth, im Volksmund „Cleverle" genannt, gelang es,
viele Wirtschaftsunternehmen an Baden-Württemberg zu binden. Aber
auch er trat nach einer Affäre 1991 ab, als herauskam, wie viele Geschen-
ke er von den großen Firmen, die er gefördert hatte, angenommen hatte.
Ihm folgte Erwin Teufel. Danach kamen 2005 Günther Oettinger und
2010 Stefan Mappus von der CDU, der 2011 die Landtagswahl nach einer Affäre um den Kauf des Energiekonzerns EnBW gegen den Grünen
Winfried Kretschmann verlor.

Gastarbeiter und multikulturelle Gesellschaft

Gemeinsam war allen Ländern, auch denen im deutschen Südwesten, dass ab den 1960er-Jahren in der Industrie massiv Arbeitskräfte fehlten – das „deutsche Wirtschaftswunder" war in vollem Gang. Schon immer hatte es einen Zustrom aus dem Ausland gegeben, Italiener kamen etwa seit dem 17. und 18. Jahrhundert nach Deutschland. Jetzt begann man aber, gezielt in Italien, Griechenland und der Türkei zu werben. Ab 1963 fuhr zwischen Dortmund und Athen der sogenannte Hellas-Express – fünfzig Stunden dauerte die Fahrt.

Im Süden kamen zuerst die Italiener an: 1955 unterschrieben die deutsche und die italienische Regierung eine Vereinbarung über die Anwerbung. Bis 1973 kamen 14 Millionen Arbeitsemigranten, elf Millionen kehrten allerdings wieder in ihre Heimat zurück. Erst nach der Öl- und Weltwirtschaftskrise wurde der Zuzug gedrosselt, die direkte Anwerbung gestoppt. Natürlich gab es auch vorher schon saisonale Beschäftigungen, die zum Teil schwarz bezahlt wurden, beispielsweise auf der schwäbischen Alb, wo dringend Saisonarbeiter für die Ernte gebraucht wurden. Viele Schwaben waren in die Stadt gezogen, um dort besser bezahlte Stellen zu suchen. 100.000 Arbeitskräfte fehlten jedes Jahr, meldeten die schwäbischen Bauernverbände.

▲ Italienische Gastarbeiter fahren an Weihnachten von Freiburg aus in ihre Herkunftsländer.

Am Anfang gab es noch viele Unsicherheiten im persönlichen Umgang zwischen Deutschen und Einwanderern. Nicht einmal die gewohnten Speisen konnten sich die Italiener in Deutschland besorgen: Spaghetti und Pizza waren völlig unbekannt, ebenso Zucchini oder Auberginen, zu schweigen von Mozzarella, Cappuccino oder Basilikum. 1960 gab das Landesarbeitsamt Baden-Württemberg eine Pressemitteilung heraus mit dem Titel: „Wie kocht man Spaghetti?" Es gab auch „Ratschläge für die Zubereitung von Speisen nach italienischer Art", nach Tipps des italienischen Konsulats in Stuttgart – damit die Deutschen wussten, was sie den Italienern vorsetzen konnten.

Dabei profitierten beide Länder (wie auch später im Fall der Türkei). Denn nicht nur schickten die „Gastarbeiter" viel Geld in ihre Heimat und

versorgten dadurch ihre Verwandten, sie holten oft auch Verwandte nach, sodass diese in Deutschland Geld verdienen konnten. Italien wurde durch die vielen Kontakte auch eines der wichtigsten Exportländer für die deutsche Wirtschaft, der drittwichtigste Handelspartner für Baden-Württemberg – nach den USA und Frankreich. Etwa ein Viertel des gesamten italienischen Exports nach Deutschland geht nach Baden-Württemberg, etwa die Hälfte des gesamten italienischen Auto-Exports nach Deutschland.

Seit Anfang der 1960er-Jahre wurden aus der Türkei Arbeiter angeworben, dann aus Spanien, Griechenland, Portugal und ab 1968 auch aus Jugoslawien. Erst mit den Ölkrisen zu Beginn der 1970er-Jahre wurden nicht mehr so viele ausländische Arbeitskräfte gesucht. Aber da waren längst Hunderttausende hier, hatten sich eingerichtet und wollten auch hierbleiben. Für die deutsche Rentenkasse hatte sich das schon gelohnt, weil die ausländischen Arbeiter natürlich auch hier eingezahlt haben. Außerdem gibt es viele Arbeitsplätze, die die Deutschen nicht mehr wollen: Fast die Hälfte aller in Krankenhäusern Beschäftigten etwa ist ausländischer Herkunft. Dazu kommen Putzpersonal, Erntehelfer oder Beschäftigte bei der Müllabfuhr. Auch im Straßen- und Häuserbau hat der Anteil ausländischer Arbeiter stark zugenommen.

Das größte Problem ist aber weiterhin die Integration. Schon Lothar Späth hatte gesagt, dass Baden-Württemberg ein Einwanderungsland sei, und Erwin Rommel, 22 Jahre lang Oberbürgermeister von Stuttgart, soll das Wort von der „multikulturellen Gesellschaft" geprägt haben. 1996 wurde eine neue Position in der Regierung geschaffen: der Ausländerbeauftragte. Seit kurzem heißt er Integrationsbeauftragter. Die Stelle ist beim Justizministerium angesiedelt – außerdem gibt es seit 2011, dem Amtsantritt des Ministerpräsidenten Winfried Kretschmann (Bündnis 90/ Die Grünen), auch eine Ministerin für Integration: Bilkay Öney (SPD).

Mit vielen Angeboten soll die Eingliederung der Italiener, Türken und anderer Ausländer unterstützt werden. Das scheint bei den Türken besser gelungen zu sein als bei den Italienern. Viele junge Türken fühlen sich hier zu Hause, ihre Schulleistungen sind besser als die der italienischen Kinder. Auch wenn nur wenige von ihnen auf das Gymnasium oder sogar auf die Hochschule gehen.

1970 hatte Stuttgart einen Ausländeranteil von über 12 Prozent, das war der höchste Prozentsatz in ganz Deutschland, heute sind es sogar 21 Prozent. Mannheim, wegen seiner Industrie eine klassische Einwandererstadt, hat heute einen Migrantenanteil von knapp 30 Prozent. Schon 1973 schuf die Stadt das Amt eines Ausländerbeauftragten, heute Beauftragter für Integration und Migration.

Die „multikulturelle Gesellschaft" ist längst Realität geworden. Nicht nur beim Essen macht sich das bemerkbar. Das Lieblingsgericht vieler kleiner Kinder ist inzwischen Spaghetti mit Tomatensauce, das von Jugendlichen Pizza oder Döner. Viele Migranten haben sich längst mit eigenen Geschäften selbständig gemacht, Supermärkte und Aufgaben in der Gesellschaft, in den Schulen, im täglichen Leben übernommen. Sie stellen sich zu Wahlen wie der aus Urach gebürtige Cem Özdemir, der im Bundesvorstand der Grünen ist – zusammen mit Leyla Onur (SPD) war er der erste Bundestagsabgeordnete mit türkischen Eltern.

Schwieriger als säkulare haben es gläubige Moslems. Denn natürlich haben die Migranten auch ihre Religionen mitgebracht. Während die Südeuropäer nicht auffielen, weil sie als Katholiken einfach in die Kirchen gingen, brauchten Moslems zum Beten eine Moschee. Nicht nur das Tragen der Kopftücher und manchmal sogar einer Burka erregt die Gemüter

◄ Der Gebetsraum und die Empore der prächtigen Mevlana-Moschee in Ravensburg.

und ist Anstoß für heftige Diskussionen, sondern auch der Bau von islamischen Gotteshäusern. In Baden-Württemberg stehen inzwischen Moscheen in Mosbach, Pforzheim, Mannheim, Rheinfelden, Buggingen im Markgräflerland, Sindelfingen, Maulbronn, Konstanz, Sachsenheim bei Ludwigsburg, Heilbronn, Eppingen, Offenburg, Ravensburg, Welzheim. In Rheinland-Pfalz in Wittlich, Bitburg und Koblenz. Wie der damalige Bundespräsident Christian Wulff 2010 gesagt hat: „Aber der Islam gehört inzwischen auch zu Deutschland."

Zeittafel

ab 58 v. Chr. Rom beherrscht Gallien und die Rheinebene
260 Einfall der Franken in römisches Gebiet im deutschen Südwesten
328 Trier wird Residenz für Kaiser Konstantin II.
350 Einfall der Alamannen nach Südwestdeutschland
407 Einfall der Sueben, Vandalen und Alanen
451 Die Hunnen erobern Metz
585 Bischof Maximus aus Vindonissa zieht nach Konstanz
724 Gründung des Klosters Reichenau
830 Gründung des Klosters Hirsau
843 Teilung des fränkischen Reichs in drei Teile
911 Erste Wahl eines Königs im ostfränkischen Reich
925 Annexion Lothringens durch Heinrich den Vogeler
1030 Bau des Speyerer Doms durch Konrad II.
1040 Der Stammvater des Hauses Baden Hermann I. wird geboren
1075 „Dictatus Papae": Papst Gregor VII. beginnt die „Papstrevolution"
1077 „Gang nach Canossa": Heinrich IV. leistet Abbitte
1079 Kaiser Heinrich macht die Staufer zu Herzögen zu Schwaben
1080 Wiederentdeckung des „Corpus Iuris" des römischen Kaisers Justinian
1091 Freiburg wird gegründet
1112 Baden wird zum ersten Mal in einer Urkunde erwähnt
1122 Das Wormser Konkordat beendete den Investiturstreit
1147 Gründung des Klosters Maulbronn
1152 Wahl Friedrich Barbarossas zum deutschen König
1184 Ulm und Worms werden Freie Reichsstadt
1212 Trier wird Freie Reichsstadt
1218 Die Grafen von Urach übernehmen Freiburg
1235 Wahl des ersten Habsburgers, Rudolf, zum König
1251 Graf Ulrich I. heiratet Mechtild von Baden: Stuttgart wird württembergisch
1322 Saarbrücken erhält das Stadtrecht
1331 22 schwäbische Reichsstädte schließen sich zum Schwäbischen Städtebund zusammen
1356 Heidelberg wird Hauptstadt der Kurpfalz
1356 Die Goldene Bulle beschwört die Unteilbarkeit Württembergs
1368 Die Habsburger kaufen Freiburg
1377 Bei Reutlingen besiegt der Städtebund das Heer des Prinzen Ulrich von Württemberg

1397 Mömpelgard kommt zu Württemberg
1380 Die Große Ravensburger Handelsgesellschaft wird gegründet
1386 Gründung der Universität Heidelberg
1388 In Konstanz wird ein großes Kaufhaus gebaut
1388 In der Schlacht von Nöffingen besiegt das Heer Eberhards II. von Württemberg den Schwäbischen Städtebund
1397 Ulm gibt sich mit dem „Großen Schwörbrief" eine Verfassung
1414 Das Konzil in Konstanz beginnt
1450 In Mainz erfindet Johannes Gensfleisch, genannt Gutenberg, den Buchdruck
1457 Gründung der Universität Freiburg
1473 Gründung der Universität Trier
1477 Gründung der Universitäten Mainz und Tübingen
1482 Im Münsinger Vertrag wird Württemberg vereinigt und Stuttgart die Hauptstadt
1495 Kaiser Maximilian verkündet auf dem Reichstag in Worms den Ewigen Landfrieden
1495 Eberhard im Bart wird der erste Herzog von Württemberg
1498 Die württembergischen Landstände putschen gegen Eberhard II.
1502 Der erste Aufstand des „Bundschuh" in Untergrombach
1513 Das Freiburger Münster wird fertig
1514 Der Aufstand des „Armen Konrad" in Württemberg
1517 Luther veröffentlicht seine Thesen
1521 Luther verteidigt seine Thesen auf dem Reichstag in Worms
1522 Franz von Sickingen greift das Erzbistum Trier an
1524 Sechs Fürsten und 14 Freie Reichsstädte protestieren gegen die Reichsacht über Luther
1524 Der Bauernkrieg im Südwesten beginnt
1524 Mömpelgard wird lutherisch
1526 Graf Philipp III. von Nassau-Weilburg führt die Reformation ein
1530 Das „Augsburgische Bekenntnis" wird publiziert
1535 Baden-Pforzheim (später Baden-Durlach) und Baden-Baden sind geteilt
1555 Der „Augsburger Religionsfriede" wird geschlossen
1556 In Baden-Pforzheim wird die Reformation eingeführt
1559 Die „Große Württembergische Kirchenordnung" wird erklärt
1563 Die Kurpfalz stellt eine calvinistische Kirchenordnung auf
1563 Der „Heidelberger Katechismus" wird publiziert

1565 Die badische Residenz wird von Pforzheim nach Durlach verlegt
1588 Eduard Fortunat wird Markgraf von Baden-Baden
1594 „Oberbadische Okkupation"
1609 Kaiser Rudolf II. gewährt den protestantischen Ständen Böhmens Religionsfreiheit
1618 Der Dreißigjährige Krieg beginnt
1622 Johann t'Serclaes von Tilly siegt in Wimpfen gegen die Protestantische Union
1622 Truppen der Katholischen Liga besetzen die rechtsrheinische Pfalz
1623 Friedrich V. Pfalzgraf bei Rhein verliert die Kurwürde an das katholische Bayern
1634 Die Schweden verlieren die Schlacht bei Nördlingen
1635 Die Franzosen verlieren Trier
1638 Bernhard von Sachsen-Weimar marschiert bis kurz vor Stuttgart
1638 Bernhard von Sachsen-Weimar nimmt Freiburg ein
1643 Marschall Guébriant zieht von Heilbronn aus neckaraufwärts
1646 Die Schweden erobern die oberschwäbischen Städte nördlich des Bodensees
1678 Ludwig Wilhelm, der „Türkenlouis", wird Markgraf von Baden-Baden
1688 Französische Truppen greifen Philippsburg an: der „Pfälzische Erbfolgekrieg" beginnt
1688 Die Franzosen zerstören die Pfalz und Baden: „Brûlez le Palatinat!"
1691 Der „Türkenlouis" besiegt 1691 das Heer der Osmanen bei Slankamen
1699 Das älteste Barockschloss am Oberrhein wird in Rastatt gebaut
1705 Herzog Eberhard Ludwig von Württemberg baut das Jagdschloss Ludwigsburg aus
1709 Ludwigsburg wird Residenz
1715 Markgraf Karl Wilhelm gründet Karlsruhe
1719 Die Sulzbacher Eisenschmelze nimmt die Produktion auf
1720 Kurfürst Karl Philipp macht Mannheim zur Residenz
1727 Der Aufstand der Salpeterer beginnt
1738 Joseph Süß Oppenheimer wird zum Tod verurteilt
1746 Herzog Karl Eugen von Württemberg baut das Neue Schloss Stuttgart
1746 Karl Friedrich wird Markgraf von Baden
1754 Wilhelm Heinrich von Nassau-Saarbrücken verstaatlicht den Bergbau
1755 Kurfürst Karl Theodor vergibt das Privileg für eine Porzellanmanufaktur
1753 Karl Eugen von Württemberg baut Schloss Solitude

1756 Karl Eugen von Württemberg gründet eine Porzellanmanufaktur
1771 Wiedervereinigung Badens
1772 Herzog Karl Eugen von Württemberg baut Schloss Hohenheim
1776 Markgraf Karl Friedrich von Baden schafft die Folter ab
1777 Kurfürst Karl Theodor zieht von Mannheim nach München
1781 Die Hohe Karlsschule in Stuttgart wird zur Universität
1783 Karl Friedrich von Baden schafft die Leibeigenschaft ab
1792 Mainz wird von französischen Revolutionstruppen besetzt und Freie Republik
1793 Karl Friedrich von Baden schließt mit Frankreich einen Separatfrieden
1793 Kurfürst Karl Theodor wird von französischen Revolutionstruppen besiegt
1797 Das Saarland wird französisch
1797 Friedensverhandlungen in Rastatt
1801 Der Friede von Lunéville nimmt den linksrheinischen Fürsten ihre Gebiete
1803 Österreich verliert seine vorderösterreichischen Gebiete
1803 Reichsdeputationshauptschluss: die Neuordnung Mitteleuropas
1804 Einführung des „Code civil"
1806 36 Länder schließen sich im Rheinbund zusammen
1806 Friedrich I. wird erster König von Württemberg
1806 Karl Friedrich wird erster Großherzog von Baden
1807 In Karlsruhe wird eine Ingenieurschule gegründet
1810 Einführung des „Badischen Landrechts"
1816 „Jahr ohne Sommer"
1817 König Wilhelm I. von Württemberg schafft die Leibeigenschaft ab
1817 Die Rheinbegradigung beginnt
1817 Karl Drais führt zum ersten Mal seine „Laufmaschine" vor
1818 Antijüdische „Hep-Hep-Unruhen", vor allem in Baden
1818 Die spätere Universität in Hohenheim wird gegründet
1819 Karl Sand ermordet August von Kotzebue in Mannheim
1819 Wilhelm I. von Württemberg unterschreibt die neue Verfassung
1822 Das Ständehaus in Karlsruhe wird eröffnet
1824 Das Dampfschiff „Wilhelm" fährt auf dem Bodensee
1825 Die Technische Hochschule Karlsruhe wird als Polytechnikum gegründet
1827 Der Dampfer „Ludwig" fährt auf dem Oberrhein zum Hafen Karlsruhe-Schröck
1828 Mannheim baut einen Hafen

1832 Das Hambacher Fest: Demokraten fordern ein vereintes Deutschland und Bürgerrechte
1840 Die erste badische Bahn fährt von Mannheim nach Heidelberg
1845 Die erste württembergische Bahn fährt von Cannstatt nach Untertürkheim
1848 Die erste Pfälzer Bahn fährt von Ludwigshafen nach Bexbach
1847 Radikale Demokraten (u.a. Friedrich Hecker und Gustav Struve) treffen sich in Offenburg
1848 Radikale Demokraten stellen in Offenburg 13 Forderungen auf
1848 Friedrich Hecker beginnt in Konstanz einen Marsch durch Baden, den „Hecker-Zug"
1848 Ausrufung der Freien Republik Freiburg
1849 Revolte in der Garnison Rastatt
1850 In Furtwangen wird die erste Uhrmacherschule eröffnet
1852 Das Kriegsrecht in Baden wird aufgehoben
1862 Großherzog Friedrich von Baden amnestiert die 1848er-Demokraten
1853 „Kulturkampf" in Baden zwischen Staat und katholischer Kirche
1870 Das 1. Vatikanische Konzil verkündet das päpstliche Unfehlbarkeitsdogma
1886 Gottlieb Daimler lässt das erste vierrädrige Auto patentieren
1886 Robert Bosch gründet in Stuttgart eine „Werkstatt für Feinmechanik und Elektrotechnik"
1887 Die Höllentalbahn fährt zwischen Freiburg und Neustadt
1888 Bertha Benz fährt mit dem Auto von Mannheim nach Pforzheim
1889 Arbeiter in Bildstock (Saarland) streiken und leiten damit das Ende der „Sozialistengesetze" ein
1899 Daimler baut einen Rennwagen, den Mercedes-Simplex
1907 In Stuttgart findet der Internationale Sozialistenkongress statt
1914 Erster Weltkrieg: Die französische Luftwaffe bombardiert Saarbrücken
1918 Im ganzen Reich bilden sich Arbeiter- und Soldatenräte, alle Monarchen treten ab
1919 Französische Truppen besetzen das Saarland
1919 Hungerkrawalle in Mannheim
1920 Hungerkrawalle in Stuttgart und Ulm
1921 Französische Truppen besetzen Mannheim
1924 Im „Koblenzer Abkommen" wird die Entspannung eingeleitet, die Franzosen beginnen, die besetzten Gebiete zu räumen
1932 Die NSDAP wird bei der Landtagswahl in Württemberg stärkste Kraft

1933 Reichskommissare übernehmen die Macht in den Ländern
1933 KPD, SPD und Gewerkschaften werden verboten
1933 Erster Boykott jüdischer Geschäfte
1933 In Baden werden jüdische Beamte entlassen
1935 Das Saarland stimmt dafür, zu Deutschland zu gehören
1936 Deutsche Truppen marschieren in die entmilitarisierten Zonen am Rhein
1938 „Reichskristallnacht"
1939 Die Zivilbevölkerung wird aus der „Roten Zone" evakuiert
1939 Georg Elser verübt ein Attentat auf Hitler
1940 Die Juden Badens, der Pfalz und des Saarlands werden ins Lager Gurs verschleppt
1940 Erste Luftangriffe auf Saarbrücken, Trier, Ludwigshafen, Karlsruhe, Mannheim
1941 Die Juden Württembergs werden nach Osteuropa verschleppt
1944 Hohe Armeeangehörige (u.a. Claus Schenk Graf von Stauffenberg) verüben ein Attentat auf Hitler
1944 Luftangriffe auf Stuttgart, Heilbronn und Pforzheim
1944 Die Front erreicht den Rhein
1944 Saarbrücken wird zerstört
1945 Pforzheim wird zerstört
1945 Das Saarland wird autonomes Protektorat
1947 Gründung der britisch-amerikanischen Bizone
1947 Neue Verfassung im Saarland und in Rheinland-Pfalz
1948 Gründung der Trizone
1951 Abstimmung über die Schaffung des Bundeslands Baden-Württemberg
1953 Neue Verfassung in Baden-Württemberg
1957 Das Saarland wird nach der Abstimmung 1955 Bundesland der Bundesrepublik
1960 Gründung der Universität Konstanz
1967 Gründung der Universität Ulm
1969 Helmut Kohl wird Ministerpräsident von Rheinland-Pfalz
1972 Erste Anschläge der Roten-Armee-Fraktion in Heidelberg und Karlsruhe
1975 Besetzung des Bauplatzes Wyhl
1975 Beginn des Prozesses gegen die Rote-Armee-Fraktion in Stuttgart-Stammheim
1976 Selbstmord von Ulrike Meinhof in Stuttgart-Stammheim
1978 Rücktritt von Hans Filbinger als Ministerpräsident von Baden-Württemberg
1980 Gründung der „Grünen" in Karlsruhe
1985 Oskar Lafontaine wird Ministerpräsident des Saarlands
2011 Winfried Kretschmann wird als erster Grüner Ministerpräsident in Baden-Württemberg

Bibliografie (Auswahl)

Überblickswerke

Ammerich, Hans: Kleine Geschichte der Stadt Speyer. Karlsruhe, G. Braun 2008

Asche, Susanne u.a.: Karlsruhe. Die Stadtgeschichte. Karlsruhe, Badenia 1998

Badisches Landesmuseum (Hrsg.): Baden! 900 Jahre. Geschichten eines Landes. Karlsruhe, Lindemann, DRW 2012

Becker, Irmgard Christa (Hrsg.): Vorderösterreich. Nur die Schwanzfeder des Kaiseradlers? Die Habsburger im deutschen Südwesten. Ulm, Süddeutsche 1999

Borst, Otto: Stuttgart. Die Geschichte der Stadt. Stuttgart, Theiss 1973

Deigendesch, Roland / Morrissey, Christoph: Kleine Geschichte der Schwäbischen Alb. Leinfelden-Echterdingen, DRW 2008

Herrmann, Hans-Christian / Schmitt, Johannes: Das Saarland. Geschichte einer Region. Saarbrücken, Röhrig 2012

Hug, Wolfgang: Kleine Geschichte Badens. Stuttgart, Theiss 2006

Kohnle, Armin: Kleine Geschichte der Kurpfalz. Karlsruhe, G. Braun 2005

Pätzold, Stefan: Kleine Geschichte der Stadt Pforzheim. Karlsruhe, G. Braun 2007

Patzer, Georg: Kleine Geschichte der Stadt Karlsruhe. Karlsruhe, G. Braun 2014 (3. Auflage)

Probst, Hansjörg: Kleine Mannheimer Stadtgeschichte. Regensburg, Pustet 2005

Schmitt, Heinz (Hrsg.): Juden in Karlsruhe. Karlsruhe, Badenia 1990

Schwarzmaier, Hansmartin u.a. (Hrsg.): Handbuch der baden-württembergischen Geschichte. Stuttgart, Klett-Cotta 1995 ff. 5 Bände

Wunder, Bernd: Kleine Geschichte des Herzogtums Württemberg. Karlsruhe, G. Braun 2009

Wunder, Bernd: Kriege und Festungen am Oberrhein 1630–1945. Karlsruhe, G. Braun 2013

Zang, Gert: Kleine Geschichte der Stadt Konstanz. Karlsruhe, G. Braun 2010

Mittelalter

Peter Bahn (Hrsg.): „Als ich ein Kind war …" Bretten 1497 – Alltag im Spätmittelalter. Ubstadt-Weiher, regionalkultur 1997

Buhlmann, Michael: Mittelalterliche Geschichte im deutschen Südwesten. St. Georgen (Verein für Heimatgeschichte) 2007

Johannes Lehmann: Barbarossa & Co. Reise zu den Staufern in Südwestdeutschland. Tübingen, Silberburg 2007

Müller, Otto (Hrsg.): Auf den Spuren der Staufer. Gerlingen, Bleicher 1977

Reformation, Bauernkrieg und Bundschuh

Adam, Thomas: Joß Fritz. Ubstadt-Weiher, regionalkultur 2013

Alter, Willi: Der Aufstand der Bauern und Bürger im Jahre 1525 in der Pfalz. Speyer, Gesellschaft zur Förderung der Wissenschaften 1998

Blickle, Peter: Der Bauernkrieg. München, Beck 1998

Braun, Karl-Heinz: Das Konstanzer Konzil. Darmstadt, Theiss 2013

Jung, Martin H.: Philipp Melanchthon und seine Zeit. Göttingen, Vandenhoeck & Ruprecht 2010

Maurer, Hans-Martin: Johannes Brenz und die Reformation in Württemberg. Stuttgart 1981

Narr, Dieter: Studien zur Spätaufklärung im deutschen Südwesten. Stuttgart, Kohlhammer 1979

Römer, Gerhard u.a.: Luther und die Reformation am Oberrhein. Karlsruhe, Badische Landesbibliothek 1983

Schmauder, Andreas: Württemberg im Aufstand. Der Arme Konrad. Leinfelden-Echterdingen, DRW 1998

Barock, Dreißigjähriger Krieg und Pfälzer Erbfolgekrieg

Badisches Landesmuseum (Hrsg.): Karl Wilhelm 1679–1738. München, Hirmer 2015

Ernst, Albrecht: Verwüstet und entvölkert. Der Dreißigjährige Krieg in Württemberg. Stuttgart, Hauptstaatsarchiv 1998

Firtz, Gerhard / Schurig, Roland: Der Franzoseneinfall 1693 in Südwestdeutschland. Remshalden-Buoch, Henecke 1993

Jacob-Friesen, Holger u.a. (Hrsg.): Die Meister-Sammlerin. Karoline Luise von Baden. Deutscher Kunst-Verlag. Berlin 2015

Müller-Etikon, Emil: Die Salpeterer. Freiburg, Schillinger 1979

19. Jahrhundert

Engisch, Helmut: Das Königreich Württemberg. Stuttgart, Theiss 2006

Fensker, Hans : Der liberale Südwesten. Stuttgart, Kohlhammer 1981

Kirn, Daniel: Soldatenleben in Württemberg 1871–1914. Paderborn, Schöningh 2009

Krimm, Konrad / John, Herwig: Herr Biedermeier in Baden. Stuttgart, Theiss 1981

Mann, Bernhard: Kleine Geschichte des Königreichs Württemberg. Leinfelden-Echterdingen, DRW 2006

Erster Weltkrieg, Weimarer Republik und NS-Zeit

Borst, Otto: Das Dritte Reich in Baden und Württemberg. Stuttgart, Theiss 1988
Bräunche, Otto (Hrsg.): Der Krieg daheim. Karlsruhe 1914–1918. Karlsruhe, Lindemann 2014
Burkard, Dominik: Joannes Baptista Sproll. Bischof im Widerstand. Stuttgart, Kohlhammer 2013
Haus der Geschichte Baden-Württemberg (Hrsg.): Anständig gehandelt. Widerstand und Volksgemeinschaft 1933–1945. Stuttgart, Haus der Geschichte 2012
Kuhn, Daniel: Als der Krieg vor der Haustür stand. Tübingen, Silberburg 2014
Lill, Rudolf u.a. (Hrsg): 20. Juli 1944 in Baden und Württemberg. Konstanz, UVK 1994
Meyer, Hans-Georg / Berkessel, Hans (Hrsg.): Die Zeit des Nationalsozialismus in Rheinland-Pfalz, 3 Bände. Mainz, Schmidt 2000 f.
Siebenmorgen, Harald (Hrsg.): Neues Bauen der 20er Jahre. Karlsruhe, Info 1997
Stöckle, Thomas: Grafeneck 1940. Tübingen, Silberburg 2012
Weber, Reinhold: Kleine Geschichte der Länder Baden und Württemberg 1918 bis 1945. Leinfelden-Echterdingen, DRW 2008
Werner, Josef: Hakenkreuz und Judenstern. Karlsruhe, Badenia 1990

Nachkriegszeit

Borst, Otto: Geschichte Baden-Württembergs. Stuttgart, Theiss 2004
Haus der Geschichte Baden-Württemberg (Hrsg): RAF – Terror im Südwesten. Stuttgart, Haus der Geschichte 2013
Kißener, Michael: Kleine Geschichte des Landes Rheinland-Pfalz. G.Braun 2006
Meier-Braun, Karl-Heinz / Weber, Reinhold: Kleine Geschichte der Ein- und Auswanderung in Baden-Württemberg. Leinfelden-Echterdingen, DRW 2009
Schnabel,Thomas: Geschichte von Baden-Württemberg. Stuttgart, Kohlhammer 2001
Waßner, Manfred: Kleine Geschichte Baden-Württembergs. Stuttgart, Theiss 2002
Weber, Reinhold (Hrgs.): Aufbruch, Protest und Provokation. Die bewegten 70er- und 80er-Jahre in Baden-Württemberg. Darmstadt, Theiss 2013

Bildnachweis

S. 9: Karte, Peter Palm; S. 10: Pedelecs; S. 11: Archiv Theiss-Verlag; S. 13: Grafik, Peter Palm; S. 15: Archiv Theiss-Verlag; S. 17: Alfred Hutter; S. 18: SWR/Peter A- Schmidt; S. 19: Archiv Theiss-Verlag; S. 20: SWR/FaberCourtial; S. 21: Archiv Theiss-Verlag; S. 22: Michail Jungierek; S. 23: Rama; S. 25: Roland Breitschuh; S. 26: akg-images; S. 29: Hilarmont; S. 31: akg-images; S. 33: akg-images; S. 35: Roland Breitschuh; S. 37: Archiv Theiss-Verlag; S. 39: Maxda; S. 40: Thomas Wolf, www.foto-tw.de; S. 41: Oberth; S. 42: Archiv Theiss-Verlag; S. 43: Archiv Theiss-Verlag; S. 44: Roland Breitschuh; S. 45: Archiv Theiss-Verlag; S. 48: SWR/Torbjörn Karvang; S. 49: Theiss-Verlag; S. 51: akg-images; S. 53: Archiv Theiss-Verlag; S. 55: Archiv Theiss-Verlag; S. 57: akg-images; S. 58: Archiv Theiss-Verlag; S. 60: Archiv Theiss-Verlag; S. 62 u. 63: Archiv Theiss-Verlag; S. 65: akg-images; S. 66: Archiv Theiss-Verlag; S. 67: akg-images; S. 68: Archiv Theiss-Verlag; S. 70 u. 71: Archiv Theiss-Verlag; S. 73: Roland Breitschuh; S. 75: Archiv Theiss-Verlag; S. 76: Archiv Theiss-Verlag; S. 77: Generallandesarchiv Karlsruhe 498-1 Nr. 5110 Bild 1; S. 78 u. 79: Karten, Archiv Theiss-Verlag; S. 83: Karte, Peter Palm; S. 85, 86, 87, 88: Archiv Theiss-Verlag; S. 89 u. 90: Karte, Archiv Theiss-Verlag; S. 93: akg-images; S. 95, 96: Archiv Theiss-Verlag; S. 97: Karte, Peter Palm; S. 98: akg-images; S. 99, 100, 101, 103: Archiv Theiss-Verlag; S. 105: Stefanie Eichler; S. 106: Sebastian Bergmann; S. 108: Archiv Theiss-Verlag; S. 109: SWR/Torbjörn Karvang; S. 110: SWR/Torbjörn Karvang; S. 111: akg-images; S. 112, 113: Archiv Theiss-Verlag; S. 115: Staatliche Kunsthalle Karlsruhe; S. 117: Roland Breitschuh; S. 119: Archiv Theiss-Verlag; S. 121: akg-images; S. 122: Martin Bahmann; S. 124 u. 125: Karte, Peter Palm; S. 126: Archiv Theiss-Verlag; S. 127: akg-images; S. 128: Karte, Peter Palm; S. 129, 130, 131: Archiv Theiss-Verlag; S. 133: SWR/ Torbjörn Karvang; S. 135: akg-images; S. 137, 138, 139140, 141, 142: Archiv Theiss-Verlag; S. 145: Lokilech; S. 147: Schmuckmuseum Pforzheim; S. 148: Roland Breitschuh; S. 149: LoKiLeCh; S. 149 u.: Archiv Theiss-Verlag; S. 151: Patricia Keßler; S. 152: Privatbrauerei Hoepfner GmbH; S. 155: Archiv Theiss-Verlag; S. 158: Karte, Herr Palm; S. 159: Berthold Schaaf; S. 161: Archiv Theiss-Verlag; S. 163, 165: Theiss-Verlag; S. 167: akg-images; S. 168: AlterVista; S. 170, 171, 173: Archiv Theiss-Verlag; S. 174: Bergfalke2; S. 176, 177: Archiv Theiss-Verlag; S. 179: SWR/Torbjörn Karvang; S. 181: SWR/Peter Trink; S. 183: akg-images; S. 185: Archiv Theiss-Verlag; S. 187: akg-images; S. 189: Städtische Galerie Karlsruhe; S. 190: Staatsarchiv Freiburg, T 1 Blankenhorn Nr. 79b_0166; S. 193: Stiftung Deutsches Historisches Museum, Berlin, Inv. Nr.: PK 96/185; S. 195: Moehre 1992; S. 197: Archiv Theiss-Verlag; S. 197: Stiftung Deutsches Historisches Museum, Berlin, Inv.-Nr.: F 73/422; S. 198: Stadtarchiv Karlsruhe; S. 199: shaqspeare; S. 200: SWR/Torbjörn Karvang; S. 201: Robert Wagner; S. 203: Roland Breitschuh; S. 204: Stadtarchiv Karlsruhe; S. 207, 214, 215, 215, 216: Archiv Theiss-Verlag; S. 211 u. 214: akg-images; S. 213: Gedenkstätte Deutscher Widerstand; S. 217: SWR/Torbjörn Karvang; S. 219: Archiv Theiss-Verlag; S. 220: Royal Air Force; S. 224: Karten, Peter Palm; S. 225: Erich Bauer; S. 226: Stiftung Deutsches Historisches Museum Berlin; S. 228, 229: Archiv Theiss-Verlag; S. 230: Karte, Peter Palm; S. 233: akg-images; S. 234: Roland Breitschuh; S. 235: Bundesarchiv, B 145 Bild-F041436-0027; S. 237: Robert Wiezorek; S. 239: Tobias Helfrich; S. 240, 242, 243: Archiv Theiss-Verlag; S. 247: Presse- und Informationsamt der Bundesregierung – Bildbestand (B 145 Bild); S. 248: Landesarchiv Baden-Württemberg, Abt. Staatsarchiv Freiburg, W 134 Nr. 072191a; S. 251: Andreas Praefcke; S. 189: Städtische Galerie Karlsruhe, Inv.Nr. 60/0160

Die Deutsche Nationalbibliothek verzeichnet diese Publikation in der
Deutschen Nationalbibliografie; detaillierte bibliografische Daten sind
im Internet über http://dnb.dnb.de abrufbar.

Der Konrad Theiss Verlag ist ein Imprint der WBG.

© 2015 by WBG (Wissenschaftliche Buchgesellschaft), Darmstadt
Lizenziert durch SWR Media Services GmbH
Die Herausgabe des Werkes wurde durch die Vereinsmitglieder der
WBG ermöglicht.
Umschlaggestaltung: Stefan Schmid Design, Stuttgart
Umschlagabbildungen: © SWR (Darstellungen von Hildegard von
Bingen, Johann Adam von Itzstein, Josef Bürckel, Götz von Berlichingen,
Franziska von Hohenheim und Friedrich Barbarossa)
Programm-Management THEISS Regionalia: Stefan Brückner, Stuttgart
Lektorat: Michael Kohler, Karlsruhe
Gestaltung und Satz: DOPPELPUNKT, Stuttgart
Kartografie: Peter Palm, Berlin
Gedruckt auf säurefreiem und alterungsbeständigem Papier
Printed in Germany

Besuchen Sie uns im Internet: www.wbg-wissenverbindet.de
ISBN 978-3-8062-3155-7